周蓓 主編

『民國專題史』叢書

(日)山內封介 著 衛仁山 譯

河南人民出版社

俄國革命運動史

從俄羅斯的民族性及其社會制度的特點說起，陳述了俄羅斯精神和長久的思想及社會運動，搜集了許多生動活躍的材料

圖書在版編目(CIP)數據

俄國革命運動史 / (日)山内封介著；衛仁山譯. —
鄭州 : 河南人民出版社，2016. 4(2017. 1 重印)
(民國專題史叢書 / 周蓓主編)
ISBN 978-7-215-10054-1

Ⅰ. ①俄… Ⅱ. ①山… ②衛… Ⅲ. ①革命史—
蘇聯 Ⅳ. ①K512.5

中國版本圖書館 CIP 數據核字(2016)第 079719 號

河南人民出版社出版發行
(地址：鄭州市經五路 66 號　郵政編碼：450002　電話：65788063)
新華書店經銷　　河南新華印刷集團有限公司印刷
開本 710 毫米×1000 毫米　1/16　印張 33.75
字數 500 千字
2016 年 4 月第 1 版　　2017 年 1 月第 3 次印刷

定價 ：220.00 圓

出版前言

中國現代學術體系是在晚清西學東漸的大潮中逐步形成的。至民國初建，中央政治權威進一步分散和削弱，加之新文化運動帶給國人思想上的空前解放，新學的啓蒙，新知識分子的産生，民國學術如草長鶯飛，進入一個自由而蓬勃的時代。中國傳統學科乃中國學術之根基與菁華所在，民國學人采用『取今復古，别立新宗』之方法，引入西方的學術觀念，積極改造，使史學、文學等學科向現代學術方向轉型。此外，大力推介西方社會科學的新學科和自然科學，在學習、借鑒乃至移植西方現代學術話語和研究範式的過程中，逐漸建立中國現代學科，使中國的學科門類迅速擴展。一時間，新舊更迭，中西交流，百花齊放，萬壑争流，開創了中國現代學術的源頭。

伴隨知識轉型和研究範式轉換而來的，還有學術著作撰寫方式的創新。中國古代的著作向來以單篇流傳，經後人整理匯編後，方以成册成集的面目出現并持續傳播。直到十九世紀末，東西方的歷史編撰體裁不外乎多卷本的編年體、紀傳體和紀事本末體等，章節體的出現標志着近代西方學術規範的産生和新史學的興起。章節體具有依時間順序，按章節編排；因事立題，分篇綜論；既分門别類，又綜合通貫的特點。以章、節搭建起論述之框架，結構分明，邏輯清晰，較傳統的撰寫體裁容量大、系統性强。它的傳入，使中國現代學術體系從内容到形式被納入了全球化的軌道。民國時期專題史的研究、譯介、編纂、出版恰恰是在這樣的背景下欣欣而發，是學術的實驗場，也是歷史的記録儀。編選『民國專題史』叢書的初衷正是爲了從一個側面展示中國學術從傳統向現代過渡的歷史進程。

專題史是對一個學科歷史的總結，是學科入門的必備和學科研究的基礎，也是對一個時代艱深新鋭問題的解答，是學術研究的高點。民國專題史著作中，既包含通論某一學科全部或一時代（區域、國别）的變化過程的，又囊括對一時代或一問題作特殊研究的，還有少部分是對某一專題的史料進行收集的。原創與翻譯并重，翻譯的底本大多選擇該學科的代表著作或歐美大學普及教本，兼顧權威性和流行性，其中日本學者的論著占據了相當比重。日本與中國同屬東亞儒家文化圈，他們在接納西方學術思想和研究模式時，已作了某種消化與調適，從思維轉換的角度看，更便于中國借鑒和利用，他們的著作因而被時人廣泛引進。

與當代學術研究日趨專業化、專門化、專家化的『窄化』道路迥乎不同的是，中國傳統學術崇尚『學問主通不主專，貴通人不尚專家』的通識型治學門徑，處于過渡轉型期的民國學術在不同程度上保留了這種特徵。民國學術大師諸學科貫通一脉、上千年縱橫捭闔之功力自不待冗言，外交家著倫理政治史、文學家著哲學史、化學家著戰爭史等亦不乏其人，民國專題史研究呈現出開放、融通、跨界撰述的特點。與此同時必須看到，自晚清以來，中國的命運就在外侮屢犯、内亂頻仍的窘境中跌宕彷徨，民族存亡仿若命懸一綫。這股以創建學科、總結經驗、解決問題爲指歸的專題史出版風潮背後，包裹着民國學人企望以西學爲工具拯民族于衰微的探索精神，及以學術救亡的愛國之心。梁任公曾言：『史學者，學問之最博大而最切要者也，國民之明鏡也，愛國心之源泉也。』這種位卑未敢忘憂國的歷史使命感和國民意識是令人無法漠視和遺忘的。

『民國專題史』叢書收録的範圍包括現代各個學科，不僅限于人文社會科學，學科分類以《民國總書目》的分科爲標準，計有哲學、宗教、社會、政治、法律、軍事、經濟、文化、藝術、教育、語言文字、中國文學、外國文學、中國歷史、西方史、自然科學、醫學、工業、交通共19個學科門類。本叢書分輯整理出版，内不分科，單本發行，方便讀者按需索驥。既可作爲大專院校圖書館、學術研究機構館藏之必備資源，也可滿足個人研讀或興趣之收藏。

與目前市場已有的一些專題史叢書相比，『民國專題史』叢書具有規模大、學科全、選本精、原版影印的特點。本叢書選目首重作者的首創、權威和著作影響力，尤其注重選本的稀見性。所謂稀見，即建國後没有再版，且多數圖書館没有收藏，或即便有收藏，也是歸于非公開的珍本之列予以保存，普通讀者難以借閱。部分圖書雖有電子版，但作爲學術研究的經典原著讀本，紙質版本更利于記憶和研究之用。本叢書精揀版本最早、品相最佳的原版圖書作爲底本，因而還具有很高的版本收藏價值。

『民國專題史』的著作是民國學者對于那個時代諸問題之探究，往往有獨到之處，無論其資料、觀點短長得失如何，要之在中國現代學術史的構建與發展進程中，自有其開宗立論之地位。

俄國革命運動史

原序

俄羅斯自帝政時代至革命後的現在，幾乎是社會問題的一大實驗室。實際，關於社會問題的理論，差不多完成於英法德各國，而其理論之大膽的實驗，多行於俄羅斯。

自然俄羅斯人，並不是在實驗了西歐的理論後，完全沒有基礎實驗去創造新理論；只是對於人生極老實極忠純的，或者可以說不善變通的單純的俄羅斯人，與其去創造，倒不如親身去作實驗理論之材料，更爲適當一點。

總之，我們一看俄羅斯這大的實驗室時，對他們關於社會問題的勇敢的實驗之結果，其鮮血橫流，屍骨纍纍的現象。我們不得不因而吃驚。所以我像受了這些兇神們的摧迫，勇敢的跑到那淒慘的實驗室中，搜集了許多生動活躍的實驗之結果，而着手編成這部俄國革命運動史。

編這本書的理由和目的，其實也並沒有什麽若勉強的說，就是以下的三種希望爲其主要的動機。

一、長期間彷徨於實驗室的內部，搜集了種種實驗之結果，感着很大的興味，不知不覺中起了把他系統的整理起來的希望。

二、關於其次的實驗或其實驗之全體，愈進行研究，愈可見在他裏面發見出許多深刻的教訓和暗示，並希望把這些教訓和暗示更傳播於後知者。

三、一九一七年的革命以來，俄羅斯這實驗室，更引起世界一般人的注視。認爲二十世紀趣味之中心，都期待着更在此實驗室中發見出什麽新的眞理，表現出新文明之創造。於是我也起了一種希望，想對於『俄羅斯實驗室中，將來究竟能發見出什麽？究竟會表現出什麽新文物？』的問題，就從來實驗之結果分解綜合，並且加系統的整理，然後去下以推測和判斷。

從以上三個單純的希望，大膽的着手於我國甚至俄國也從來沒有做過的大事業。

大膽的提起筆時，首先起來的一個大問題，就是如何寫法，再說就是採什麼樣敘述的形式、書名我首先想定爲俄羅斯赤化譚叢，由此可知我總不願意寫成乾燥無味的敎科書的東西。後邊把書名改定爲俄國革命運動史，雖然稍嫌生硬，但敘述的方法總想儘量淺明。材料亦以插話與事件爲中心、並參以時代思潮與各革命家的經歷思想。但事實上究竟能否辦到，只有靜待諸前輩之指敎與讀者諸君之判斷。我自己這次對此大事業竟能大膽進行，並已漸漸成就着，這是我私心自慰的。

本書的參考書，在完稿後，當揭示於卷末。

山內封介　一九二六年二月

[illegible]

俄國革命運動史

序言

誰也知道俄羅斯革命是法蘭西大革命以後最偉大的革命其影響於全世界的民衆之重大決不減於法蘭西大革命如法蘭西大革命是孟德斯鳩盧騷以來的自由民主思想之結果俄羅斯革命是數世紀以來俄國的民衆運動與十九世紀的科學的進步與其所發生的社會主義思想及社會主義運動的一個重大的表現同時如法蘭西大革命之數次的改革隨着數次的失敗把長久的革命的思想家與實行家的血淚葬埋投機的保守的政客手中一樣俄羅斯革命的結果只是造了布爾什維克一黨獨裁的天下

但這是什麼緣故？或者如布爾什維克黨人所說的俄羅斯民衆的要求，就是現在的政府麼？我們當要知道這個問題，需要確實的知道俄國革命之起源與其發達的經過。我們應當去研究十九世紀中俄羅斯的人民之社會生活，與其文藝及社會思想界之長久的努力。

這決不是從俄羅斯政府的官報與布爾什維克的宣傳品中所可以得來的。

在現在中國革命的進行中，對於俄國革命的眞實的了解確是非常需要。但是中國人現在對於俄國革命所知道的確實太少了。自然是因爲中國太沒有可以知道他的材料了。縱然有了一點，不是從布爾什維克的宣傳品中得來的，便是用資產階級口吻隨意漫罵的東西。很確實的從事實的研究中得來的書確是很少很少。

我去年在上海來在一個日本書店看見了此書的第一二三冊，我覺着算是我所看見的關於俄國革命的書中比較很可以滿意的。自然在英法德文書中，還有很多更好的著作，但多偏於某一部分的研究，很少包括全部的簡明的著述。並且此書的特點，第一是從俄國革命之很久遠的起源，如俄羅斯之民族性，與其社會制度之特點說起，隨着講過農奴制度及其解放運動，並詳細的陳述了俄羅斯之精神與其長久的思想及社會運動之進程。不如其他許多著作之單講革命當時的情形及革命政府的經過，與現政府之設施。第二是其態度比較公正，不像許多宣傳或漫罵性質的書，只寫某一部分而盡力罵倒其他的方面。自然其中也有很多地方比較還有些偏見，因為他大概是一個社會民主主義者，所以特別對比他更左的無政府黨與社會革命黨之敘述中，略有造作之處。但比較還不很厲害。第三是他的敘述比較簡單明瞭，對於不大明白俄國革命的人，一讀此書，可以給他一個重要的概念。

由此我由太平洋書店經理之慫恿開手譯他。開手譯時我還沒有看其第四，五冊。加之我到法國後因種種關係不能多費時間來翻譯日文，所以到現在纔譯完。並且此地應當聲明的，是我翻譯時有很多地方原書被削除了的，我盡力參照我手邊的書補了起來，我所不能補起的地方則仍付缺如。並且有些地方著者偏見太過，或不合事實的地方我曾略有修正。這些地方我都可以負責的。不過這種地方仍是很少，我曾努力保存原文。

還有一點是著者在四，五兩冊中略有宣傳社會民主主義的氣味，其間關於社會革命黨與無政府黨的運動，簡直無有敘述，並其行文的力量，亦不如前三冊之強。但是我們不能太求全責備的。以這樣的東西，介紹於中國的讀書界，讀者若能用批評的眼光去讀，我相信總是很有益處的。

最後對於原文之人名地名，團體名，雜誌名等，著者未註原文。大概因著者的參考書全係俄文印刷不便之故，並且日文書習慣很少註原文的。我曾擬由英法文做一個對照表，但因參攷書不同的緣故，很難弄完全。而英法文仍舊是按音翻譯的，有與沒有其實也是一樣。至書中之團體與雜誌名我曾盡力用意譯出來。所以讀者當不至感到十分困難。

我的譯文因時間關係自然不無草率之處，只好請讀者原諒了。

一九二八年四月二十日　于巴黎

俄國革命運動史

例言

一　俄羅斯的革命運動，繼續的時間很長，這是與法蘭西，德意志革命大爲異趣之點。

一　俄羅斯的革命本當實現於距今百年前卽一八二五年十二月十四日的十二月黨叛亂時。但因國土太大通信連絡不使民心之團結不完全的緣故，而歸於失敗。於是纔給我們留下從十九世紀至二十世紀的血腥的百年革命運動史。

一　追溯至十八世紀的農民與勞働者之盲目的叛亂時代，俄羅斯革命的歷史實延長了二百年。雖然在十八世紀其個人的社會的都是盲目的無自覺的時代，但在那些連「革命」的名詞都不知道的農民與勞働者的心之深處，却早已燃着革命之火。

一　本書，卽這部俄國革命運動史，追溯至十八世紀之波克焦夫與拉進之叛亂，更追溯至羅馬諾夫王朝以前的混沌時期，所起的俄國革命運動最初的烽火，其主要部分則在

一八二五年之十二月黨事變前後，至一九一七年之二月革命的百年間。

俄國革命運動史總目

第一卷

第一期　農民與勞働者之盲目的叛亂時代與大資產階級智識階級覺醒時代

——十八世紀六十年代至十九世紀二十年代——

第二卷

第二期　小資產階級智識階級之革命運動時代

——十九世紀二十年代至六十年代——

第三卷

第三期 男女學生革命時代

——十九世紀六十年代至八十年代——

第四卷

第四期 無產者之革命運動時代

——十九世紀八十年代至九十年代——

第五卷

第五期　各階級之包圍攻擊時代

——一九〇一年至一九一七年——

俄國革命運動史第一卷

俄國革命運動史第一卷目錄

第一期 農民與勞働者之盲目的叛亂時代與大資產階級智識階級覺醒時代

——十八世紀六十年代至十九世紀二十年代——

俄國革命運動史 第一卷

第一期 農民與勞働者之盲動的叛亂時代與資大產階級智識階級之覺醒時代

——十八世紀之六十年代至十九世紀之二十年代——

第一章 俄羅斯革命之必然性

一 俄國革命之起因

俄羅斯帝國何以滅亡？俄羅斯革命何以爆發？這雖是平凡的疑問。然而曾以強大誇耀於世界的俄羅斯帝國，曾以絕大的武力威脅過全世界的俄羅斯帝國，曾徹底的實行專制的君主國，那樣頑強的聳立於世界的龐大的俄羅斯帝國，突然由革命之一轉變，幾欲實現世界民主的先進國所夢想不到的嶄新的無產階級的共產主義國家，一躍而爲世界的先驅，使全世界各國都爲之啞然吃驚的俄羅斯，我們當觀察這樣的俄羅斯，不期然而然的在我們胸中會發生出『俄羅斯革命何以會起來？』的奇妙的疑問。

當距今十餘年前即歐戰勃發的當時，誰能想像得到在俄羅斯會實現徹底的無產階級革命？基礎於無產階級獨裁主義的『布爾什維克』革命，居然會把曾經被歐洲文明征服了一切的俄羅斯帝國根本傾覆的事，那時候誰能想到？十年前的俄羅斯帝國曾經與德意志的強力的軍國主義相搏戰，使世界的戰術家，握着手汗等着看最後的勝利是俄國還是德國。這樣以強大堅固誇耀於世界的俄羅斯帝國，只過了三年工夫，好像大厦被炸藥破壞了的樣子，一下便被根本破壞了的事，十年前誰可以想像得到？事實上當一九一七年二月的第一次革命傳聞於世界時，多數的有識者對此突然的驚人的報告，幾乎不敢相信，或者有些人以爲是從歐洲大戰引起的一時的副產物，並且判斷說不久俄國的形勢，一定會逆轉的。

從前批評俄羅斯的人，普通總加上『不可思議之國』『謎之國』等的慣語。但是現在對於經驗過革命的苦痛的俄羅斯，再用這樣時代錯誤的淺薄的批評是不行了。我們現在對於俄羅斯大革命所成的激烈的破壞，非再加以較合理的說明不可了。然則俄羅斯革命的合理的理由是什麼？俄羅斯革命爲什麼會起來？

平素非常健康，以沒有用過一次醫藥自豪的強壯者，一下得病，不管他平常的健康突然暴死的事實，是我們常見的。但這樣頑強的健康所有者被病魔侵襲的動機與對病魔失其抵抗力而暴死的徑路，若以深刻的注意去解剖其屍體，一定能發現出意外的很合理的道理。

發生於俄國的革命，雖然看起來像不可思議的現象，但你只要把俄國的歷史從內部仔細去分析一下，定能在那裏發現出相當合理的理由。而關於俄羅斯的一切謎，一切不可思議，當找出合理的理由，漸漸引入於光明的路上時，當然是要消滅的。

二　舊俄羅斯帝國的三大禍根

對於俄羅斯何以有革命起來，這個看去似乎很平凡，然而很老實的疑問，我們可以毫不躊躇的這樣答覆，就是『舊俄羅斯帝國，表面上雖然似乎是頑強健康的，其實却是一個長久帶病危在旦夕的大病國。』實在的，舊俄羅斯帝國確是一個大病國，其病狀在十七世紀初期已經現出來了。從這時代俄羅斯的社會狀態，馬上開始動搖，俄羅斯的社會運動，遂顯著的帶了革命的色彩。即俄羅斯大帝國，已經從三百年前就感冒了革命熱。其瀕於死境已經不是一次兩次了。知道這種消息的人，一定會想着俄羅斯帝國的運命能延長到二十世紀初頭，是想不到的奇蹟。從而可以說到一九一七年舊俄羅斯帝國之死滅乃已經到了當然要死滅的時期，決不是由於某種突發的疾病所致。

本來俄羅斯帝國在他的體質上具有着容易感受革命熱的素質。你只要看一下俄羅斯帝國建國以來的歷史就會明白。據俄國的歷史，距今一千餘年前，即建國當時的俄羅斯人，似乎是生活於極自由的極民主的社會組織之下的。本來不是遊牧民族，而為酷愛土地的農業民族之俄羅斯人，總是愛和平的，比較其周圍的遊牧民族在文化程度上是很進步的民族。特別能使人驚異的就是從那時代他們已經有『烏普西齊那』（地方自治村）的組織，爲會合各自治村之代表者，而討論共同的問題，有稱爲『齊維埃』（議會）的會議機關。到『齊維埃』的自治村代表，由各村農民選舉然後由幾個『烏普西齊那』聯合而成『渥羅齊那』（自治羣。）

稱爲世界唯一的君主專制國的俄羅斯帝國之搖籃，就是這樣一個自由鄉。生長在這種自由鄉中的俄羅斯人，其尊重自由心的熾烈，簡直應當認爲是當然的事。由此俄羅斯人漸漸形成其特殊的國民性，正像猶太人慕上帝的加奈恩地方一樣，他們慕着多奈波河奈的自由鄉。那就是他們對自由象徵的『烏普西齊那』的仰望，此種仰望就是使俄羅斯帝國病弱的一個主因。

太古的俄羅斯人得和平的幸福的生活於『烏普西齊那』之自由鄉中，但是他們常常脅迫於隣近遊牧民族的襲擊，其和平與幸福，遂被破壞而且慣於和平與自由的俄羅斯人，用以與野蠻的遊牧民族相抵抗，當然是太弱的了。於是他們的聯合『齊維埃』，就決議派代表到其隣近民族瓦里亞格地方招聘他們的英雄願在他們的指揮之下，與蠻民的襲來者決戰。俄羅斯的代表到瓦里亞格人那裏，卑辭厚幣的請求說，『我們的土地廣大天產豐富務請君臨我土地，統治我人民。』答應了這種請求而君臨俄羅斯的，就是留里克西奈敖斯，多爾敖爾的兄弟三人。留里克在腦夫戈維德市統治斯拉夫人。西奈敖斯在比來敖西爾市統治芬蘭人。多爾敖爾在伊士堡斯克市統治斯拉夫人。不久西奈敖斯與多爾敖爾皆死去。留里克遂兼而統治既死二兄弟的疆土。從這時候起留里克的廣大疆土，纔稱爲『羅斯』。俄羅斯的國名就是從這羅斯傳流下來的。

這樣俄羅斯人迎異民族人爲君主，把和平的自由鄉之『烏普西齊那，』弄成不自由的帝國，而與隣近民族開始戰爭，就是俄羅斯帝國滅亡的第二要因。從這時代起俄羅斯人放下鋤鍬，拿起兵器，於此遂不得不死於自由而生於服從一邊。俄羅斯的君主知道，爲統治俄羅斯的障礙者，必是俄羅斯的自由主義者。於是對人民更強要其服從，而束縛其自由在俄羅斯的自由與束縛，壓迫與反抗的鬥爭，卽胚胎於這個時期。

可能的自由的努力。更約言之，即向社會與個人之解放的進路。所以我現在仍舊用一般人已經慣用的簡語『赤化』。

若『赤化』的名辭可以照這樣的解釋，那麼俄羅斯人，由其國民性看去，至少是富有『赤化』傾向的國民，這是可以斷言的。從而可以說俄羅斯帝國，具有漸次『赤化，』當斃於革命病的遺傳病根。

你們倘使一踏俄羅斯的土地，親自與俄羅斯人接觸時，俄羅斯人之宇宙的，奔放不覊的，並且極端自由的性格，馬上會深刻的鮮明的在你腦裏留下一種印象。並由此奔放不覊的自由性格之印象，你們又可以得到『俄羅斯人是慾望之權化者，是生來的宇宙主義者』的結論。我是相信的，確實俄羅斯人是具有不可治愈的無限的宇宙的慾望的民族。假使『慾望』這用語不大適當，我實在可以修正為『強烈的宇宙的衝動。』

總之俄羅斯人是強烈的衝動或無限的慾望之所有者。是對什麼都感不着滿足。對什麼都不願受妥協的頑強者。但是我們若將俄羅斯人之強烈的衝動與無限的慾望分析起於其特殊的國民性第二由於特殊的國體第三由於特殊的教權。

自然從來無論何國的革命，多發生於此三種原因。任何國家的社會革命都非先考察其國民通性，其愛自由之強度，其國家組織是否與國民所慕的自由相背馳，以及其宗教是否束縛國民的自由主義的傾向，方能理解其革命之性質。革命之發動，至少在現在以前所有的革命之發動，可以說是由於國體與宗教對於其國民性，爲時代錯誤而狹隘的原因。例如法國革命，與俄羅斯革命之異點，卽判分於兩國的國民性，國體與教權之殊特性。卽在俄羅斯有俄羅斯的特殊國民性。此特殊的國民性爲打破特殊的國體與教權，而實現了特殊的俄羅斯革命。但是此三者在俄國是如何慘酷及如何爲運命的惡作劇配合着，是很值得注意的。

俄羅斯人原來是富於革命性的。有極易「赤化」的國民性，已如上述。但是「赤化」的名辭，或者會有許多語病。在我的意思，以爲是指欲從舊的制度，束縛與規則，環境脫出，而走入新的制度，束縛，規則與環境的社會思想。卽人類在社會生活的範圍中，欲獲得較多的無條件的聽從皇帝的命令。這樣的完全政教一致之神統政治的精神，便是基督正教了。

正教的會堂遍於各處，從都市以至山間的小村落，都有金色的十字架在那裏輝映着。只看這種利用宗教的愚民政策，可見其已經收了很滿足的效果。即一方面官憲拿着劍與鞭，他方面僧侶拿着聖經與十字架，來統治對於實際問題無知識的俄羅斯人。此後雖幾經變更皇帝，改易王統，但是烏拉濟密爾帝的國民統治法，則一直連綿到革命當時，從未改易過。

這樣渴望着自由的俄羅斯人，在專制政權的壓迫之外，又極度的受着都克馬太克教權的強大的二重束縛。從此除被剝奪了行動的自由外更被禁錮了思想信仰之自由，結果遂只有遭遇着求麵包而得石塊，求魚得鰍的結果。俄羅斯人之革命熱，俄羅斯帝國之禍根，應當說已經種於此時了。

三　慘酷的運命

舊俄羅斯帝國，感受革命之熱狂，並且斃於革命的熱狂之根本原因，如上所述，第一由俄羅斯人由帝制的鐵鎖束縛到要裂腐的樣子，壓迫到要窒斃的程度。而俄羅斯皇帝還不以此爲滿足，將此束縛與壓迫更神聖化，更加以權威，於是製作出宗教的背景，把希臘正教定爲俄羅斯的國教，使全體人民信仰，就是這個道理。

希臘正教亦基督教之一派，對於羅馬加特利克教之西方教會的稱呼，希臘正教就稱爲東方教會。此教之輸入俄國，即在其建國後不久，即九八七年左右，把此教從希臘輸入於俄國者爲烏拉濟密爾皇帝。他想着把當時先進文明國的希臘的宗教輸入於俄國，對於國際關係上自然是好的，即對於對外貿易以至對內關係都是很便利的。於是就不管信教自由，遂下命令，強制的使全國人民受了希臘正教的洗禮。從此希臘正教遂成了俄羅斯的國教。聰明的烏拉濟密爾帝看破了統御理性的頑強的並且不學的自由主義的俄羅斯人只有拿宗教的信念去培植人心。

依基督正教的教義，皇帝爲上帝所佑護，即上帝爲統治人們而遣的代表官。皇帝的命令即神的命令。皇帝的命令，發於神之不可測知的攝理之下，國民應當以敬虔和謙讓之心來可以知道他的本源，就是個人的自由解放與豐滿的希求。而此種希求，纔正是赤化了舊俄羅斯帝國，亦引起革命的最大原動力。

俄羅斯所以感冒革命熱的第二要因，即其國家組織。舊俄羅斯帝國的國家組織，不消說是君主專制政體。這是誰也知道的。其專制君主之意志是沒有限制的絕對權力。如這樣專制君主的絕對權力，在任何民族間，決不會受歡迎的。但是却偏要給與了賦有先天赤化性的俄羅斯人，給與對於奔放不羈的自由希求特別強烈的俄羅斯人。在這樣的俄羅斯的專制君主任意用其絕對的權力支配役使其國民如馴羊，這是如何慘酷的運命呀！

差不多專制君主政體必然附隨的東西，就是地主，官僚與職業的軍人等所謂支配階級的橫暴。在俄羅斯這樣支配階級是特別利害。地主的使役農奴，官僚的受賄，軍人的橫暴，是如何強烈的虐待被支配階級之農民，兵士，工人，後邊當舉實例以證明。總之上述的俄羅斯的特殊的國民性，政體與政權，在舊俄羅斯帝國是具着最可怕的運命的三大病根，是千眞萬確的。

四　殘忍的農民制度

赤化的國民性，君主專制政體與專制的教權——因此判定舊俄羅斯運命的三大禍根。自俄羅斯建國以來，皇帝僧侶地主官僚與職業的軍人等的支配階級與農民，兵士工人等的被支配階級中間，常有不斷的軋轢與鬥爭。此軋轢與鬥爭的結果，發生於俄羅斯帝國之體內者，就是農奴制度的可怕的疾癌。在俄羅斯支配階級與被支配階級之爭鬥，爲了欲除去此種疾癌，遂更激發起來，漸漸帶了革命運動的性質，即俄國革命運動起來的遠因，就是前述的三大禍根，而其直接的動機，則爲農奴制度。

農奴制度就像羅馬人之使役奴隸，美國人之使役黑人的樣子賦予俄羅斯的地主以虐使其佃戶的農民的權利的制度。

此種野蠻殘酷而不合理的制度，從十四世紀起，表現於俄羅斯農民中間一直到一八六一年，使俄國農民差不多受了四百餘年的苦痛。此種制度成爲極殘虐的奴隸制度，始於十六世紀的末期，其基里羅夫配魯柴爾斯基修道院附屬村落的比較富裕的農民，於一千五百維齊的耕地中竟有一千零七十五維齊，都要從修道院借上種子來種。當時的農民受虐待到如此的程度。並且因爲家畜糧食的價錢騰貴的緣故，農民對於地主應付的前借金或違約罰金之額，都自然增加。十年間居住於地主的土地，即前借金較少的農民，當要離開其土地時，差不多都要負三百盧布（據克留柴夫斯基敎授的計算）以上的債。

農民差不多不能還付此項債務而得其自由。所以結果多數農民因爲此項債務，被束縛其自由，最後弄到非賣自己的身體不行的地步，即不得不從某地主轉換於其他比較有利的，租稅較少的修道院之所有地，或離開舊地主，而轉於由政府受了降低其新墾地的租稅的新地主，或從窮的地主轉於富的地主的地方。但此種轉換並不能說可以得到自由，仍舊不過是奴隸生活之遷移。

地主很不堪於農民這樣的隨意出入，隨意易主。在農奴的新受主方面，也感着非拿重金買收農民不可的不便。就在被走了農奴的地主方面也因爲自己的農奴減少，不足供土地耕作上的需要，從而在收入上受莫大之影響。於此貪慾的小地主們，就開始向政府運動，制定禁止買賣農奴農奴無論如何不準從他的地主離開的法律。

這種運動竟成功了。一五九七年十一月二十四日，頒下法令凡在至一五九七年九月一日止的五年內從地主前逃走的，一切農民應連同其家族財產一同回到舊主人那裏。此種法令可以適用於過去的五年間，即把一五九二年的法令變爲有効的了。由此種法令製成了戶籍登記簿，將各地主使用的農民皆登錄於此。蓋因農民易主問題的糾紛，認爲有這種必要。其後又在一六〇七年三月九日頒下關於農奴的新法令。此項法令就是，一五九二年之戶籍簿上十五年間所登錄的農民，皆禁止從其地主離開，加之政府對於逃走的農民命令其回轉於舊主人時，應當於賠償其主人因逃走所受之損失以外，更繳納一百盧布以上的罰金。從此農民遂完全變爲地主的奴隸。此後又於一六四九年頒布了亞歷克賽密哈魯維齊帝的法令，就是禁止農民在都市經營企業及商業。一六八九年的法令，又禁令雖既得自由的農民，亦不得認其爲自由民，農民應永久爲農民。一七一八年十一月廿六日的法令，又加課農民以人口稅，爲此復行農民的戶口調查。一七四二年又廢止了農民徵兵令，由此閉塞了農民脫離苦境的唯一途徑。一七四七年給了地主以可使自己的農民代從兵役的權利。一七六〇年又給地主以把農奴移民於西伯利亞的權利。一七六五年又給地主以可使農奴入獄的權利。一七六七年又禁止了農奴向地主提出請願書。一九二九年又發命令於各地主不要一切遊民服從兵役，或都登錄爲地主的農奴。從此農奴之數，遂顯著的增加起來。

一七八三年三月三日之法律，使農奴制度擴張至小俄羅斯。一七九六年的法律，農奴制度又波及於埃加太利諾斯拉夫，斂斯克賴桑斯克杜里兹，高加索，多昂等地方。

如是俄羅斯遂完成了殘酷的農奴制之蠻風，各地主對其農奴有生殺予奪之全權，得自由的任意的虐待之。

第二章 農民之盲目的叛亂

一 革命運動最初的烽火

概觀任何國家任何民族間其革命運動的進程（階級鬥爭的進程）從事件方面縱的觀察去，有農民對地主，國民對主權者勞動者對資本家兵卒對職業的軍人，平民對貴族，無產階級對有產階級的軋轢從時間的，歷史的橫的觀察，其發展的普通程序，首爲農民的革命運動次爲智識階級的革革運動次爲勞働者的革命運動。

在俄羅斯也是革命運動之最初的烽火，先由農民對地主爆發開。特別像俄羅斯這樣的農業，即農民占其全人口百分之九十的國家，幾乎可以說農民就是國民在產業未興的時代，在俄羅斯除了農民以外再沒可以稱爲國民的。此種無自覺的農民之最初的革命運動，完全是基礎於實際生活之感覺而起的。並不是以反抗皇帝奪回政權爲目的。僅不過是對於直接壓迫者的地主的政治乃至經濟的反抗。沒有理知的覺醒的農民，並不知道地主橫暴的深的根源，棄却其重要原因，只想除去其結果的直接的壓迫者。最初的農民革命運動，必然有此種傾向，特別在農奴制度的俄羅斯，此種傾向更爲明瞭。

俄羅斯的盲目的農民革命運動，始於十六世紀。那時由農奴制度束縛於土地的農民，爲脫離地主的壓迫陸續逃亡於人跡稀少的烏克蘭（即小俄羅斯）地方。南方的哥薩克，亦鑑於農民的傾向遂左袒於得名僞皇帝都米多利，期脫離地主的羈絆。僞皇帝都米多利，遂應農民與哥薩克的要求，發了廢止農奴制度，對逃走農民給與自由解放的命令。

僞皇帝都米多利不久倒於出身商人階級的貴族之陰謀後，俄羅斯遂又入於混沌時代。農民在到處起了叛亂與地主格鬥。逃走農奴之一人保羅多尼考夫鼓動起來的農民叛亂不過算其中的一例罷了！

不久，保羅多尼考夫被瓦西里雪意斯基皇帝的軍隊擊敗後，哥薩克與農民叛亂者，又集於另一僞皇帝都米多利的旗幟下。此僞都米多利，發跡於接近莫斯科的一個叫道新的小村，又有道新的盜賊的綽號。對中央政府繼續二年叛亂。

但是當時的農民之盲目的叛亂與西歐諸國一樣，沒有自覺階級的團結。加之叛亂者的大部分雖然是農民但還混進些小地主中之反抗分子。且農民運動之指揮者多為哥薩克地方的長老或頭領以至土地領有者。這些分子，到裏同道新的盜賊通了夥，壓迫於對波蘭之干涉的出兵，而與莫斯科政府妥協，同時並感着波蘭之武力的資本侵略之脅迫。於是貴族商人的團體起了排斥波蘭人的運動組織起密寧與保查斯基的擁護祖國軍。道新一派，全部加入的此擁護軍。

波蘭人被驅逐後貴族們把瑞典皇子舉為俄國候補皇帝。革命的道新派，都推總主教費拉爾特之子密哈爾羅馬諸夫（當時為一少年）為皇帝。道新派的主張占了勝利，羅馬諸夫氏遂得君臨俄羅斯，而除與新朝代。但是羅馬諸夫也妥協於道新派之期望，把俄羅斯又交還於貴族，商人大地主與繼續着由於農奴制度的農民虐待政策。農民革命運動之最初的嘗試，就這樣完全失敗了。

二　農民之惡化與反抗心之橫溢

由道新一派擁立密哈爾非敖都路易齊帝卽位，使羅馬諾夫朝君臨了俄羅斯後，農民之期望完全破壞了。不唯境遇一點也沒有改善，反更發揮着農民制度的毒牙虐待農民。

特別當俄羅斯的商人，爲轉運資本，熱烈的希望着海外貿易。羅馬諾夫政府便立卽順從了商人的希望，採取海外侵略政策。爲實行此政策，忽然對農民加了重稅。

農奴制度與苛斂誅求，儘量的搾取農民，虐待農民，在十七世紀的中葉，除了不適於農業的俄羅斯北部地方，全俄羅斯的農民，沒有一個不是農奴。並且這些農奴不問對地主有無負債，都嚴重的隸屬於其主人的管轄之下，而爲其所有物。卽地主負債，農民亦需代爲償還。殘忍的債權者，每日對可憐的負債者之農奴鞭撻着驅使着，強其償還主人的債項。這樣再還不了時，債權者便不客氣的沒收農奴的財產。

自然，就是都市的住民也不見得比農奴的境遇好多少。他們也是一樣受着資本家的欺侮。國家或者增加軍隊，或者增設行政機關便不客氣的在最下級人民的農民與市民身上增加賦稅。

如羅馬諾夫朝第二代皇帝亞歷克賽密海羅維齊帝，隨便什麼都愛模倣西歐的制度，所以纔即位便實施鹽稅制度以苦人民。從這時候起，在俄羅斯內部，竊抱不平者，日益增多，各地又見了叛亂的徵象。政府爲防備起見，自然更增加起軍隊來。給養這多數的軍隊自然要錢。於是政府遂發行了所謂銀盧布的僞造貨幣。就是銀裏混了銅的貨幣。人民沒有注意到這種欺瞞，把這種僞造銀幣，當着純銀幣用。政府嘗着味道了。更欲發行了一種純銅貨幣，當着純銀貨幣流通。但在此種計劃未實行之前，僞造銀幣破發覺了。價値遂暴落下來，同時物價亦騰貴起來了。政府的計劃，歸於泡影，民心的動搖，也就此激成了。各地的農民又起了叛亂。羅馬諾夫王朝雖然有鎭壓此叛亂之兵力，但自烏拉濟密爾王朝以來。壓迫了又壓迫的俄羅斯農民，政府的威壓是無用的了。農民的反抗心變成一種黑潮激流於都市與農村的內面。在皇帝權力稀薄的地方，不時現於表面。在都昂地方由斯太邦拉進鼓動起來的哥薩克與農民之叛亂，卽其一例。

拉進的活動舞臺在凡爾加地方。凡爾加河爲莫斯科與波斯連絡的唯一商業通路。波斯的商人把東方的高貴貨物由此河運到莫斯科，莫斯科的商人又轉賣與西歐商人，特別是英國人與荷蘭人。從而在此商業通路之凡爾加河畔，腳夫，勞働者，店夥，小商人匠人等，所謂沒有土地的人非常多。他們只是靠着上下於凡爾加河的商人，營着窮苦生活。凡爾加河畔的肥田，完全讓地主占領了。從內地移住來的農民不夠，所以地主對此地方的農民之壓迫非常殘酷。所以這地方的一般住民之心理，遂一天一天只有惡化起來。農民對於地主的反感比較其他地方更爲強烈。

三　頭領拉進之叛亂

凡爾加地方的隣接地方，即都昂哥薩克之巢窟的自由村。羅馬諾夫王朝，屢欲破壞此自由村，用莫斯科政府的威力來鎮壓都昂哥薩克，但是沒有辦到。由此羅馬諾夫王朝自覺了雖然整理了國內的秩序，但沒有收復從國內逃走於國境外的哥薩克的實力。雖然，此種目的後來達到，一直到那時候哥薩克長久處於莫斯科的權力之外。到十七世紀初頭的革命期，此武裝的哥薩克遂分裂，其將校的頭領們，返回向着所有階級，哥薩克實際上遂解散丁。莫斯科政府極力懷柔着他們，用他們去抵禦土耳其與韃靼人之侵入。雖然如此，十七世紀之哥薩克之大多數，尚爲幹強盜掠奪的無賴之徒。

其後不久哥薩克從土耳其奪回了阿索夫海岸一帶地方。其時他們向莫斯科政府求援莫斯科政府不許。因爲莫斯科政府認阿索夫地方是不需要的。因此土耳其人不久又從阿索夫地方驅逐了哥薩克人仍舊弄成土耳其的鞏固的根據地，而與哥薩克對抗。於哥薩克之南下遂被中斷，最後才變更其進路於東南方面，而出現於商業重要通路之烏爾克河下流與克斯比海。

此等哥薩克人，不掠奪俄羅斯人，專掠奪波斯商人。但是因爲哥薩克的此種行動，妨礙莫斯科之商業貿易，所以哥薩克與莫斯科政府當然立於衝突的地步。

然而假使在這個地方哥薩克與莫斯科政府開戰，上述被虐待的脚夫勞働者，農民，一定幫助哥薩克，這是很顯然的事。

哥薩克的頭領斯丁克·（斯太邦）拉進，看破了這種形勢，一六六七年（亞歷賽·密海羅斯齊帝時代）在阿索夫海岸附近，舉了反抗莫斯科政府的反旗。他率領着哥薩克與農民，勞働者組成的軍隊，先占領了凡爾加河口的亞斯特拉恒市，跟着攻入查理參市漸次順凡爾加河逆上，而向着首都莫斯科。他沿途鼓動了各部落的壯丁，喊着「爲國民自由」的口號，向農民徵發着食糧，而迫近莫斯科，聽着政府軍勢力之強，突然變轉方向，從加斯比沿海，征服了高加索地方，更乘其破竹之勢，從土耳其海岸，侵入波斯地方。

當時拉進所演成的趣話，很有名，變成傳說民謠，至今尚膾炙人口。拉進攻入波斯時，捕虜其王女，溺於其美貌，遂將王女置爲他的侍妾，日夜宴樂不休。

他放棄了波斯之攻略，更轉變方面，乘勝陷入莫斯科，率數十艘兵船，逆上凡爾加河，有一夜，正和波斯王女在河上飲宴，坐在他背後的船的部下，在唧唧密談，拉進偶然側耳傾聽他們的密談。

「甚麼，弟兄，我們的大帥儘着那樣子怎麼得了！天天戀着那波斯王女，已經不像還預備打仗了。眞是沒有什麼意味了。」

這樣發着怨聲拉進忽然變色而起大聲的叫喊着『但是弟兄們，今夜的酒宴，非常愉快，可是你們好像還沒有滿足的酒肴，我現在請你們一下，你們好好先嘗嘗味道。』

這樣說着，拉進突然抓起自己傍邊坐着的波斯王女，向滔滔流着像大海似的凡爾加河中流擲下去了。看見這個突然的悲劇的部下，驚服拉進的不屈不撓的勇氣，其後愈加悅服，這樣在非常的希望的光輝照耀之下，攻上莫斯科。

拉進的叛軍，被頭領的決心與勇氣鼓舞着，沿凡爾加河逆上。在西姆比斯克市終與政府軍衝突了。此時的政府軍是照着西歐的軍隊組織訓練出來的精銳軍隊，意想不到的叛軍遂被擊潰了。從而拉進由其部下的內應者交與政府軍，後在莫斯科處了火刑。

四　民心之幻滅與墮落

斯丁克·拉進叛亂後，俄羅斯又復了泰平時代。此時爲羅馬諾夫王朝的黃金時代。因爲繼亞歷克賽·密哈羅維齊帝之後的，有名的彼得大帝，能發揮其鐵腕鎭壓俄羅斯內部的緣故。

彼得大帝不止在軍事上政治上宗教上實行大改革並將國民的注意移向國外常實行對外戰爭採取將國民對內部的憤懣吐於這方面的政策因此拉進叛亂後百年間俄羅斯內部沒有農民叛亂。

彼得大帝的此種大改革對政體與人心並沒有發生什麼變化。他的改革，不過是外部的改革。在外面上看去，自彼得大帝改革後。一躍而成與西歐諸國相抗衡的一等文明國。但其內部的禍根，如專制制度，教會制度，農奴制度，皆依然如舊。

現在從歷史的眼光去看彼得改革後俄羅斯的狀態，只是上流社會爲模倣西歐文明國人的生活，惟恐不逮。法蘭西人不斷的來俄，彼得大帝把粗糙的俄羅斯文化之牆壁，油漆得很白。但是漆皮不久又脫下來了。下邊仍舊露出從前韃靼式的文化之醜態。在流行的西歐式的服裝之下，潛伏着粗野的習慣。在仔細慇懃的身段的裏面，藏着粗暴與卑野。青年們只管耽于空想，畫着空中樓閣。

這樣矛盾，錯誤，鍍金與空想所得的當然的結果，自然只有幻滅。俄羅斯的青年們果然不久就嘗着這幻滅的味道。從幻滅遂走於美食空談，賭博，只有在這些地方纔能發見滿足。青年女子，也與男子一樣墮落至於爲金錢而賣婚賣愛。

在下等社會，則無賴之徒白晝橫行，毫無公益心愛國心。社會上下皆蔑視一切道德，走入虛榮逸樂富貴之途。爲得此等目的，不問脅迫，盜賊，掠奪的手段，皆所不辭。對於當時的裁判官，會下過「不受賄賂，不準任意減削與自己不便的法律條款。愼於飲酒，清潔服裝，每天須櫛髮」的訓誡。即此可見當時社會的腐敗紊亂。

當時，在地方持有絕對的支配權者，自然是地主。地主之橫暴與農奴之悲慘的境遇，在此時代亦如前所述，是絕對不可緩和的。農奴仍然是得服從地主之絕對支配權。他們沒有所有動產與不動產的權利。他們自然不能持有自巳耕種的田地。但在地主方面則有賞賣土地及在使用於其土地的農奴。法律上亦明命農奴貢獻其全精力全膏血於自己的主人，並尊敬此殘忍至極的地主之絕對尊嚴。

此殘酷的農奴制度，到稱爲俄羅斯的名君，謳歌爲羅馬諾夫朝之惟一的仁政家的女皇加代利拉二世時代，絲毫未變。當女皇卽位之初年，人民都期待着自由與幸福之曙光，但事實却正相反，窮征重稅，加之各地方駐屯的龍騎兵，到處掠奪，好像遭了火災，人民又呼之爲『蝗之罰』及『神之罰』。其慘狀可見一班。

五　農奴之逃走與社會之不安

拉進之叛亂後百年中間，在俄羅斯沒有擾亂起來的原因，從一方面看去可以說是由人民之過於絕望，致失却反抗皇帝及地主的勇氣，只管隱忍恥辱所致。彼得大帝行北方戰爭後，俄羅斯的人口極度減少，農民耕地之分配率每人的地面非常大，這是俄羅斯得享百年泰平的緣故。例如在拉進叛亂前，一個農人的耕作土地平均爲二「代霞齊那」半，經過八十年後，增加至九「代霞齊那」。且農民之家族數又減少了一半。在這種情形之下，農民纔能隱忍着地主的搾取。但到十八世紀後半期人口已經又增加了，農民又感着土地的狹小。彼得大帝第一次調查農民戶口時，男子之數爲五百五十萬。但至四十年後行第三次人口調查時，就增加至七百五十萬人。加之，這種調查並不是嚴密的。實際上相差的更多。依當時的另一種統計，男子之數計八百五十萬人。

這樣感着人口增加，土地狹隘，身受着地主的苛遇的農民，當然對自己的境遇懷着不滿。這裏在農民間又開始流行着逃亡的風氣，或逃走於都昂河或凡爾加河岸，而入了哥薩克籍；或遁入東北俄羅斯人跡未到之森林中，而徬徨於伊魯基斯或烏拉爾河岸；或逃入波蘭境內，而定居其地。

農民之逃走風氣太激烈了，地主因之大起恐慌，國家的經濟基礎遂更動搖了。代代的皇帝，行了許多防止農民逃走的政策，有一個時代頒發了農民在從其主人的村旅行至離開三十俄里時，必須領取旅行劵的嚴重的取締法。

但是這樣欺瞞的姑息的防止政策，實不足以阻止從生活之根本要求所起的農民之逃走現象，所以農民之逃走，並沒有因此絕跡。

這些逃走的農民，將何以營其生活，他們沒有火器以供狩獵，他們沒有農具以供耕作。所以他們只得求其生活於掠奪上。如前所述凡爾加河實由南俄地方及高加索地方，遠至波斯地方通於莫斯科的大路。逃走的農民第一先狙擊行商，其結果遂使地方居民的生命財產之安全受着很大的威脅。此種威脅與不安，不只地方或村落之居民是這樣感覺，即都會亦被此種空氣侵入。殺人強盜隨處可見。即當時之首都彼得堡，夜間被殺的市民之屍體，一到天明各處都可以發見。

政府因此大爲狼狽，急向各地派駐屯兵，以防此無賴與強盜，在軍隊方面因爲草賊是隱蔽的敵人，所以軍隊駐屯，對於除滅草賊之不安，實無大効果。

政府又依地主之請求，爲防止農民向波蘭地逃走，沿着接於波時波利達河之國境線全線，掘以深溝，隔二里半之距離，皆置一監視所，以嚴重監視逃走的農民。被監視者捕捉的農民多加以笞刑。其主謀者則處以絞罪。

但是這樣大規模防止策，仍舊是無効。女皇加代利拉，更欲取防止農民逃走之根本方法，遂於一七六二年十二月四日發下勅令曰『凡一次逃走的農民，歸祖國時可不受刑罰。歸來的農民之移住地定西伯利亞之伯拉濱曠野，西俄之俄魯奈齊，配爾告勞特諸縣爲開放地令後殺百姓者當處以重罰』實際依從此勅令而歸國的農民，實爲得免除了六年間的租稅與養務勞働但一直受了幾世紀苦的經驗之農民的多數並不能完全相信加代利拉二世的勅令。

依加代利拉二世自己寫下的史跡當該女皇卽位之初年，反抗政府的農民與修道院的農夫及地主的勞働者合起來，將近十萬人。此十萬被虐待的人們，都爲脫離奴隸的境遇，而揭着革命的標語，向政府反抗着。

見了此種形勢的政府更加狠狽起來。但是政府除了用軍隊以外，幾乎再沒有方法來鎮壓農民之叛亂。

六　頭領波克焦夫之陰謀

農民之反政府傾向更加猛烈起來，下層社會顯著的開始動搖，於是又有種種煽動家野心家出現。在他們中間，有乘皇統之紛爭，自稱『我乃眞是彼得大帝之孫的彼得第三』者（此彼得第三世，後來傳聞被其皇后加代利拉監禁，更爲所弑殺。）自然此僞彼得第三，不久，暴露其本來面目，失了社會的信任。但此自稱皇帝之出現，已給了對現有社會感着不滿與憎惡的下層民衆以一種心裏上的刺戟，使其聯想到更大的社會擾亂之將至。

乘此社會的不安的空氣而捲起一種運動者，卽愛買利恩波克焦夫的運動。波克焦夫是慓悍無比的多昂哥薩克人，從軍於七年戰爭，曾建殊勳，後來參加第一回的俄土戰爭時，因病得許其回國，在歸途中從其後送部隊中脫走，而到波蘭。在波蘭曾過了許多時候放浪生活。但他不高興久困於此，不久又回到他的故鄉多昂哥薩克。但慮到偶一不愼或將再拘回兵營去，所以特意走到人跡稀少的荒僻鄉村中，待機以決行驚動天地的大事業。

正在這個時期，加代利拉二世又繼續着與土耳其開戰。戰爭的目的，是為獲得一條通路得為烏拉爾地方及凡爾加地方所產的豐富的糧食運往土耳其及波斯地方。在糧食豐富以至可使加代利拉二世宣戰的烏拉爾凡爾加地方耕地之面積與農人之數的比例，農民過少。貪慾的地主們為滿足其無厭之慾望，對農民之待遇，比其地方的地主更為苛酷。譬如在其他地方，農民每一星期內只需為其主人工作三日或四日，但此地的農民必需工作六日至七日簡直與美國殖民地的黑人與古代羅馬之奴隸處於同樣的境遇。烏拉爾鑛區的勞働者，亦與農民處於同樣的奴隸狀態。特別如雅克（今之烏拉爾地方）的哥薩克人，從頭領受着很利害的壓迫。當時的哥薩克多以漁爲業，即現在亦然。將此地捕得的漁，用鹽浸起來運往各大都會，而此最必要的鹽却屬於政府的專賣。做頭領者先從政府將鹽借領下來再分配於漁人。於是漁人爲償還鹽價，哥薩克人要把自己獲得的魚全部供獻於頭領。並且無論供奉多少總不會償還完的。哥薩克人雖然常常向其頭領叛亂，但自其都會奧林堡市開來的守備隊總會把他們鎮壓下來。多數哥薩克人被處笞刑，或被鎖在獄中，或拉到兵營裏去。

這樣的情事，使烏拉爾地方的農民，工人，哥薩克人，對於官憲，地主，軍隊頭領，即對於當時的社會制度，都非常憎恨。明白此種情形的波克焦夫，遂懷着野心想巧妙的煽動此種不平分子，把他們引誘至高加索之考邦及太米克地方（北部高加索），做了土耳其皇帝的臣民，與土耳其人一同向加代利拉二世之俄軍作戰，由這種勳績以博得頭領之榮位。他爲

實現此種野心遂從凡爾加地方向烏拉爾地方流蕩着秘密煽動農民工人及哥薩克人

俄羅斯的大詩人普希金，曾在他的小說甲必丹之女中，詳細的描寫着當時在山間的小旅舍中化裝爲一引路者的波克焦夫。

『引路的農人，從暖坑上走下來，我看着他的容貌非凡，年齡在四十左右，中等身材，體瘦，肩背很寬大之頑強的骨格。在他的濃黑的顋鬚中，混着幾許白髮。他的眼很有精彩的不斷的動着。在他的臉上現着愉快之色，並且隨處表現出果敢之氣。他的頭髮的邊沿翦成圓的，穿着破的農民外套，穿着韃靼人的褲子。』

只依以上的描寫，我們滿可以想像到波克焦夫的人物。確實他是不屈不撓，慓悍無比的哥薩克之典型。他在數年間與萬難相搏戰，做着裏面的策劃。最後弄到即不爲土耳其皇帝的臣民，亦可以起叛亂的信服者了。加之，正在當時有凡爾加之哥薩克人費欵特包考莫羅夫之陰謀發現，社會復陷於混亂，波克夫焦之蹶起，遂得着最好的時期。

七　波克焦夫之叛亂

波克焦夫乘此時機，在一七七二年十二月，斷然抱了蹶起之決心，宣言「我即在查里滲市得免政府之追捕的皇帝彼得第三。」聽了這種宣言的農民，工人，哥薩克人，從各處羣集到他的麾下。

波克焦夫看見了集合在他面前的民衆，傲然發問道：

「你們眞心認我爲彼得第三麼？」

民衆異口同聲答覆道：

「是的。我們認的，但是我們希望得到救助。我們苦於苛稅，我們自己的所有物什麼都沒有了。」

這樣起來的波克焦夫之叛亂，在俄羅斯帝國瓦解的歷史上，是應大書特書的事件，在他實行第一次活動之前，他曾對他的同伴哈密爾克任尼考夫這樣說：

「其實我並沒有預備發表皇帝的宣言但實在沒有方法來拒絕民衆的強烈的要求。俄羅斯的民衆苦於非法與壓迫。所以我若一下爲民衆之幸福而起事，民衆一定都歸順我的。自然我並沒有居心做皇帝。我的希望是皇子能即帝位，在各地方置以新我判官。因為現在所謂正義，早已掃地無餘了。』

依他這種壯語看去，他的對政府反抗，並不完全是為滿足自己的野心。至少有『為民衆之幸福』的革命家的氣概。從而他的運動，是合於大多數民衆的心理的。他曾有一次被官軍捕獲，鎖於格森監獄，但他竟能用其奇怪手腕，得巧妙的從監獄中脫走。雖縱這一次的失敗，他並不放棄以前的計劃，在其第二年即七十三年的九月十七日，從農人都爾克焦夫之農家發出向哥薩克分配土地的第一次宣言。其宣言中說『素為農民為地主的臣屬的奴隸狀態中的我們，將來永久應為哥薩克人，免除義務徵兵及人頭稅及其他稅金。我們應當去領有耕地，森林，牧場，漁場及鹽湖，而不必償還代價及租稅。』

此種宣言是給了農民以完全解放，及從來耕種的土地，付還曾被地主奪取的所有財產。且對農民下了以下的命令道『凡反抗我主權，叛亂我帝國，或破壞農民者，當毫不容赦而逮捕之，並處以絞刑。』

但此種宣言，並不是圖謀政變，或者竟完全是保存君主專制的宣言。所以依波克焦夫，農民應消除一切小的皇帝即地主，而爲更大的地主之皇帝的順從的隸奴。即打破封建制度，而實行中央集權制。原來波克焦夫之宣言，從文字上看去，有些不像有教育者寫的東西。或者就是波克焦夫自己寫的也未可知。在波克焦夫似以爲消滅地主即可得農民的完全解放，現在從此處看去足見其思想之幼稚，然而在當時的農民，則幾視爲一天來之福音。

雅克地行的軍隊與奧林堡地方的農民，農民聽了這福音，都爭先恐後的羣集在波克焦夫的麾下。卡藏地方全體與阿斯突拉享地方一部分的農民，亦聞風而起。於是波克焦夫的叛亂，以烈火之勢得了一切對政府抱着不滿的各地農民之響應。並且當此消息傳到彼得堡時，又引起來種種混亂於黨爭及宮廷內之隱謀。

如此的內憂外患，起於一時，使政府恐惶起來了。立即派遣卡爾將軍前往鎭壓，並派比比考夫將爲應援。但官軍總是不利，叛軍當即包圍了奧林堡要塞，更猛烈的進攻，而迫向莫斯科。他們有整齊的軍隊之組織，並且有相當的大礮，與鎗及其他武器。因爲各工場地帶的工人都響應波克焦夫，兵工廠的工人，就把自己在工場中製造的槍礮火藥，貢獻出來。有技術的工人，卽加入叛軍而爲礮兵。因此叛軍在武器方面，在技術方面，都較加代利拉二世的官軍更優秀。加之烏拉爾地方的遊牧民，特別如巴西其爾民族，長久苦於政府之壓迫，曾因一次叛亂被政府虐殺了三萬同族人，他們抱着這重大的宿怨，至此遂乘波克焦夫之叛亂，參加叛軍中爲騎兵隊。

波克焦夫若乘此勝勢直搗莫斯科，或者完全的勝利會歸於他。因爲當時莫斯科與刺拉地方，已經有十餘萬工場勞働者在動搖着。莫斯科的貴族們，都陷於莫大的恐慌，不知所以措手足。然而哥薩克人卻主張先佔領奧林堡要塞，而官軍之精銳，卻集中於此。

波克焦夫之叛軍，依了哥薩克的主張，先大舉殺到奧林堡要塞，一舉而占領之。普希金曾在他的小說甲必丹之女中，描寫着叛軍占領奧林堡要塞時的光景。波克焦夫其時已大示其帝王的勢威，得意至於絕頂，逮捕圍困於要塞內的官軍的軍官，橫加慘殺，但在軍官中間，發見往年自己過放浪生活做引路人時的一個曾有恩於他的（曾給他過一件皮大衣）

青年軍官遂想起當時之恩而赦恕了他的性命。

但是當官軍的援軍一到奧林堡時，叛軍的形勢突然變壞了。波克焦夫遂放棄了奧林堡，依原來的目的轉向莫斯科。沿途隨處受農民的熱烈歡迎，迫至卡藏。市民畏懼這種威勢的僧侶，捧着十字架與聖旗亦來歡迎波克焦夫的「彼得第三。」當時地主被叛軍殺戮者，不計其數。當時且傳說着「在莫斯科的勞働者農民及下級民衆都跕在街道上等待給他們自由的皇帝之到着。」

官軍於此死命的阻止叛軍之前進。在卡藏與叛軍有一次決戰。官軍之一位將軍向他的司令官報告說！

「叛軍用步槍大礮向我軍猛烈的攻擊。其攻擊方略，是可認爲優秀的軍隊纔辦得到的。」

依此報告我們可以知道叛軍如何堅強的與官軍搏戰。但是到底波克焦夫在卡藏經了二次敗北，三十尊大礮被官軍奪獲了，且失去部下千三百人。波克焦夫突然改變進路，沿凡爾加河，下至新比斯克，薩馬拉，薩太道夫等地方，煽動農民之叛亂，三次振興起來，再迫向卡贊市，於此却遭了有名的猛將密哈利孫大佐之壓迫，八月二十四日在查利滲市之戰再遭大敗。於是波克焦夫之威勢，不可挽回，叛軍漸次分裂，波克焦夫單身逃於曠野，在九月十四日之夜卒被其通敵之部下所捕，交於雅克地方一寒村之官憲。七十五年一月十日在莫斯科被處了裂體之刑，其頭及手足，被插在桿上，殘酷的游行莫斯科街市以示警於市民。

八　最初的勞働運動

從十七世紀到十八世紀在俄羅斯起來的農民革命運動，是無自覺的，盲目的；所以從支配階級受着強大的打擊的壓迫，在波克焦夫叛亂後，又長久的沈靜下來，農民不得不再去繼續奴隸的生活。

但一方面自彼得大帝徹底的開放了西部國境後，輸入的西歐文化，普及於俄羅斯內部。在支配階級的貴族及地主之間，漸漸有社會的覺醒者出來。到十九世紀俄羅斯的社會運動乃至革命運動，都是大資產階級，智識階級中之覺醒分子創造出來的。下邊當進行記述俄羅斯的革命運動，從大資產階級智識階級的運動到小資產階級的運動。但在此記述之前，極簡單的敘述一下俄羅斯最初的勞働運動或勞働交涉。

持有廣大無邊之土地，以農業國稱於世界的俄羅斯，其有製造所工場，幾乎是十八世紀後半期的事。且當時製造所工場之數極少；從而工業勞働者之數亦甚少。

但是在俄羅斯有了工場製造所的同時，工場主的資本家（多數即政府或地主）與勞働者之間，忽然起來鬥爭。因爲在俄羅斯的工場製造所中，亦如在農村的農奴制度，行着一種奴隸制度。即工場製造所之主人的政府或地主，總是把工場的勞働者當成奴隸，徹頭徹尾爲自己的利益，對勞働者儘量虐待，儘量搾取。依此種奴隸制度，在普通官立工場，幾個村的村民，必需相當於他應納的稅額，從事義務的勞働。

在這些官立工場的勞働者，自然是用鞭強迫着勞働的。其勞働條件，非常苛酷，所以常常引起勞働者的反對。

勞働者常起而同盟罷工或暴動，期得縮短過長的勞働時間，增加工資，並改用分配現貨及其他發給工資的方法。但工場主的政府或貴族，却仍舊只顧到神聖的利益，不顧慮採用着現代的資本家都稍費躊躇的苛酷的搾取方法。因此勞働者方面曾屢屢向政府要求廢止此隸屬的壓迫制度。

勞働者對於工場主的此種鬥爭，也是非常頑強執着的。在有的工場，曾繼續了十數年乃至數十年的鬥爭。即在工場主沒有允許勞働者的正當要求的中間，此種鬥爭，總是繼續着的。

勞働者當開始此種鬥爭時，普通先向場主提出請願書。然後他們又派代表將此請願書直接呈於皇帝，再不成功時，纔一齊拒絕勞働，而期貫徹其請願的旨趣。

當此時首先應援貴族的工場主者自然就是政府的行政機關。他們對罷工的勞働者處以極刑，或流放於西伯利亞，或用法律的規定擁護其使用搾取勞働者的權利。特別在官立工場起了動亂時，政府更對他們給以苛酷的壓迫。

但官憲的壓迫政策，很多時候，並不奏効。勞働者對此種壓迫，更強固的團結起來，用犧牲的精神，斷然出以反抗的態度。勞働者之請願代表，雖被流放於西伯利亞，或慘死於笞杖之下，但決沒有把請願書的作者與參加罷工者之姓名招供出來的。

在俄國最初的大工場多爲官立，從而俄羅斯的勞働運動，也先自官立工場開始。距今百五十年前，在奧魯奈茲官立工場所起的大動亂，即俄羅斯最初的勞働運動。

在這個工場的勞働條件，蓋勞働者每人每日必需爲工場主的政府勞働一盧布九十戈貝（俄國銅幣），但政府却只給勞働者以較其他私立工場勞働者所得更少的工錢。即在這工場勞働的勞働者，每天僅能得四個乃至五個戈貝。且工人稍有懶惰，工場當局立刻要罰錢，有一天缺勤，要擔負一星期的工錢的賠償。

到一七六一年，更發佈新令又課勞働者以盧布稅，勞働者實在不能忍耐了。不得已開始罷工，派遣請願代表於加代利拉那二世。

其請願的主要人物爲愛美亮加爾里斯特拉多夫。他們誓約着其他的勞働者，無論如何，決不能不管請願者使其孤立。此種誓約計劃，雖因官憲逮捕了罷工主謀者與請願者而失敗，但被捕者，却始終拒絕了自白罷工計劃之經過。

一七七一年這裏的勞働者，又派代表至彼得堡去請願。請願之主要人物為克利姆索保來夫，與安齊斐爾多魯斐磨夫等人，彼們終於成功了提出請願書於加代利拉二世。但是毫無効果，政府下令把請願者逮捕起來。只有索保來夫得以身逃走。

索保來夫從監獄中脫走後，經由各村，極力向勞働者宣傳，勞働者應忠實於自己的信仰。

這中間他又被捕了。但地方的人民對此非常憤慨，起來驅逐其守兵，奪其槍械，將其隊長打至半死。

他們宣言說「隨他是將軍或是任何人，逮捕此好人索保來夫的，我們就是照這樣處理他。」工人們奪了索保來夫到自己村中，並派人到各道路的險要守望着，等待官憲用什麼態度來對付。

當然政府即刻派人來鎮壓，先遣拉姆斯道爾大佐帶領百名波斯考夫步兵來彈壓，但未奏効，又增派了烏爾索夫率領克來那道爾軍與孟西加太爾軍二營前來。

叛亂終於鎮壓下來，首謀皆被處罰，依元老院之判決，主謀者索保來夫高斯秦，薩利尼考夫三名，處以鞭百下之刑，用燒紅的鐵棒穿過其鼻孔，並在額上烙以『V』字，右頰烙以『O』字，左頰烙以『Z』的文字，即俄文『叛亂者』的開首三個字母。在此慘酷的用刑後，又流放於奈爾秦斯克工場，永久服役。愛美亮加爾利斯特拉多夫外三名的勞働者，流放於西伯利亞永久爲守備隊之小兵。還有兩個人流爲西伯利亞之永久移民，其他的六十八處以笞刑，亦皆被送交兵營。

在官立工廠起了勞働爭議的同時，私立工場亦起了勞働者之騷動。在私立工場中勞働運動之最激烈者爲代米多夫所有之尼齊奈他基利斯基工場，與尼恩斯基工場，及來普寧所有的里倍斯基工場。

在這些工場的勞働者，由以前曾在官立工場做過工的關係，想要求新工場主承認從來的勞働條件，且反對新工場主予勞働者以奴隸的待遇，要求場主對他們的勞力償與自由勞働者同樣工資。

一七六三年代米多夫之尼齊奈他基斯利斯基工場的勞働者，不堪於監督者之壓迫，爲此派請願代表向該管理者請願。但請願者被捕搏，帶上脚鐐。勞働者間，又聽到流言說被捕的請願者被用生的毛皮縫在他們的身體上勞働者遂擁到工場事務所，要求解放他們的夥伴。

事務所用兵隊，大礮來對付勞働者，但勞働者們毫不驚懼。個個手中都握着石頭向事務所襲來。奪還被捕的同志，且奪取了大礮步槍，以爲虜獲物，拿着走到「密爾斯卡伊斯巴」（自治公會）。但此叛亂終於被用武力鎮壓下來。二個請願者處了無期徒刑，其他十二名判了『大笞刑，』爲祝加代利拉二世長壽減爲隔三日一次的小笞刑。

這後邊不久，來普寧之里倍斯基工場（在外特姆保夫縣）的勞働者爲從一天所能得到的五戈貝的工資，被減至二戈貝乃至三戈貝的緣故，亦起了叛亂。這工場素來是拿貨物發給工資，禁止勞働者在自己家中的鍛冶場做私工，勞働者嫁他自己的女兒時，工廠亦強制的徵收婚嫁稅因這些原因而起的叛亂，繼續了二十年以上。最初勞働者們，拒絕了容納他們請願以前爲來普寧的工作。百餘名勞働者擁到握魯奈齊縣，起訴決不爲來普寧勞働。

元老院爲嚴罰這些叛亂者，先報告於加代利拉二世，但加代利拉二世，却不贊成元老院之懲罰的意見，下令仔細調查勞働者請願之眞象，設法給以正當的解決，且忠告說『人沒有不爲對抗極端而走於極端的。』

調查之結果，知道勞働者並不是無理請願。來普寧公爵於是被元老院顧全其利益迪告說採取穩當的解決手段，今後注意勿給勞働以請願的理由。

彼得堡地方之克拉斯諾塞利斯基造紙工場所起的勞働者之叛亂，亦自一七七七年繼續至一八〇二年。此造紙工場乃陸軍檢查官復來勃尼考夫從蕭哀多爾斯收買的。此新場主壓迫工人，不供給他們規定的食糧，星期六的午後自不必說，連星期祭日亦強制他們工作。

勞働者們將此事訴之織物局，但無結果，於是他們決定斷然拒絕星期六的工作。織物局將此事件移於元老院。勞働者都熱誠的固執着他們的主張，且要求當所有勞働爭議解決時，勞働者方面需派出代表參加當事者的會議。

此次爭議由加代利拉二世的干涉，用和平手段解決了。場主方面賠出勞働者所要求的一萬二千盧布之損害賠償金。

這樣起來的俄羅斯最初的勞働運動，由產業之不發達，與勞働者數目之少，及加代利拉二世的緩和政策，沒有像農民運動的樣子擴大起來，很多的事件由資本家與勞働者之妥協得和平解決。

第三章 自由主義與秘密結社

一 大資產階級智識階級之覺醒

農民之叛亂與勞働者之動搖，漸漸歸於安定，加代利拉二世又將農奴制度普及於烏克蘭地方，並且更使之鞏固。他又想農民與勞働者的叛亂頻起，由於地方警察力之不足，即增置縣治增添警官期以官憲之威力抑制民心之動搖。其結果每一位縣知事平均管轄三十萬人民（在此以前只莫斯科縣，亦有二百萬以上的人口。）

自然加代利拉二世的不徹底的溫情主義與警察官憲之取締方針，可以鎮壓了勞働者一時的動搖；但俄羅斯的農民之叛亂，假使不廢止其根本原因的農奴制度以前，不惟不能絕滅，且只有一天一天激成其大的發作。實際農民之叛亂，其後繼續的強固的發達起來。在加代利拉二世以後的皇帝，沒有一人不苦於農民之叛亂。

農民的叛亂，這樣不斷的起來，政府每次總是用極殘酷的手段，強橫的加以壓迫。社會之眞實的先覺分子，尤其是知識階級，對於被虐待的農民之境遇，漸次發生了同情，此種同情之結果，使農民對於地主與官憲的憎惡與反感，漸次浸潤於智識階級的心中。

且當時智識完全被特權階級獨占。當時的智識階級，大概都是地主或貴族的子弟，是所謂大資產階級。

但是智識的批評是極嚴正的。不問他是貴族，是地主，在此嚴正的智識的批評之前，是決不分上下的。所以他們依據此智識的嚴正的批評，不得不去辨別當時的社會，何者爲合理，何者爲不合理。

他們所發見的不合理的事情中，最大的自然是農奴制度。他們雖然與此農奴制度有直接的利害關係，但依着智識之嚴正批評，使他們不得不先去廢除農奴制度，從悲慘的境遇中，把農民救出來。

任何強大的暴力之壓迫，不足以鎭壓農民對地主之不滿，同樣，任何宗敎的敎義，並任何功利的打算，不足以抑止智識階級對社會之不合理的嚴正批評。而此智識階級之嚴正批評的傾向，自然可以說不過是紙上的空論，總之到了十九世紀，更加顯著起來。特別在普法戰爭（拿破崙侵入俄羅斯時）後，俄羅斯的青年將校接踵的來到法國，受了自由思想之薰染，作了俄國自由思想勃興的動機。

如是將俄羅斯的無自覺的農民革命運動，不知不覺中化爲受了自由思想的薰染的革命運動。從此俄國的社會運動乃至思想運動，漸漸入於自覺的境地，而開始接近於覺醒期。於是幾乎在一世紀中間反復着的無意義的叛亂，在其手段上，以至結果上，都看不見進步的痕跡的農民革命運動，這裏得了智識階級的參加，正像汽罐車在鐵軌上一直線的向着其目的地前進着。

原來無智識的農民之社會運動，只是發生於苦痛的實感，雖然直接可以成爲革命的原動力，但只不過是一種盲目的力，並不知道應當向着何處前進。因苦痛程度之減退，有或者妥協，或者鎮靜的可能。反之智識階級的社會運動，是從理論上來的，所以雖然不能成爲革命的直接原動力，但可以指示進行的方向於盲目的力。因爲如果充滿了苦痛的實感的農民，是汽罐車，那麽固持着正當的理論的智識階級，就可以說是鐵軌。

二　共和主義者拉濟西齊埃夫

受了西歐自由思想的刺戟，對抗於俄羅斯專制政體與敎權，勃然覺醒起來，大資產階級智識階級，在十八世紀之末葉，尙未進於統一的團體的活動，還只是個人遇到機會時發表其自由思想，不過只是社會的啓蒙運動。從而當時的智識階級，還沒有知道由團體的社會運動纔能達到其運動之目的，以爲只用言論卽可以感動屈於輿論之主權者，使他們漸次從社會中除去了種種不合理的事象。在當時的智識階級中，如有名的政論家之拉濟西齊埃夫，芬維秦，代尼索夫，及西齊埃爾巴道夫公爵預備用文學來改革行政組織，限制專制政治。其結果引起社會問題之勃興，並集社會的同情於農民問題上。

亞歷山大•尼古拉維齊•拉濟西齊埃夫，於一七四九年八月二十日生於莫斯科的地主之家。他初時在巴塞斯基幼年學校受過初等敎育，一七六六年他十九歲，與十一名青年貴族被選，爲研究法律，受命留學來勃齊希大學三年。

畢業於該大學，從德國歸國後，就過各種文官重要職且做過彼得堡的關稅局長。公餘之暇，愛好文學。一七九〇年發表了從彼得堡到莫斯科的旅行記。這書中把農奴制度之不合理，地主之殘忍橫暴與農民之窮困無知，儘量的暴露出來。主張「應當漸次解放農民而還給他們以土地。」

他在這書中並指摘當時的裁判官與行政官的不正行爲，描寫當時俄國的社會生活及個人生活上之不安，喚起當時有識者的共鳴。這種人道的態度，在俄羅斯的言論界，算是最初的表現。距此數十年後，表現在俄國文學上的人道的傾向，可以說是都是受了這位先驅者拉濟西齊埃夫之影響而來的。

他在從彼得堡到莫斯科中峻烈的攻擊農奴制度之不合理。他說：

「餓的野獸與貪婪的醉漢，給農民剩下些什麼東西？所剩下的恐怕只有搶奪不去的空氣！能此處的東西，連大地所賜的糧食與水，都被他們奪去了。連光線也奪去了。法律上禁止剝奪農民的生命，但他們却漸漸在剝奪着。他們剝奪農民生命的方法天天在那裏研究種種巧妙的辦法，在地主方面有萬能之權限，在農民方面却完全在孤立無援之境地。地主之對於農民是立法者，是裁判官，是實行自己的決意者，是兇惡的原告者但被告者對於此種控訴是絕對不準辨明一句的。』

拉濟西齊埃夫又在他發表此旅行記之前的某書中，說過『君主專制對人類的天性，爲最矛盾的狀態。』『皇帝之非法裁判國民也應當有不法裁判其皇帝之權利，因爲皇帝在社會上爲第一公民。』這樣對君主專制主義，以及皇帝之權限下過勇敢的批評。但在這種時代，竟得無事。拉濟西齊埃夫在他的旅行記上更大膽的攻擊農奴制度與專制制度。其中還載着一篇題爲到自由去！的非常激烈的詩文。在這詩中，讚美國民的武裝革命，有『去把戴着冠冕的虐使者（皇帝）之首割下來！』等非常猛烈的語句。並呼皇帝爲『可怖的怪物，』或『最兇暴的惡漢。』

原來拉濟西齊埃夫並不是像他說話的那勇敢的人物。他沒有團結他自己周圍的黨徒之手腕，從而沒有叛亂的勇氣，只是一個文人，一個性格非常冷酷的人。但他寫的言語，使加代利拉二世非常吃驚。實在一直到羅馬諾夫王朝最後的皇帝尼古拉二世時候，從沒有一人敢在俄羅斯帝國境內發這樣激烈的顯明的議論。並且這本書是在首都彼得堡出版的。加代利拉二世之吃驚也是當然的道理。於是他竟以叛亂陰謀家被捕了。

成了監獄裏的囚徒的拉濟西齊埃夫，一下變爲懦怯者，他至於後悔他以前的言論之過激。實在革命的勇氣，只有在他背後的羣衆爲自己的援應時候才發生的。但拉濟西齊埃夫卻並沒有自覺。他並不是爲一般民衆著這本書。他只是以一個智識階級對智識階級的讀者著作這本書。當他一經被捕，突然與可怖的專制主義對面，纔開始感到自己的孤獨，覺着恐怖之襲來。但拉濟西齊埃夫在其著作旅行記中所絕叫的革命之聲，其後長久在俄羅斯內部反響着的事實，總是應當承認的。

他觸了女皇加代利拉二世的逆鱗，被流放於西伯利亞。在西伯利亞著了對中國貿易的書翰一書。在這書中陳述着國內產業應取共同保護政策之新見解。他說『假使不禁止輸入外國製之織物，則國內的織物無發達的可能。』拉濟西齊埃夫主張的國內產業保護政策，其後三十年，實施於俄國。從這種思想看去，好像共和主義者的他，同時也是產業資本主義之宣傳者。

拉濟西齊埃夫正是俄羅斯最初的共和主義者。但是他與農民的實際運動毫無關係，據他的旅行記，似乎對農民運動感着若干興味。但他原來似乎對經濟問題比政治問題更感着較多興味。他的對經濟問題特別感興味，我們只從他做彼得堡關稅長尤其是研究法國經濟學的地方看去，可以說是當然的。

被流放於西伯利亞的當時，他埋頭研究自然科學，發見種種的藥草，醫療了周圍的病人，並宣傳種痘的効果。其後於一七九六年皇帝保羅赦免了拉濟西齊埃夫，把他召還歐俄。皇帝亞歷山大一世又將他召至彼得堡，任爲法典編纂委員會之委員。

他又想利用此地位實現其年來的主張，當編纂民法時，改正各種條例，同時廢止了農奴制度。欲於法律上提議所有階級之平等。這個提議在委員會中惹起了問題，其結果他受了長官的申斥。自此他恐怕會二次被流於西伯利亞，漸次陷於神經衰弱，於一八〇二年九月十二日五十三歲時，仰藥而死。

他的著作除前述之從彼得堡至莫斯科外，有烏沙考夫之生活，大慈悲菲拉來特法師，人與靈魂不滅論等書，還有其他若干詩文。

三 暴君保羅一世之橫死

人們受的壓迫愈甚，其慕自由的熱誠亦愈高。由此種道理，俄羅斯的自由思想，到他的有名暴君保羅（一七九六——一八〇二）時代更高漲起來。

俄羅斯的文豪更可以說是經世家的有名的克蘭進說『俄羅斯的暴君，即伊凡暴君與保羅一世』。此熱心的愛國主義者國粹主義者，克蘭進用這樣的言詞咀咒着的保羅一世，確是古來稀有的暴君。

保羅乃加代利拉二世的皇子。羅馬諾夫朝第十一代的皇帝，即位於一七九六年。據歷史所載他是一位精神病者。如前所述，俄羅斯的下層社會充滿了反抗的空氣，到處有自稱皇帝者出現，農民之叛亂，政府幾不暇鎮壓的狀態，保羅因這樣的情狀刺戟其神經，於是對國民非常憎惡其結果至於呈着精神失常的現象。總之保羅的性質，幾不能做正當的考察與常規的行爲。他徹頭徹尾要嚴守自己制定的軍規，對人民要求着盲目的聽從皇帝的意志。多少背乎這種要求，他就懷着國民之叛亂將勃發的一種脅威觀念。

從而彼的希望，立刻就以勅令表現着。若有違反勅令者，不問其爲何人，皆無容赦的處以嚴罰。所以接近於保羅的高官亦不能有一瞬間安心。看着保羅的面色，常感到他們的名譽，財產，生命之危險。今日集保羅之寵遇於一身，但不能預測明日保羅的態度。

任何暴君都是這樣在暴君之周圍，一定有狡猾的窺測皇帝心理，張自己的權勢，排除異己的奸臣。還有附隨於一個暴君的普通的原則，即女權之跋扈。

保羅之暴政，與其宮中的紊亂，使皇族，貴冑間都起了不滿。此種不滿不惟不久成爲反感，即當時在彼得堡的外國使臣亦起而彈劾之。其特別傷了外國使官之感情者，爲保羅對薩爾齊尼亞公使下的二十四小時內退出俄京的命令。加之保羅絕對禁止外國人入境等無理已極的對外政策，更害了外國使臣的感情。如某國公使曾報告其政府『皇帝保羅發狂了。」

其結果，遂有皇族，貴族，外國使臣共同策劃的一大陰謀。在這陰謀中據說皇太子亞歷山大亦參加在內。於是這些陰謀家，在一八〇二年三月十一日之夜，大舉闖入保羅的寢室。大家羣聚起來，將皇帝亂打了一回。陰謀家之一人伊斯馬羅夫聯隊之將校名斯卡利葉沁的勇士，用牀上掛的絲圍巾，把皇帝絞死。

這樣把一代暴君保羅慘死於陰謀家之手。原來陰謀家的本意，原擬用對面的談判使保羅退位。但在那機會中，引起陰謀家的憤激，以至實行將皇帝弒殺了。知道了皇帝之橫死的消息，從皇后，皇太子起，連陰謀家中間，亦有些人大為吃驚。

但結果，政府發表了『皇帝保羅於三月十一日夜突然昏倒，隨即駕崩』的布告。翌朝即十二日早朝，瞬息間傳遍了彼得堡全市。使全體市民非常歡喜。市民都像遇着故友的樣子，互相表示賀意。

我敢說這次破天荒的悲劇，是一回革命。弒殺了素來畏敬如神的皇帝，而全市民表示着歡喜的事象，縱令被弒殺的皇帝是古來未有的暴君，但總算一回人心的大革命。政治革命，或經濟革命，即社會革命是要在人心革命以後纔有可能的。

由此種意義，我們可以說弒皇殺帝保羅的事件，爲十八世紀以後，俄羅斯的革命精神的根源。而此破天荒的人心革命之端緒，正發生於初入十九世紀的一八〇二年三月，成爲十九世紀初期世界的大事件，亦可謂爲奇妙之因緣。

皇帝保羅死去的同時，皇太子亞歷山大即了帝位，是爲亞歷山大一世（保羅有四個皇子，即君士丹丁，亞歷山大，尼古拉，密哈爾。從順序說，保羅的皇太子，應該是君士丹丁。因君士丹丁違反了俄國皇典與波蘭一貴族之女行自由結婚的緣故，失了立太子的資格。於是次子亞歷山大一世遂得被立爲太子。）亞歷山大即位後，即宣言一反先皇之暴政，準祖母加代利拉二世的精神，統治國家。國民得了此宣言，非常歡喜，比即忘記了保羅一世之黑暗的警察制度，轉回加代利拉二世時代。最有趣的事，當保羅死去的事發表時，彼得堡市中立刻就有保羅時代所嚴禁的服裝，髮飾，乘坐物出現。保羅時代流行的是捲頭，於此忽然變爲現代式的頭髮並發見了長褲子圓形的帽子與帶着掩片的鞋。且有六頭馬車滑走在街市上：一般華美的生活再現了。到此時呈着死的現象的彼得堡生活，忽然添了活氣。此種現象不只都會如此，即地方亦如此。這種自由快活的生活，使舉國人民都謳歌着亞歷山大一世。

四　斯白朗斯基與其憲法論

亞歷山大一世（一八〇一——一八二五）集國民之希望於一身，而即帝位。國民也從這時代起對社會問題政治問題感着興味。尤其政治文學在此時代非常隆盛。有主張改良地方之政治組織者，有主張限制獨裁權者，其中亦有論及社會主義或農民問題者。要之，以保羅時代之反動時代的空氣急轉過來。自由主義之傾向，非常隆盛。皇帝亞歷山大一世亦如最初的宣言極力鼓勵自由主義。國民在這時代，都以爲從來置爲懸案的政治上的諸問題，者可以得積極的解決。

站在這洶湧的自由思想之先驅而邁進的，爲政論家密哈爾・密哈羅維齊・斯白朗斯基。

他對俄羅斯獨裁君主之不可侵犯的特權，加以大膽的批評。在俄羅斯的政論家中，對皇帝的權限，能加以銳利的論理的同時爲正當的批評者，可以說只有他一個人。所以一般自由主義者，由斯白朗斯基的銳利的批評，都預期着言論出版之自由，與各種社會改革之迅速的實現。

他在一七七二年一月一日生於烏拉濟密爾縣齊爾克沁村。七歲時入烏拉濟密爾縣立神學校。一七九〇年彼得堡初次設立中央神學校（後改爲神學大學），從各地方之神學校選擇優秀學生送到此學校，他便爲被選學生中之一人，進了中央神學校。

他的非凡之才能，在此學校示着拔羣之成績。畢業後，即留校爲數學與哲學教授。不久又被當時名士克拉金公爵聘爲私人秘書，該公爵亦認其才之非凡。從這時候，他敏速的開闢了立身之路。保羅皇帝時代克拉金公爵被任爲元老院檢事長之職，此時斯白朗斯基即被舉爲元老院書記長。一八〇一年亞歷山大一世即位時，即被任爲新設之國家會議事務局秘書官。

一八〇三年辭了國家會議局秘書官入了當時實行大改革惹起一般人注意之內務部。在這裏他也任着極要之職務，表示根本的行政改革之意見。一八〇六年當時之內務大臣病中他屢屢把自己的改革案直接報告於亞歷山大一世，此時他已得了皇帝的信任。一八〇七年退出內務部，以參事官直接依皇帝的命令從事整理各種改革案。

一八〇八年亞歷山大一世赴愛爾費爾會議時，斯白朗斯基加入隨行法律委員。歸來後，即被任命爲司法次長。在愛爾費爾會議，直接接觸了拿破崙之人格的他，對拿破崙卽非常敬服。同時佩服法蘭西的行政組織。於是以法律委員會委員草成浩翰的國家改革案。此案自然是依亞歷山大一世卽位當時所懷抱的理想草成的。皇帝將此案自己加以修正，決定漸次實行。

一八一〇年一月一日開了改造過的國家會議。此時皇帝的詔書是出於斯白朗斯基之手。他並且有改革各部及元老院之意思。當時的元老院兼有行政與裁判之權，斯白朗斯基打算把這二種權分開。其次斯白朗斯基又草成民法之制定案，與財政整理案。

據斯白朗斯基的意見，凡國民之權利與個人之權利，應當平等的給與國民。貴族中等階級與自由農民，都應同樣有選舉權。只有農奴不能有公民權與選舉權，而應當爲地主勞働，並交納租稅。從此種見解，可以推測到斯白朗斯基相信着在最近將來，自然農奴解放，會實現的。

並據一八〇九年斯白朗斯基向亞歷山大一世所提出的憲法案之內容，地方的政治生活之根源，爲村與村會，村政村爲最初的自治機關，同時爲選舉的單位。即從村會選舉縣會議員，縣會選舉省會議員，省會選舉國會議員的順序。所以斯白朗斯基的選舉是三級選舉。

要之地方的立法機關，亦爲國會。此國會不由實行權之發動，單根據法律，每年召集一次。國會之權能，爲立法上之發言，對行政機關之監督，與憲法之保存。當時的大臣，只對皇帝負責任，反之斯白朗斯基的意見，政府應同時對國會對與論負責任。

斯白朗斯基又爲制限大臣的獨裁權，擬用國家會議來制限最高主權。國家會議的議員爲皇帝之勅選，所以國家會議一面爲立法機關，同時爲皇帝的諮詢機關。經過這個機關，一切立法行政司法上的問題纔能達於皇帝。一切法律與規定，經過這機關審定後，在此機關可決的問題，皇帝纔把他提出於國會。

斯白朗斯基的這種憲法案，依當時人的眼光看去，是非常進步的。皇帝亞歷山大一世雖爲進步主義自由主義的名君，但對此急進的改革案也不能同意。斯白朗斯基的憲法草案長久的堆在皇帝的案上。在翌年，即一八一〇年的國家會議上，皇帝命斯白朗斯基自己說明此憲法草案。皇帝亦親在會議席申說大改革之必要。於是在翌年十一年依據斯白朗斯基草案之一部改造了政府組織。但他的根本主張的兩院制度（即國家會議與國會）的立憲政治，終於不得時代之容認，其後差不多經過百年到一九〇五年纔由維太伯爵開始實現於俄羅斯。

亞歷山大一世所以尊重斯白朗斯基的憲法案，是爲的迎合貴族。在貴族方面卻與亞歷山大一世的觀察相反，只承認其保存強制的勞働之點，並沒有感到憲法的必要。知道這種情形的亞歷山大一世，只實現了他的憲法草案之一部分，且從此與他相遠，因爲如前所述斯白朗斯基，傾心拿破崙主張破棄英俄同盟，締結俄法同盟。因此招了反對者之讒謗。他的反對者給他流言說，『斯白朗斯基是自由思想家，是革命黨，並且與拿破崙有秘密關係。』加之皇帝的親近者又密告皇帝以斯白朗斯基操縱國家會議與元老院有襲斷國政全體的野心。

由這些流言，誹謗，斯白朗斯基觸了皇帝亞歷山大一世的逆鱗，皇帝立卽下令把他槍斃。後來由當時集皇帝之寵愛於一身的代爾普特大學校長巴爾羅特代向皇帝乞命，卒由死刑減爲一等徒刑。一八一二年三月十七日召見於皇帝之側，給了二小時有餘的謁見，同夜連與妻子話別的時間也沒有，立卽被送往凡爾加河畔之尼齊尼諾哥羅特市。後又因拿破崙接近了莫斯科的緣故，又把他護送至派爾米。到一八一四年八月三十一日，纔許可他居住於諾哥羅特縣之維利考波里哀村。

一八一六年，又恢復了皇帝的寵愛，斯白朗斯基又被任命爲縣知事。一八一九年，復被任為西伯利亞總督此時他又擬行西伯利亞統治上之大改革分西伯利亞為東西二部東西各置總督但皇帝的寵信已不如前又失了像阿拉克齊埃夫之有力者之後援僅得了國會議員的位置在亞歷山大一世在日幾乎無所作為到尼古拉一世之朝他復得皇帝的信賴從一八二六年至一八三三年的短時間內編成法律全書由此項功勞於一八六九年被贈為伯爵在同年二月十一日留下許多改革事業終於病歿了他的著作有他在大學的講義後來出版之高等雄辯法。

這樣斯白朗斯基雖然以改革家法律學者留下偉大的功績但還不是革命的人物或者可以說是產業資本主義之先導者他主張國家主權的一個重要使命是能使紡織業發達即內務部的根本使命是產業之開發從而他在富豪資本家中間有許多友人並且終於從西伯利亞歸來後與改革主義者衝突如十二月黨叛亂（後章詳述）之際他竟受尼古拉一世之委托草了叛亂者之告發文。

五　極端保守的反動思想之擡頭

社會思潮，從歷代以來人類思想史所示，常依着物理的法則反動的流動着。其流動之方向，像鐘表的擺子的樣子，並不是同一角度之反動，每次必擴大其角度。從而反動的音響強大起來，其度亦因之增加。此種反動在從保守主義向自由主義時，與反對的從自由主義向保守主義時，毫無異點。

對加代利拉二世時代之自由主義，有保羅時代之保守的反動。而亞歷山大一世時代，又爲保羅時代之反動的自由主義之勃興。由上述的事實，非常明瞭。但在亞歷山大一世時，未經變易朝代，即起了對自由主義之反動。

對於斯白朗斯基所提倡的自由主義之反動，在克蘭沁的有名的日記出版同時，即非常顯著。此日記爲當時保守主義之根本思想的最顯著的表現。此外當時的保守主義者有俄羅斯新聞雜誌社同人中，西西考夫，枯林克等人爲最有名。他們鼓吹徹底的國粹主義，尋求俄羅斯之過去現在及未來的政治理想。

克蘭沁爲爲文藝批評家，小說家，且爲最初介紹主情主義（Sentimentalism）於俄國的有功者。他的名作可憐的黎薩與正像日本德富蘆花的不如歸的樣子描寫着家庭悲劇。這部小說予當時人心以強大的影響。

克蘭沁的保守主義是從他的主情主義來的。普通，從主情主義向自由主義，從合理主義向保守主義走的傾向；倒不如從主情主義到保守主義，從合理主義到自由主義更為一般的傾向。

克蘭沁的思想，大體是這樣的：

「國家的現狀是過去的結果。而俄羅斯的過去中可為現在及將來之最好的模範的時代為莫斯科王朝時代。這值得讚美的時代，忽然變成了彼得第一時代。彼得過於拘泥於外部的改革，其改革之結果使社會分裂。一般人民對貴族失了敬意，破壞了人民之謙讓的美德。彼得廢止了總主教制度。使首都變為自然所咀咒的場所。這樣俄羅斯到來了道德的頹喪到來。

「從彼得第一至加代利拉二世時代，為俄羅斯的黑暗時代。即女權的寵臣跋扈的時代。亞歷山大一世之依據自由思想之行政是非常危險的。

「要之國家及社會之一切新的嘗試是罪惡的。內閣與國家會議之設立，是離間皇帝與國民的設施。普及國民教育的政府之政策也是貽誤國家的。農奴解放是危險思想。若將農奴解放時，解放了的農奴，一定要拚命去飲酒去做惡事。」

這樣頑固的思想，却是代表當時俄羅斯支配階級的思想。

在任何國家都是這樣進步主義最先輸入的地方爲大學校，而保守主義之殿堂，則爲敎會。於是克蘭沁所代表的保守的反動思想家，對於自由主義之壓迫的行爲，首先加於各地的大學。得意法國的自由思想的講義的大學敎授們，一個一個都被解職。大學學生中多少抱有自由思想者，立即予以退學處分。

特別將馬格尼茲基任命爲卡藏大學總長後，對大學制度，施以具體的保守思想之改革。即馬格尼茲基依神聖同盟的規約，決定大學敎育之方針。即以養成正敎會之忠實的信者，對皇帝忠順，於祖國有益的國民爲大學敎育之方針。

依馬格尼茲基的意見，順從是教育之終局的目的，而順從的表面的行爲，即嚴重的尊重階級。依此種意義去獎勵大學生爲基督教之善行。同時大學生在寄宿舍，亦受學監的嚴重監督。當出外時，又受警察的監視。關於大學教育的馬格尼茲基的理想，是在絕滅大學內的破壞的自由主義。大學校內絕對不容有自由思想之侵入。

準這種教育方針，馬格尼茲基解了許多有名教授之職。如哈爾考夫大學，失了雪林之祖述者有名的夏特教授。而以高利滲公爵的密友名加爾奈夫的不學無術者任爲該大學校長。所有科學的講義都認爲危險，實行在講堂中頌祈禱文的方針。結果使哈爾考夫大學中學生漸次減少。與奧西包夫斯基教授退職同時，眞實的，前途有望之大學生，遂絕跡於哈爾考夫大學。

比哈爾考夫大學更行着激烈的保守的反動的學校，即政府脚下的彼得堡大學。當時以俄羅斯科學界泰斗著名的，現在還留着記憶的阿爾賽涅夫，該爾曼，羅巴夫，格黎齊等名教授，都由彼得堡大學被退職。馬格尼茲基的密友魯尼采被任命爲大學總長。無論科學哲學，凡反乎基督敎之精神者，都從彼得堡大學的課程中除去。

並且保守主義之毒手，不只加於大學，並加於一般出版界與論界。一八一一年在司法部的管轄之下，設立了檢閱局。翌年又禁止一切雜誌轉載外國報紙上所載的關於俄羅斯的事實。其間自然產生了許多禁止出版的問題。其最極端的，對於皇帝所畜優伶所賞的戲劇，不許加以批評。

這檢閱局漸次由司法部移歸敎育部管轄。其主腦局員皆爲大學制度改革論者。由此可見當時的言論界，受檢閱局之壓迫到如何的程度。

關於此盲目的出版物檢閱，留下許多滑稽趣事。特別在克拉索夫斯基檢閱官時代，有一次關於菌類中有諸種類的一本書，亦被禁止出版。其理由，因菌爲敎會齋戒時之食物。克拉索夫斯基又嚴重的檢閱繪畫。婦女的繪畫有裸露膝以下之部分，亦被禁止印刷。克拉索夫斯基又製成檢閱規定草案。幸而此草案未被採用。據此草案凡直接或間接可以對敎會敎義及獨裁君主引起懷疑的書籍，如關於倫理哲學，唯理的法律的書籍，及基礎科學而倡導人權的書籍，鼓舞傲漫心或理性自由的書籍，反對良善風俗與世俗習慣的書籍，一切皆在禁止出版之列。

六　自由思想向社會之侵入

然而自然的趨勢，是人力無可如何的。拿破崙之莫斯科侵入（一八一二年），既已把經驗過革命的法蘭西的自由思想，自然的輸入於俄羅斯。從而俄羅斯的自由思想雖經大學總長與檢閱官如何嚴重取締，正如瘡疽上敷以藥片，即使表面上好像平癒，其實毒已內攻。其對於社會的影響，比現於表面時，更爲強烈。

結果在都會中不必講，即在地方亦不斷的發見自由思想家之秘密結社。其中的會員不是由拿破崙之侵入，感染了西歐自由思想之青年，即是爲自由思想從大學中途退學的學生。此種現象只由後來因謀亂而被捕的十二月黨員在法庭的自述可知。他們知道了西歐的國家組織及社會組織，從而變化爲新鮮的政治思想。此種變化，明示着國民自覺的根源。即青年將校間，亦非常歡迎自由思想。

將校等因擊退拿破崙，不只抱着俄羅斯救世主的自信，且以戰勝軍人受各地的歡迎，更受命駐屯於西歐各國藉以熟習了西歐的政治狀況，在無聊的駐屯生活中，耽讀自由思想之書籍。於此發見了新的理想世界。自然拿根據科學的西歐社會狀態與俄羅斯的幼稚社會狀態相比較，更爲醉心於自由思想。他們從已經不得滿足於俄羅斯的俗的生活已經不得滿足於農奴制度，無監督的行政，與被蔑視的個人權利。

這個時代，是俄羅斯的智的覺醒時代，從此俄羅斯開始了『智惠的悲哀』自此俄羅斯的青年，漸漸吸收智識，而熱心於理想的創造。在俄羅斯人中間，也進了懷疑動搖與尋求眞理的時代。歷史家克留考夫對這個時代說：青年的知識慾，終於引起了官憲的壓迫。然而他們青年總想去合理的知道人是什麼？人類的眞正幸福是什麼的問題。於是青年們熱烈的歡迎着貝茲加里，邊沁，孔濟烈克，賽伊，孟德斯鳩，盧梭，費郞賽里等自由思想家之書籍。

由主情主義變爲保守主義，由保守主義變爲神秘主義，神秘主義或者去擁護各種不合理的制度，或者去製造不合理的制度。於是從合理主義產生的自由主義，亦自然流於一種反動。實際被克蘭沁一派之保守主義壓抑的自由主義，終於不得不對政府出於積極的反抗運動。

當時在俄羅斯的邊界地方，駐屯着許多守備兵，其將校多未曾到外國留學，亦未曾受過高等教育，於是他們自然感着強烈的智識慾。他們在駐屯地組織青年將校團，吸收新思想，並對於周圍的情事，加以冷靜的理智的批評。當斯拉夫人聯合會之會員保利索夫中尉，關連於十二月黨事件被捕縛時，在搜索委員會中供出這段事實：

『我耽讀書籍，對於自己想出的新的思想，總高與自己去證明他是否眞理。但是我過於盲目的拘於自由思想，差不多只要是自由思想，便認爲正當，沒有去從反證方面加以考察。』

實際在他們，思想之自由與一般幸福之實現，即爲其宗教。如十二月黨員之一人的貝利葉哀夫所告白，對於此青年之一般的傾向，『官憲之壓迫愈強，合理的智的反抗愈不可制抑。』政府自己製造出具有反政府傾向的人。軍備的擴張，非國民外交，軍閥之首領阿拉克齊埃夫的橫暴，反文化政策，對言論出版之壓迫，閣員的官僚主義，行政之廢弛，國家會議與元老院之墮落等，沒有一件不是不合理的表現。沒有一件可以滿足民心的。

此等不合理的事實中，最不合理的，爲國民不滿之焦點，卽農奴制度。所以自由思想家第一先傾注全力宣傳農奴解放的理想。十二月黨員中之一人是這樣說：

『秘密結社組織之最大動機，爲政府與地主對農民之壓迫。』

實際自由思想家每次會見談話中，總是對農奴制度之不合理的憤慨。有些急性的人們，起草了奏文，請願於皇帝要求廢止農奴制。例如當時的經濟學者有名的尼古拉·伊利諾維奇·部華涅夫（文豪都格涅夫之祖先，後來因關連於十二月黨事件被捕。）在一八一九年，西沁該里男爵在一八二三年上奏於皇帝，要求先禁買賣農奴。但是皇帝對此等請求自然是拒絕的。萬無法想的自由思想家們，終於爲實現農奴解放的目的標語，在舊都莫斯科開始組織秘密結社。

七 最初的秘密結社與其陰謀

社會之不平內攻了的結果，所組織起來的最初的秘密結社，如『救濟同盟』『祖國之忠良臣子同盟』冠以極端愛國的名稱的團體。其理想，開頭只在與官吏受賄內政之紊亂相搏鬥。其後社內漸有直接打倒政府，改變俄羅斯為聯邦的君主國，或竟改造為共和國的思想漸次發生。

其實這些秘密結社，並沒有完全失望於用和平方法，使亞歷山大一世施行改革。因為亞歷山大一世曾經預備頒布憲法，並聲明過反對農奴制度。亞歷山大一世也長久的把救濟同盟的規約放在書案上，却並沒有想方法撲滅此秘密結社。因為皇帝以為這些「孺子」並沒有決斷的實行其命之勇氣，只弄自由的空想，所以並沒有去重視他們。

自由思想家之秘密結社的社員中，有激烈派與緩和派二派。在緩和派方面，以為結社之直接目的，只限制於文化運動。在烈激派方面，對於現有政情反抗之色彩非常濃厚。結果二派弄到不能依當初的旨趣，互相提攜的活動。

如此由社內之內訌，不久便改名為『幸福同盟』，更於一八二一年在莫斯科開會議時，公然宣言解散。其會員遂完全分裂，各自糾合同志，向其目的邁進。

內中屬於激烈派的人們，又在軍隊駐屯地的特利齊諾組織秘密結社，並將烏葉特克聯隊長派斯太利選舉爲會長。並當時的南軍經理部長納西奈龍斯基將軍，公爵烏爾孔斯基少將，華西里道伊多夫，賽爾該木拉維約夫亞保斯多爾，在當時社會占有地位的人，皆爲社會的指導者。

此第二秘密結社，因在俄羅斯的南部，故稱爲「南方結社。」此社之宗旨，在製成憲法。所是會長派斯太利，立刻就起草了憲法案。此憲法草案命名爲俄羅斯之正義，作了會員的重要的指南。

這樣他們做好了一切準備後，立即開始了積極的活動。所謂積極的活動，即武裝革命。正在一八二六年夏天，政府預定在南方舉行大演習。乘此大演習之際，先將亞歷山大一世刺殺，就此機會實行武裝叛亂，占領莫斯科與彼得堡。先承認統治國家之最高機關的元老院與總務局爲臨時革命政府。然後一變國家組織，絕滅皇族，改俄羅斯爲共和國，使臨時政府，實行已經草就的憲法。此種計畫是極穩當而合於理論的。派斯太利遂具着大的自信，對會員宣言實行既定計畫。但因此種計畫實際並沒有明示着具體的實行方法，結局未及實行，會中開始了內部衝突，卒致南方結社分裂爲兩派，並由會員中之通敵者之密告，致此陰謀計畫在事前洩露。至一八二五年十二月初旬，即亞歷山大一世死去之兩星期前，其首領派斯太利被處了死刑。

八　派斯太利的共和主義

巴維爾・伊凡諾維齊・派斯太利於一七九〇年生於彼得堡市。他的先祖是德國人，父親是前西伯利亞總督。幼時受了軍人的教育，及長爲將校，從近衛軍轉爲公爵維特金西提爾之副官。一八一二年至一五年拿破崙侵入俄國時，再從軍其近衛軍。他最初醉心於自由思想的，是當派遣於法國時，從那時起他纔感覺着俄羅斯的政治組織，經濟組織有根本改造的必要。

從一八一六年至一八年，他爲『聯合友人社』之『馬宋社』的社員。從一八一七年至二十年；又加入被稱爲『三個善行者』的馬宋社。一八一七年且做德國善行者同盟的例組織了前述的『幸福者同盟』的秘密結社。

他的思想從他草的憲法草案的精神可以看到，是急進的。他爲那次的陰謀計畫被捕。當他立在法庭的時候，他對裁判官很顯明的寫了以下的供書：

『我憧憬着希臘的黃金時代，而希臘的黃金時代就是希臘共和國的時代，並且我常常拿羅馬的燦爛的共和時代與帝政時代相比較。在俄羅斯也是當差不多由共和思想建立，大諾哥羅德王朝，爲俄國人民最幸福的時代。立憲君主制度是對國民的一種欺僞政治，像英國的憲法就是這樣。現代生活的主要現象是貴族與民衆的鬥爭。我國的貴族將來一定會像英國一樣，貴族的權力會比君主更利害。貴族實在是對國家幸福之惟一的障礙物。爲除去此種障礙物，只有去實現共和制度。』

據派斯太利的思想，共和制度的根底，在於全社會與各國民之幸福的存在。從而全國民對物質上，精神上及政治上之幸福，應當有平等的享受之權利。而同時國民應當去遵守國家的法律國家也應當是一個不分裂的統一的強國。因此有愛國心之涵養的必要涵養愛國心，應當從外國人之手中恢復失去的某部分的國土，復興某種國際日，將首都遷移於尼齊尼諾哥羅德（後改名爲烏拉齊密爾）。

其強國的方策，必需使外國的移民化爲大俄羅斯人。在俄羅斯境內要以俄羅斯語統一語言，要使全國民俄羅斯化，但波蘭的獨立，却是應當承認的。

派斯太利的見解，這樣濃厚的帶着國家社會主義色彩。特別如他在其憲法草案俄羅斯之正義中所說，例如各市民有享受某最低限度的物質的幸福的權利，各國民有使用國家的土地的權利等地方，並多少帶有現在列寧一派所實現的共產主義色彩。

派斯太利主張的國家組織，是先分俄羅斯全國爲若干郡，此各郡即爲政治之單位。許其有獨立的地方行政。以郡之全市民召集地方國民議會，由地方國民會議選舉郡國民議會會員。由郡國民議會選舉州或縣國民議會會員。這樣派斯太利在地方行政上，給國民以廣泛的自治權，但沒有給予國民以直接干與立法機關的權利。

依派斯太利的主張，立法權在國會，國會議員五年選舉一次。其中一部分議員每年改選。最高行政權在最高議會。此外更有從一百二十名的貴族議員組織的上議院。在此上議會決定一切的立法案。

九　斯拉夫人聯合會與木拉維約夫

主情主義者往往為不可抑制的感情，流於盲目的行動。合理主義亦往往偏於冷靜的理論，對事物的眞相，多發生錯誤的觀察。指導南方結社的派斯太利，為受過當時的完全敎育之學者。因為他是偉大的理論家，他的明晰的理論，不只使接觸他的理論者盲目的信仰，同時他自己亦因此而流於盲目的行動。

又如他的最親近的同志烏爾孔斯基，眞意多夫，木拉維約夫等熱狂的革命家，雖然決沒有反對過派斯太利的理論，但在實際方面他們的意見多少有些異點。

譬如講到何時用什麼方法起兵的實際問題他們的意見就與派斯太利不同。這種意見不一致，愈到該社的實行時期，愈變激烈。如木拉維約夫與叩閔的最激烈的實行家，會有兩次未得派斯太利之諒解，做暗殺皇帝的計畫。此二次暗計劃畫雖然都因皇帝沒有按預定時間到軍隊駐屯地的緣故而失敗，但就因那個時期派斯太利一派與木拉維約夫一派，終於分裂。

不久木拉維約夫與留閔，退出南方結社，而與波蘭的秘密結社取連絡。其結果又不甚好，更獨立組織華西里考夫斯基團。總之當時在革命團體間，次於派斯太利而享盛名的，就是木拉維約夫阿保斯托爾。他為向自己部下的軍人鼓吹革命思想，著正教教義問答一書。在這書中表現出來的他的革命思想大概是這樣：

「教會的僧侶，倡說服從為美德。但我們對於壓迫不承認有服從的義務。基督的教義是什麼？就是人不能戰勝神與黃金。俄羅斯人與俄羅斯的軍隊，忍受着非常之苦痛，為着黃金，即為着現世的生活，不得已而服從皇帝。然則那一種政治，是合乎神之戒律的？那就是沒有皇帝的政治。神平等的創造出神，即降到地上，也並不依皇帝從貴族中去選擇他的使徒，他要從人民中選擇。這就是神不歡喜皇帝的證據。皇帝是人民的虐待者，是神所咀呪的而神所愛的却是人。

『所以誓願於皇帝，即反乎神的意志。自然是反乎神的意志的皇帝爲滅絕人民，纔強制的使人民爲他誓願的。』

木拉維約夫爲證明他這種理論，曾引用舊約全書中『神不聽選擇皇帝的要求』的話。

木拉維約夫與留閔退出南方結社後，於一八一七年在駐屯軍中組織了南方結社之分身的『自然之友社』其會員自然是軍人。創始者爲現役青年軍官保利索夫兄弟。

此團體開頭，會員的範圍很少，也沒有政治的目的。至一八二三年保利索夫兄弟與波蘭的貴族『布林斯基，解散此『自然之友社，』而重新組織『斯拉夫人聯合會。』此聯合會之目的，是對皇帝公然要求法律，爲達到此目的，定有一定的信條。其會員多數爲礮兵隊與步兵隊的青年將校。

此斯拉夫人聯合會於一八二五年與木拉維約夫及留閔所組織的華西里考夫斯基

團合併，推來丙沁爲會長。其時會員中漸次有近衛軍官加入，並且礮兵隊的有名的司令官亦加入爲會員，於此團體在軍隊中非常占勢力。

尤其留閔之辯才，很感動會員。於是會員的傾向，日趨激烈。多數主張立刻暗殺了皇帝，實行共和政治。

十　北方結社與熱狂詩人利賴夫

這樣在邊境地方秘密運動非常發達，這種傾向漸次到了中央都市，連首都彼得堡，亦有的此種秘密組織。

此種結社，相稱於南方結社，稱爲北方結社。其主要會員之木拉維約夫，都格涅夫，都爾倍考伊公爵，布希秦，岳侔考夫大佐，多數爲以前「幸福同盟」的會員。

此秘密結社最初的傾向非常穩健，至當時有名的詩人利賴夫加入此團體後，此團體之活動，漸帶了過激的色彩。詩人利賴夫加入北方結社同時，已經不高興去冷靜的批評什麼憲法最適合於俄羅斯的問題，由其天性的熱情，發爲激烈的言論。他本來是極端自由的思想家，對於暴君懷着莫大之憎恨。但非常愛俄羅斯，爲祖國之幸福，不惜犧牲自己的一切。

他認爲暴君非立刻打倒不可。但對於暴君打倒後，俄羅斯應該實行何種政治？推倒了的暴君與貴族要拒絕新憲法之簽名時，應該予他們以什麼處置？這等實際問題，並沒有去縝密的考慮。他有時主張把皇族全趕出外國，有時也想贊成派斯太利的憲法。

孔特拉齊費敖多羅維•齊利賴夫生於一七九六年九月十八日。畢業於第一幼年學校後，即入破兵隊爲旗手。一八一四年拿破崙侵入之際，加入出征軍，初次到歐洲。一八一八年離開軍隊，定住於彼得堡。由貴族的選擧爲刑事裁判所所長。一八二五年之初得了俄美公司經理的位置。

他在青年時代曾學習各國語言，精通歐洲文學，自己最喜做詩。由其熱狂的性格，共鳴於自由主義。卒成布希秦時代一位著名詩人。

他屬於當時最有教養的人們的團體。與布希秦，斯白朗斯基，磨爾都維諾夫等人交際，以高潔的理想家享盛名。自然在當時俄羅斯的文壇，他要算第一流的天才詩人。並且以獨創的作家，俄羅斯有數的詩人鼓噪一時，並爲俄羅斯文學之浪漫主義時代的一個代表人物。他的詩的流派，大部分是出於西歐文學。如他的名作思想多得於波蘭詩人奈木特維齊之史上的詩歌。他是用俄羅斯獨特的史料，加以浪漫主義的衣裳之第一人。用現在的眼光看去，他的詩不過是秀美的情感的，極自然的作品，但在當時確已是難得的藝術。他往往用俄羅斯歷史上的英雄豪傑中，一般人不大注意的人物爲材料，把古代人民的自由的政治精神詩化了，用以煽動國民的愛國心。

總之利賴夫是一個狂熱者，他的熱狂的性格，凡與他接觸過的人，都對他佩服不置。他用這種高潔熱狂的性格，灼熱的友情，加入的團體不久就得了北方結社的中心勢力。

當時人心之動搖不只有陸軍方面，即海軍方面亦相當動搖，水兵中間也組織了一種秘密團體。利賴夫運此水兵的秘密團體加入北方結社，以備萬一。水兵中有派利業埃夫兄弟，查瓦利辛，阿爾勃索夫等激進分子。且北方結社中有當時有名的『高架索英雄』耶克勃維齊。

這樣陣容整齊以後，利賴夫從會員找出了政變時必需的『短刀』就是名叫考夫斯奎的，利賴夫之僚友，與他同樣的熱狂者。

但是如此含着多數激烈分子的北方結社的革命思想，却反乎南方結社之主張共和制度，而主張很穩健的君主立憲主義。這可以認爲由南方人與北方人之氣質上之差異可發生的現象很饒興味的現象。

主張變革命後的俄羅斯爲立憲君主國的北方結社的理想，由當時該社的代表人物尼基特·木拉維約夫製成的憲法，可得以下的說明。

將來的國家組織，應當像北美合衆國的樣子，成爲聯邦立憲國。只是與合衆國不同之點，是以皇帝代其大總統。一切的國民有政治上之權利。但爲獲得選舉權，應當有規定的財產。如立法會議之議員，之州行政委員之要職之選舉權，必須有二千盧布以上的不動產與四千盧布以上的動產。屬於無產階級的人民只有個人的市民權，不得干與選舉。

又農奴自然應當解放，其解放之際，只能供給以家屋和土地。

國家之最高主權，屬於國民議會。此國民議會召集於頒布憲法及選舉新朝之特別時候。國民會議之決議在州會議的專門機關審議後，方成爲法律。但需在議員三分之二以上的贊成方能決定。

國家的立法權，當一任於國民議會。國民議會，由上下二院組成。在普通的立法權以外，有宣布特赦權，有參與決定外交問題之權，即有立憲君主所有的一切權利。

此外上院有裁判高等官吏之權。依木拉維約夫，皇帝僅是俄羅斯政府的最高官吏。從以皇帝爲行政權之所有者。但只給與他以極制限的權利，並且應當常在國民會議的監督之下。

在各州與國家同樣有行政機關，即有依選舉制度的代表機關，與依選舉制度的最高統治者，與州裁判所。

要之木拉維約夫之憲法草案，是以北美合衆國的憲法爲模範的。依他的憲法，皇帝之權限，比合衆國的大總統更受限制。

木拉維約夫的憲法草案當時尚未完成，且因北方結社的會員對於木拉維約夫之勢力，不如南方結社對於派斯太利的勢力那樣重視，所以沒有十分引起世人之注意。且北方結社內之青年會員實際比較立憲君主主義更傾向共和主義。另一方面在年長者之間如都格涅夫，奈濟冒夫等溫和派，亦反對木拉維約夫的憲法案。又如利賴夫，對於革命後之政體，當如何組織的問題，無明瞭的意見，他說憲法是應當在國民議會決定的，所以沒有先行制作憲法案的必要。在這樣的情形之下，木拉維約夫的憲法案終歸於無効。

十一　亞歷山大一世之進退兩難

俄羅斯的各地，發生了種種的秘密結社。派斯太利的自由思想，很廣大的傳播開。亞歷山大一世時代的社會意識與政治的自覺，敏速的發達起來。俄羅斯的社會生活，弄到破產的地步。要求着任何形式的新局面，即要求社會改造的結果。保守主義與自由主義衝突，神秘的主情主義與合理主義衝突，舊制度與社會主義的新社會衝突。由衝突引起反動，由反動更激成衝突。俄羅斯的資產階級，智識階級的最初實行革命的烽火的，一八二五年二月十四日的十二月黨事變，就是這樣着着的準備起來。

從十二月事變可以聯想到的事實即亞歷山大一世的懦弱性格。亞歷山大一世自己雖然標榜着自由主義，但一方面既不能徹底的去實行自己所標榜的主義一方面也沒有恣意發揮其獨裁君主之絕對權的勇氣。所以常常苦於社會的大勢與周圍的大官們的勸告的夾板間。始終是遲疑猶豫，優柔寡斷。他的死後遂出現了無君主的時代同時起十二月黨的事變，陷社會於大混亂狀態。這完全可以歸因於其懦弱的性格。

亞歷山大一世爲這樣懦弱性格的所有者，同時爲非常厭世的皇帝。他在皇太子時代，已經厭惡即位，即位後又想即刻離開帝位，這是當時國內外人所熟知的。但當時他又是歐洲外交界之名人，在俄羅斯國內，亦爲立於多數國民之上的獨裁君主。但是他總是不堪此地位與責任，常思退位，快快不樂。

這個原故，雖然多半由於他的先天的性格，但同時亦起因於三月十一日事件（即刺殺皇帝保羅事件，）與克留太奈爾夫人的宗教的感化。一八一八年，他曾與普魯士主教來爾德，寫過下面的信：

『莫斯科的大火（拿破崙侵入時的大火，）照耀着我的靈魂。並且在悽慘的戰場的上帝的審判，給了我以從來沒有感過的溫和的信仰。那時我如聖經所示的樣子，認識了上帝。從此我理解了上帝的意旨與其戒律。在我的內心，抱了把我自己與我的朝代，供獻於上帝之名與上帝之榮光的堅強的決心。』

其後一年，亞歷山大一世將退位的意志告之其弟尼古拉：

『我想拒絕給了我的責任，決意隱遁。現在歐洲要求着富於精力的少年君主，但我已經沒以前的精力。我認為在適當的時候，退位是我的責任。』

為退位的先決問題，是決定皇太子的問題。但是亞歷山大一世，連一個皇子也沒有，而有三個皇弟：即君士丹丁大公，尼古拉大公，與密哈爾大公。君士丹丁也沒有皇子，所以皇太子當然應當從三個皇弟中選擇。按順序應選君士丹丁大公為皇太子，但他在其父保羅時因做放浪的生活，為沒有從皇族選其王妃，致被拒絕皇位。所以只有以第二皇弟之尼古拉繼承皇位，而他在君士丹丁之前，也堅拒皇太子之位。

但亞歷山大一世，尼古拉有強健之身體，且有子女，所以決意立尼古拉爲太子。與其信任最篤阿拉乞齊埃夫，固利滲公爵與府主教費拉來特作懇切的商酌後，遂密下了讓位的詔書。此詔書之起草者爲府主教費拉來特，亞歷山大一世自己加以修正。一八一三年八月十六日，他署名於此詔書，而保存於烏斯賓斯基大聖堂。

亞歷山大一世處置此秘密詔書後，仍鬱鬱不樂，總愛孤獨。於暇時，即從早晨便到亞歷山大奈夫斯基教堂做祈禱，與府主教非拉雷門作宗教上之談話。寫秘密詔書經過二年後，於一八二五年九月一日，飄然到南俄地方旅行，同年十一月十九日在達綱羅克市，突然得了惡性瘧疾而死。

十二　皇位繼承問題與人心之動搖

十一月二十五日亞歷山大一世死去的消息突然傳到莫斯科時，君士丹丁大公住在瓦沙，尼拉大公在彼得堡，尼古拉當此時並沒有排斥君士丹丁，自即皇位的決心。實爲他周圍抱有對心的大官們所動搖，從達綱羅克接到哀報時，召集當時政府中代表的有力參魯普與公爵，亞歷克賽‧克拉金公爵，密魯拉多維齊伯爵三元老，討論繼承帝位的問題。那克拉金公爵與魯普與公爵同意於尼古拉，獨密魯拉多維齊伯爵頑強的反對，他說『即使亞歷山大一世，有遺旨以尼古拉大公繼承皇位，國法上並不許可由皇帝的遺旨決定皇位的繼承者，且亞歷山大一世的遺旨只有某一部分人知道，一般人民並不知道。若亞歷山大一世，有以尼古拉大公繼承皇位的意旨，皇帝在生前應當將其意旨與君士丹丁大公對此舉之同意，公表於國民，在沒有明瞭君士丹丁大公有無拒絕皇位的意志之前，即使尼古拉大公依先皇之國法上無効的遺旨即位，國民軍隊恐未必對尼古拉大公宣誓。』於是元老會議，到夜半兩點鐘，還不能解討論的問題，該夜無結果而散。

實際知密魯拉多維齊伯爵所說的亞歷山大一世，立尼古拉爲皇太子的秘密詔書，連皇后都沒有知道，一般國民自然是不知道的，在皇族貴族中知道此消息者確爲極少數人。所以亞歷山大一世死去時，國民都以爲君士丹丁大公要從波蘭歸國而宣言即位，但多數有野心的大官們，於二十七日開了國家會議，決定了依先帝的遺言推尼古拉大公爲正當的皇位繼承者。以國家會議的名義布告人民『應對尼古拉大公宣誓』此意外的布告發表後，社會人心遂極度的激昂起來。

十三 倒毀帝政之陰謀

早已圖謀着革命的各秘密團體，認此次關於皇位繼承問題，由官僚的野心所引起的人心動搖，爲千載不遇之良機。就擬乘此機會而蹶起，不待大演習之機會，計畫於對尼古拉大公起誓之日，實行既定計畫。彼等是革命黨散布流言謂『並不是君士丹丁大公辭退皇位，蓋因大公有實施憲法之意志，某一部分的野心家因而排斥他。並且亞歷山大一世曾留下遺旨縮短兵役，並與人民以自由，尼古拉大公把此遺旨隱而不發。』由此煽動已經動搖了的兵與一般市民。此種流言流播於各軍隊內，於是激起軍人對尼古拉大公的反感。但他們還並沒有預備用武力對尼古拉大公與擁有大多數軍隊之貴族宣戰。因爲在此等秘密結社實行其計畫的時期尙未迫於目前，時會員雖漸次增加，但一下真正要爲祖國，爲團體而性犧其個人利益時，身邊眞有危險來到時，最初的決心總要曖昧些。卽任其青年的勇氣，弄激烈之言論者，一到眞要動作的時候，很易再轉回穩健的思想。

但會員中之少數對當初之目的還是熱心的。他們擁戴之指導者利賴夫的勢力，雖甚微弱，但仍預備乘此機會出於積極的行動。

先決定以利賴夫家爲同志集合的地點，利賴夫先招集貝斯都采夫兄弟爲決定叛亂的計畫其結果，同志們乘夜陰，暗地到市中去煽動軍隊他們三個人先對路口站的步哨告以『尼古拉大公把先皇亞歷山大一世的遺旨隱匿了』的話。兵士們很興味的聽着此種宣傳。流言倏忽間擴張於軍隊與市民間。利賴夫等再繼續了三天，不眠不息，晝夜兼行的宣傳。

同時利賴夫家中不分晝夜的有同志集會。最初人數很少，同志間亦不甚一致只在沸騰的議論積極行動之程度問題。其中也有些悲觀論者。自然新加入的同志日益增多。但尙無對多數軍隊實行武裝叛亂之力量。

但利賴夫之鐵石的決心，終於壓倒了所有的悲觀論與懷疑論。利賴夫抱着確信這樣說『這回的計畫，或者會失敗也未可知。但只把俄羅斯要動搖一下，就是我們的事業之成功，實行革命的要點，一言以蔽之，就是「去震動他。」我們這一次縱然失敗，但我們的失敗總能給後來的同志留些教訓。』

利賴夫這樣強如鐵石的意志，與其像烈火的熱辯，將他的陰謀着着的具體化起來。但這時候其同志中有通敵者。那是名叫魯斯多夫采夫的一位軍官。他在利賴夫家聽了同志的陰謀後，感着要密告於尼古拉的臣的義務。他實行了此義務後，於十三日早晨，走到他的密友，與陰謀的一人奧保林斯基家，正遇着利賴夫也在那裏。魯斯多夫采夫，望着奧保林斯基與利賴夫，用沈着的態度這樣說：

『諸君！我已經把你們的反政府的陰謀看穿了。我由我自己的責任已告於尼古拉大公了。政府已經準備好了對付的辦法了。你們的陰謀現在已歸於泡影了。但我倘陰密未告那個是陰謀家的話，對你們決不至有危險。請你們安心。』

聽了這話的奧保林斯基，忽變色而怒。他說：

「你賣了朋友尼古拉巳經知道我們是自由主義者。決定漸次排除我們。所以現在先要來排除你，作我們第一次的血祭，請你覺悟着罷！」

「好的，你若以爲有對我服仇的權利，來罷，由你處理！」他泰然自若的回答。

感激於魯斯都夫采夫的堂堂態度的利賴夫，突然抱住魯斯都夫采夫的頸說：

「奧保林斯基君，魯斯都夫采夫與我們思想不同，有什麼罪惡？我不問魯斯都夫采夫背賣了你的友情沒有，他依着良心的命令賭其生命走到尼古拉大公之前，又賭其生命來到我們之前，你應來擁抱此高潔的友人！」

『對的，就是這樣擁抱，這樣擁抱着把他縊死。』這樣說着奧保林斯基抱着通敵者魯斯都夫采夫，把他縊死了。

尼古拉大公雖然從魯斯都夫采夫聽到陰謀計畫，但因其時君士丹丁大公辭退皇位的意見尙未明瞭，所以不能用警察力對要起誓於君士丹丁的陰謀行一網打盡的處置。

其間陰謀計畫，仍是着着進行。其夜一如常時，在利賴夫家有西丁凱爾男爵，都爾貝奎公爵，貝斯部采夫兄弟，奧保木斯基公爵，考夫斯基，阿爾保索夫，賴平考諾尼滲伯爵，與多維夫斯基公爵，斯突高夫布希秦巴登考夫，耶克勃維爾，西采賓路斯乇夫斯基卡增男爵等同志集會，關於陰謀的實行方法作重要之討論。其結果貝斯部采夫與阿爾保索夫負督以近衞海軍團與莫斯科聯隊負責起事。賴平負「芬蘭聯隊之一部分與其數名軍官參加運動的責任。

並決議於對尼古拉大公起誓之日，同志用擁護君士丹丁大公之權利為口實，率其軍隊集合於元老院前之廣場，以軍隊總司令之權一任都爾貝奎公爵若主力軍隊參加叛亂的事情明白時，即在那裏拒絕對尼古拉大公的起誓，宣言廢止皇帝組織五頭的臨時政府。在五名執政官中，與國家會議及元老院之議員中，必舉出冒爾道伊諾夫，斯白朗斯基及派斯太利，由此五頭政府，會合從俄羅斯全國選出的議員新政體決定之前，在國家會議與元老院的援助之下，處理一切國事。

但一直到此時中隊，大隊，聯隊中，明白的可以預定其參加此陰謀者連一人也沒有只是決定當多數軍隊有參加運動的傾向時，立刻占領了宮殿，各部，各行政官廳，各銀行與郵政電報局，防壓人心之動搖。若不得多數軍隊參加，而歸於失敗時，即向諾哥羅德地方退却。

正在籌謀着實行計畫的中間，出去探聽軍隊響應與否的陰謀團之少年軍官，繼續回來報告說，『大多數軍隊，都不願爲尼古拉大公起誓。依他們的報告，伊茲埋羅夫斯基，愛凱爾斯基，來普格來那代，爾斯基，芬連德斯基，冒斯考夫斯基各聯隊，與海軍團及礮兵隊的一部分，並普來敖普拉增斯基聯隊——就是俄羅斯所有最負名望的有力軍隊，皆反對尼古拉之卽位。』

這種形勢，使叛亂同志的勇氣和決心，更昇高起來，他們於是更決定了下列的實行計畫。

『於起誓日，各聯隊宣言反對起誓，兵士間若有動搖，將校立率其部下走出廣場，領首的部隊鳴鼓前進，其他部隊隨其後。來普格來那代約爾斯基聯隊，直接去占領軍庫。其他聯隊全集合於比密特爾廣場。元老院發表宣言陳述俄羅斯之現狀，並發命令爲脫出此種現狀，由各階級選出代表，決定皇位繼承者與國體之基礎。

『並由臨時政府縮短兵役爲十五年，做歐洲諸國之例，改設代議政治，聲明解放農奴。元老院之宣言與臨時政府之聲明完結後各聯隊即退出彼得堡，駐屯於京城郊外。』

最後及關於占領冬宮的問題，議論紛紛不定。來普格來那代約爾斯基聯隊中，有聲言完全捕搏尼古拉大公與其他皇族的事辦不到。利賴夫對此問下以最後之斷案，說：

『我們也不必把占領冬宮的事，爲一切行動之最後的成功。成功與失敗，第一是沒有標準的。總之革命的成功之秘訣，就是一句話「毅然決然的幹去就是了。」』

利賴夫的這句熱烈的話，結束了十二月十四日之前一夜的會議。對抗於專制主義開始的頑強的戰鬥之準備，就是這樣到十三日深夜完全成功了。

十四　十二月黨之叛亂

起誓日的十二月十四日早晨，暗雲密布，表現着陰鬱之象，寒度至零下八度，好像預告着這一天會有凶事發生。

從早晨起，從來未有的多數大官們，都來參列於此。旅長，師長，聯隊長，近衞隊長，從夜半就集合在冬宮等着尼古拉大公之臨朝。儼然是開軍事會議的光景。他們是在等待着尼古拉大公即位之決心，與其新皇帝的命令。

尼古拉大公也在午前七時天氣絕早的時刻，從自己的居室走出來，出現有將軍們集合的廣場。宣讀即位的宣言，並說：『關於我即位的理由，那一位有別的疑念麼？』

將軍們同聲回答說：『沒有，沒有一人對皇帝敢懷疑念。』

尼古拉大公由此確認了全兵力都是自己的部下，更下命令於各軍各率其軍隊至冬宮前預備行起誓禮。並且附加說：

『卿等為首都之安定，賭其身命為我負責，我即帝位後，一定在每時間內執行皇帝應有之義務。』

將軍們對尼古拉大公作過忠誠的誓願後，各走向自己的軍隊。到了午前十一時，冬宮得到報告從近衛軍之薩貝爾斯基大隊起，卡瓦賴爾格爾道夫斯基，賽米約諾夫斯基，保羅夫斯基，愛凱爾斯基芬蘭道斯基各聯隊都平靜對尼古拉大公起了誓。

但後來繼續接到的報告說，莫斯科聯隊，拒絕對尼古拉大公起誓而叛亂；當莫斯科聯隊正要起誓該聯隊中之二將校西齊普金．魯斯多夫斯基與密哈爾貝斯都采夫煽動了自己的部隊。

他們呼喊着：「上官欺騙我們，使我們起誓。君士丹丁大公，並沒有明白發表讓位的意見。大公現在簡直等於被監禁着。我們聯隊之保護者密哈爾大公，也處了同樣的境遇。君士丹丁帝愛護我聯隊，爲我們增加薪俸。反對君士丹丁帝者，應該處死！」

西齊普金．魯斯多夫斯基公爵，曾揮劍斬傷聯隊長復下代利克斯男爵、旅團長湘新，大隊長衛西沁斯基，兵士們也裝好了槍，奪了起誓旗連呼「萬歲」又返回到元老院前之廣場。軍隊們排列在彼得大帝之銅像前時，多數民衆也叫着「君士丹丁萬歲」，團集於叛軍之周圍。繼續着莫斯科聯隊之後，近衛礮兵隊與其他叛亂軍隊都跟着退至元老院前之廣場。

廣場中一下被叛軍與民衆集滿了。

「我們承認君士丹丁大公爲正統的皇帝繼承者。君士丹丁萬歲！」的呼聲震動天地。不穩之形勢愈趨濃厚，殺氣充天大有立刻殺至冬宮之勢。

接到這個報告，首先吃驚的是彼得堡總督密羅拉多維齊將軍。他在十三日之夜，正在他的情婦舞女優萊西瑤娃家貪着歡樂之夢。接了軍隊不穩的報告，大爲吃驚，立即馳至冬宮，與新皇尼古拉討論善後策，更親自出馬到元老院前之廣場，預備慰撫叛軍。被叛軍中之考卡斯基用手槍擊斃，首先做了叛亂者之血祭。

跟着彼得堡之府主教賽拉費門，捧着十字架出現於廣場，勸諭叛亂者之不當。但也未奏効。最後新皇尼古拉總想勸慰叛亂軍，期不見流血而終結了起誓式，遂親自出馬走到廣場。但當他與隨員們一走到廣場，叛亂軍遂一同向他射擊。幸自皇帝至隨員，皆未負傷。看見這種形勢的尼古拉皇帝，知道已經不是猶豫的時期了。遂向其侍從武官長與爾羅夫下令用武力鎮壓。

形勢更加險惡了。短的冬天，一下就將近日暮了。更加下了雪，吹起狂風，天地都呈着淒慘之色。侵侵刺骨的寒風，追迫羣衆於不安，憤懣焦燥之中。「給我們宣布憲法！」的喊聲在暴風雪中更加響亮。

此時奧爾羅夫中將指揮的騎兵隊，遂開向叛亂軍衝擊。但此衝擊，反強固了叛亂者之團結。更使他們狂熱起來，一點効果沒有。這樣一來除用大礮以外別無鎮壓之方法。尼古拉初以爲自己即位的開頭，不願見流血，總想用穩和的手段解散了叛軍。但至此看見是不可能了，遂令礮兵隊開始礮擊。

索查奈特將軍率領的礮兵隊的右翼，向着公園，左翼沿着奈夫斯基大街配置起來。第一的礮彈向元老院房屋發射。連着發了第二，第三，第四射擊，叛軍中突然起了一聲大叫喊，羣衆突然開始向各處逃走。有的向着密約諾夫斯基聯隊，有的沿着奈瓦河向英國河岸，有的從奈瓦河之冰上渡過，向派特羅包羅夫斯基要塞逃走。逃於冰上者，因冰爲礮彈所破壞，溺死於水中。還有逃的遲者，即走向美術院或華西里維夫斯基方面來。普格來那代約爾斯基聯隊，與近衛海軍團員々莫斯科聯隊之一部逃於窄的格來爾那耶街。礮彈向着叛亂者背後射擊，死屍纍纍橫在街心，流的血把積雪都染成了紅色。

十五　叛亂失敗之主因與革命家之末路

十二月黨革命爲俄羅斯大資產階級最初的革命烽火。此時俄羅斯的革命已經到了成功的氣運。但此次革命之叛亂，意外的失敗了。此次失敗，對俄羅斯的革命運動爲一大打擊。那正如農民叛亂後，政府對農民之壓迫更加強烈的樣子，智識階級初次革命失敗後，政府對智識階級之壓迫，亦愈變嚴峻。

十二月黨叛亂失敗之原因，第一是當在元老院的廣場起事之際沒有適當的指揮者。當時原決定利額夫爲總指揮。但那天他恰因疾病臥於床上。雖然他曾扶病到了廣場來了一下，而馬上又逃回其避身所去了。至於其他下級軍官，並沒有長久服務於軍營中，不知指揮大軍之方法。

其次總指揮之適任者，陰謀家曾預選爲獨裁官的都爾貝奎公爵，但他簡直沒有到廣場中露一次面。叛亂那一天，他從早起就隱匿在親戚家中。

因此，十二月黨的叛亂，雖然機運已熟，計劃亦完全決定下，但因為沒有指揮者終於失敗。通常智識的革命運動，總是缺乏結束力，缺乏統一與勇氣。幾乎是沒有手足專用頭腦的運動，所以實際上很難成功。

十二月十四日之夜，開始了叛亂主謀者的大拘捕。首先被捕者即利賴夫。彼與百數十名軍人同時監禁於派侍羅包羅夫斯基要塞中。裁判的結果首謀者派斯太利，利賴夫，木拉維約夫阿保斯道爾與在南方謀叛之貝斯都朵夫留閔，及考夫斯基五名，被宣告分身之刑。由皇帝的特赦，減為槍斃。一八二六年七月十三日在湼龍維爾堤上受了刑。都爾貝奎公爵以下數百名，被流放於西伯利亞，或置於獄中。其他數千名兵士被編入高加索守備隊斃於蠻人之彈丸。如巴丁考夫被鎮禁於派得羅包羅夫斯基要塞內二十年之久。

這樣把各秘密結社之陰謀家們徹底的處置了。因此一世紀之間革命完全閉息，又到了回地下室的運命。而大多數國民所厭棄了的帝政，從此又得維持其被咀咒着的壽命。

俄國革命運動史第二卷

俄國革命運動史第二卷目錄

第二期　小資產階級智識階級之革命運動時代

——十九世紀之二十年代至六十年代——

俄國革命運動史　第二卷

第二期　小資產階級智識階級之革命運動時代

——（十九世紀二十年代至六十年代）——

第一章　人道主義與農奴解放

一　大資產階級智識階級之恐慌與幻滅

由十二月黨事件，將其王朝之第一頁用鮮血裝飾了的尼古拉一世（一八二五——一八五五，）首先對十二月黨員處以慘虐的刑罰。更用使人戰慄的偵探政策，舉發各秘密團體的陰謀，而求根絕。所以尼古拉一世之朝，在俄羅斯帝國歷史上，為空前的反動政治時代。

如曾爲亞歷山大一世的密友的敎師的，或顧問的自由主義者們（如齊爾道里斯基，斯特羅各諾夫，孟爾多維諾夫，諾敎西利采夫，拉格爾普斯白朗斯基等人，）到尼古拉一世時代都爲兇暴的反動政治家所壓迫終於不得不閉息於一隅。替代了有自由主義傾向的政治家而繼起的阿拉克齊埃夫，高里滲西西考夫等軍閥的頭目，變爲內政的主人。一方面行着壓迫政治，同時在他方面強要着形式主義之宗敎心的涵養。發生了一種視僞善如法律的傾向。如圖書的檢查，比保羅一世時代還要嚴重。行着比高采普的逸話更滑稽的克拉索夫斯基的檢閱。如農村改革問題，農奴解放問題都被完全棄置關於農民問題之討論，特別嚴重的禁止着。對農民之暴動，屯田兵之叛亂，毫不顧慮的採用保羅一世及加代利拉二世時代以上的極殘酷的鎮壓手段。

但尼古拉一世與從來的皇帝不同，在即位以前即已有統治國家的一定的見解。他從不爲周圍的高官們　欺瞞報告所惑。俄羅斯的內政紊亂到如何的程度，他都知道。同時他對於農民從地主所受虐待及其悲慘的境遇，知道的很清楚。所以他一邊對於自由主義行着壓迫政策，一邊對官吏的瀆職受賄之惡德者加以嚴罰。行着『拭乾無罪者之淚』的政策。毫不容赦的對虐待農民的地主加以虐罰。確實在尼古拉一世時代沒收了的地主之土地，總計達二百零三處。其中一百四十處，因爲虐待農民，六十三處因爲地主的奢侈生活。

尼古拉一世視農奴制度爲一種罪惡。但他以爲俄羅斯的農奴制度，還沒有到值得解放農奴的罪惡。加之，由十二月黨事件，脅迫其即位的尼古拉一世，使他在國家統治上，對國民的暴動分子，毫不容赦。而採行秘密偵探主義的對內政策。在皇帝的直轄之下，設立秘密偵探機關。以皇帝之最信任者，任爲偵探部長。其部員都兼任着警官或憲兵的職權。所以被一般社會認爲惡魔的恐怖着。

此恐怖的秘密偵探員的猜疑銳眼，第一先注意到當時的智識階級。在智識階級眼中，此偵探部員的天藍色的制服，成爲尼古拉一世時代之壓迫政策之象徵。有名的詩人來爾孟多夫，用下列的文句形容盡了這天藍色的服制：

『洗不淨的俄羅斯喲！

奴隸的國土，壓制者的國土！

天藍色的制服，

與從順在這制服下的國民！』

這眞把壓制與天藍色的制服形容盡了的歌啲！這樣的壓迫之手，無容赦的活動着，同時被十二月黨叛亂之失敗驚痴了的大資產階級智識階級，更加豎着恐怖之毛，變了他們的節操和主張。倔強的斯白朗斯基亦畏怖了皇帝之壓迫，至於變節做了十二月黨員的裁判官，以圖贖其加入叛亂者所計劃的臨時政府之閣員中的罪。

因爲壓迫一方面發生了變節者，他方面發生了絕望者，如詩人卡達埃夫即爲陷於暗黑的絕望中的一人。他在他的哲學的通信集說過『俄維斯沒有將來，』足見其絕望之程度。但不能墮落於變節或絕望的青年們，視皇帝爲殘忍的劊子手，對他抱着極端的憎惡心。尼古拉一世時代以後的猛烈的社會運動或革命運動，即發生於這些靑年們對帝政不可遏抑的憎惡，與對壓制的反動。但鑑於資產階級之共和主義者之帝政破壞運動的第一次嘗試的十二月黨叛亂之失敗，而新興的革命的社會運動表面上只立脚於人道主義，向着具體的要求的農奴解放之實現邁進着。

二 西歐派與斯拉夫派

因尼古拉一世的祕密偵探政策，從三十年代存在的各種文化團體，到四十年代之中葉，完全瓦解離散。但在莫斯科與彼得堡，又有代此而起的智識階級之新團體組織起來。由其思想的傾向，漸分爲西歐派與斯拉夫派。由四十年代至五十年代的革命的人道主義與農奴解放論，都是從這兩派各由其不同的觀點，較溫和的主張着。

在莫斯科的西歐派團體，爲一時分裂過的哲學的浪漫主義團體之斯丹凱維支派，與海爾澄所代表的聖西門派聯合組織成的。在此西歐派中，且有當時的新時代的空氣所養成的莫斯科大學之代表者，其後爲西歐派中之代表人物者，爲從外國歸國，自一八三九年秋天在莫斯科大學擔任世界史講座的格拉諾夫斯基。他首先與西歐派之會員詩人敖格利約夫相交甚密。一八四二年以來更與海爾澄往來，一躍而爲西歐派之重鎭，此外西歐派之中心人物中著名者爲保特金。他是商人出身，爲白林斯基的密友，屬於黑格爾派的左翼。對於藝術問題有深的造詣。還有凱采爾爲海爾澄的親友，又爲沙士比亞的翻譯者，彼得堡大學圖書館長考爾士亦由格拉諾夫斯基之介紹加入西歐派。其餘賴特金，克留埃夫考哀林，克德列夫采夫等莫斯科大學教授們亦皆屬於西歐派。此外當時著名的演劇家，被稱爲俄羅斯演劇界寫眞派之創始者的西采普金，與當代唯一的批評家白林斯基，文豪都格涅夫，著名新聞記者恩寧考夫等，皆與西歐派有密切的關係。總之這個團體也是一種鬥爭團體，雖然沒有什麼成文的規約。但能連絡統一其散在於廣大的俄羅斯之會員，向其本來使命前進。海爾澄認此團體爲出現於俄羅斯戈弋利主義之曠野的唯一的陸洲。關於這個記憶，他們曾有下記的話：

「我們已經不是小孩子了。一八四二年我正是三十歲。我們很知過我們的活動把我們引導往什麼地方。我們以充分的思慮與穩當的步調，走着我們的道路。我們所以走在穩當的步調上的原因，是由於經驗與家庭生活之教訓，並不是表示我們已經年老了。我們當時都還年輕，所以有的擔任大學的教授，有的寫論文，有的發行報紙。還有些人天天被捕縛，被免職，被追放。

「我後來再沒有看見過，那樣富於才能，有教養而純潔的人們的團體。在政界之絕頂，文壇或貴族社會之絕頂，都沒有看見那樣優秀的人物。

「我們的小團體，常在團員中好些人家裏開會。其中在我家裏開會的時候最多。在會席上，我們在漫談，諧謔，晚餐或酒宴之間，極熱心極迅速的，交換我們的思想智識與消息。會員們每人都發表自己讀了的思想與學來的知識。議論把見解更深刻化。團員中一個人想出的事，即爲全團員之所有物。在學界，在文壇，在藝術界的現象，我們中間一定有些人會知道的，而一切現象立刻會傳播於全團員。」

對比於西歐派的爲歐化派，斯拉夫派爲俄文保存派，修辭派。但他們漸次變爲國粹主義；結局轉於以斯拉夫民族之傳統精神之中心而建設俄羅斯國家的傾向。從而在他們以爲俄羅斯的斯拉夫民族的國家，帶有高遠的特別使命。抱着非常浪漫的空想。但從嚴密的憲義上，要明確的知道斯拉夫主義的理想，非常困難。但只從尼古拉一世政府之教育總長烏渥羅夫，在國民教育標語之下主張的『擁護正教，專制，與國民性』的話，不難想像其即爲斯拉夫主義之標語。斯拉夫主義之使命，可以說就是說明俄維斯從來的國家制度，敎會制度，社會制度，並且去擁護這些制度。

自然斯拉夫主義之『擁護正敎與專制與國家民性』的見解之基礎與烏渥維夫之欲建設國民敎育爲基礎的『擁護正敎，專制與國民性』的精神中間，還有很大的階程。即烏渥維夫所擁護的專制與正敎，即爲當時的制度，而斯拉夫主義所理想的正敎，專制，則爲舊莫斯科王朝時代的制度。莫斯科王朝時代的敎會從國家獨立，只由敎會會議維持其統一。國家亦由自治會議爲其代表機關，通過此會議而予國家以主權。社會的輿論，亦只能發生於這種自治思想中。斯拉夫主義者是鑑於莫斯科王朝後此種自治制度的淪喪，主張起去擁護他。他們的見解以爲破壞此理想的制度者，爲國家統治上的官僚主義。

據斯拉夫主義的思想，國民性的定義，爲做俄維斯之主要勢力的俄羅斯人各種特長的綜合「國家的各種制度，皆發生於國民性」斯拉夫主義是在全斯拉夫人中間，求其國民精神之特長。大彼得所行的新制度，是滅卻國民性的。從而斯拉夫主義者，也不只受政府的猜忌所注，且受其迫害。

投於這斯拉夫派的人們，也與西歐派的人們一樣，是屬於智識階級的人們。但他們幾乎都是貴族，在西歐派中雖然有像白林斯基的優越的批評家，但亦有像保特金的商人。且屬於西歐派的地主，幾乎都是與村落農民沒有直接交涉的所謂外地主（absentee）。反之斯拉夫派的人們，多數是地主階級，且為直接關係於農村的人們，較西歐派較多接近於國民生活即農民生活。換言之斯拉夫派的人們，是屬於農村的人，在愛國精神之下，受了正教的教育的俄羅斯國民性的浪漫分子。斯拉夫派的代表人物，可以指出的，如浩米雅考夫，奇來埃夫斯基等人。

三　文藝勃興與反抗分子之再現

如上所述，尼古拉一世之秘密偵探主義之壓迫政策，與形式劃一的宗教教育，使內攻了的自由思想在着了西歐主義與斯拉夫主義之衣服的人道主義與農奴解放的口號之下，又侵入一般人的心中。放棄了政治問題漸次現身於社會問題家庭問題上。關於這些問題，因爲在政論上，不能做很露骨的批評，却在官憲的取締比較緩弛的文藝的範圍內，盛大的議論起來了。新舊思想的衝突，青年與老人之不和，地主與農民之軋轢，男女關係之墮落，都成爲文藝上的好材料。俄羅斯文學突然在十九世紀之中葉卽自四十年代至五十年代間勃興起來。出現了全盛的黃金時代，呈着百花齊放之概，皆自由思想乃至革命思想的深刻的內攻之結果。

現在試列舉一下，呼吸着尼古拉一世時代的暗黑空氣的有名的小說家文藝批評家之名，立刻可指出十人。足見當時俄羅斯的文藝界思想界之旺盛。例如：

白林斯基　一八一〇年生

都格湼夫　一八一二年生

孔嘉樂夫　一八一二年生

海爾澄　一八一二年生
巴枯寧　一八一四年生
托斯托夫斯基　一八二一年生
格利弋羅維齊　一八二二年生
奥斯托羅夫斯基　一八二三年生
托爾斯太　一八二八年生
柴尼謝夫斯基　一八二八年生

都格湼夫的獵人日記（一八五二年出版，）格利弋羅維齊的村道（一八五〇年出版，）孔嘉樂夫之奥普羅冒夫（一八五七年出版，）都是討論着地主對農民的問題。其中如都格湼夫的獵人日記對於一八六一年的決心解放農奴的亞歷山大二世以很大的影響。又如斯丹凱維齊桑格羅夫，海爾澄，白林斯基，彼得拉謝斯夫基等文藝批評家，也都基礎於牠們的哲學自己解剖或汎神論的人生觀，論着社會問題家庭問題，與農民問題，弄成俄羅斯文學全盛時代的大觀。

從來武裝的平和與壓迫的穩靜，絕對不會繼續長久的。尼古拉一世對於智識階級的武裝的壓迫政策，一時好像很成功但依壓迫的程度的反抗，是喫了智慧之人類之自由意志。

俄羅斯的自由思想家們，不能永久窒息於尼古拉一世的壓迫之下。自由思想遂發見其活路於文藝及評論方面。一方面從被壓迫的自由思想家中間再產生了政治的反抗分子。其中色采最鮮明的反抗團體爲一八四九年組織的彼得拉謝夫斯基團的一派。

當時布特雪維齊彼得拉謝夫斯基年紀尙輕，爲當時充滿了活氣，有敎養的靑年文士。他曾定居於彼得堡，他的家裏好像反抗分子之俱樂部。當時彼得堡活動的靑年，都來往於他的家中。並且常集合於此處的靑年們，組織了叫『星期五會』的研究團體，每星期五在那裏開會，討論種種社會問題特別如農奴解放問題，裁判改革問題，常爲他們議論之焦點。當討論思想問題時，他們一定講法國社會主義者福利葉的學說，當時的靑年對於福利葉的空想社會主義，感着很大的興味。即他們對於不用革命方法的平和的社會主義，用和平的方法把世界推於合理的社會主義的世界之傾向，他們感着濃厚的興味。

這個秘密團體的『星期五會』，當然有尼古拉一世的便衣偵探參加在內。所以他們雖毫無叛亂的傾向，有一夜突然一網打盡的把星期五會的會員拘捕了。其結果會員中有官爵的被免職，有些逐出彼得堡市有些囚於獄中，還有些受了死刑的宣告。但受了死刑宣告的人們，被拉到刑場，蒙蓋了面孔，間不容髮就要槍斃的時候，由尼古拉一世之恩赦以無期徒刑再鎖於獄中。

四　地主之覺醒與農民之叛亂

對人權的極端的壓迫，官僚主義之橫暴，在內外政策上的投機主義——以此三語可以作爲對尼古拉一世時代之社會狀態的批評的全部。再把此種制度更向前推進，則難免弄到國家危機，這是很顯明的事。但一方面社會生活，與時俱進，漸漸提倡着在現制度下幾乎絕難實現的種種要求。另一方面社會的進步分子，受了文藝勃興的刺戟，做了社會的反抗分子之後援，常提出激烈的要求，特別如極不合理的農奴制度，不只買了農民與知識階級的反感，甚至地主自己也對牠感了不便。因爲當時俄羅斯的糧粟，已漸漸輸出於外國，工業日漸發達，地主與企業家因爲擴張農業與工業的必要，要求着自由的農民與勞働者。從而不只從人道主義的方面，同時經濟的要求也一變而主張起來農奴制度之廢止了。

並且官僚主義與農奴制度，在對內政策上已經不許其存在了。其主要的原因爲俄土戰爭。在對外政策的投機主義雖然惹起了俄土戰爭，而其主要軍隊雖然演習得很熟，但完全耐不得實戰。指揮官也沒有指揮的手腕，軍隊的紀律也是非常紊亂，加之國內沒有文化，國民皆苦於愚昧，窮困與壓迫。從各方面看，其國家生活都未進一步。

還有最使人痛感着除去此等社會缺限的內部原因，即當時頻發的農民暴動。

漸次覺悟了的農民，已經一刻也不願忍耐於奴隸狀態中了。總想立刻脫離目下之苦境。依一八四四五年的規定，農奴若向官廳提出請願書，訴自己的苦境者，處五十以內之笞刑。但與亞歷山大二世即位同時，農民們已不怕這種刑罰，很多都來提出請願書在官廳的桌子上，請願書堆成山。並農民之逃亡一時盛行，向高加索，諸魯西亞，貝薩拉比亞與外國逃走者簡直無數甚至農民把地主的房子放火或殺害其主人的事件激度增加起來。例如自一八三六年至一八五四年地主殺害未遂事件有七十五件，殺害一百四十四件，按年平均時，殺人未遂每年平均四件，既遂二十九件。因爲殺害地主而被流放於西伯利亞的農民之數，自一八三五年至一八四三年的九年間，達於四百一十六人（內男子二百九十八人，女子一百十八人）之多數。自一八二六年至一八五四年之二十九年間，農民暴動有五百五十六件，平均一年九件

並且這些農民暴動，屢屢影響極大。例如在一八四九年在庫爾斯克縣起的農民暴動，其數至一萬人。一八五四年四月三日以海軍招募令爲動機，其翌年以國民軍招募令爲動機，在農民間起了大叛亂，其叛亂的範圍達於十餘縣之廣。其結果至於政府允許了應募海軍連其家族都由農奴解放出來的傳聞，於是農民都棄了自己的農村加入軍隊。

這樣農民，地主與政府間之利害關係，成了微妙的綜錯。例如一八五五年之三四兩月

間因徵兵令的動機，契埃夫縣起了農民暴動時農民間爲保存哥薩克的自由主義，暴動忽變了帶了政治性質的社會運動，在「對皇帝應當忠誠」「祖國應當愛護」的表面的標語之下，要求着個人自由與地方自治。

特別因爲該地方的地主多爲波蘭人，農民的運動喜帶着反政府的傾向。政府方面因爲與波蘭人的地主與小俄羅斯人間有裂痕，遂取了聯合人民與皇帝及教會的政策。對大俄羅斯的農民之暴動，很少用武力鎮壓。於是此種暴動，多不能一定鎮壓下來，於是在農民心理上給了一種非常刺戟。

五　小資產階級智識階級之出現

文藝勃興之結果使反抗分子因而出現，並使地主與企業家因而覺醒，與激起了農民之暴動，但此外應當注意的是從此時使智識階級的組成分子發生了變化。

如前所述在一八二五年前後，即十二月黨事件前後，智識階級，從職業上說幾乎全部是軍人，從門閥上說都是貴族，所以稱之爲大資產階級。但至尼古拉一世時代之末葉，其智識階級之組成分子顯著的變爲平民的自然裏邊也混着貴族出身的近衛將校，但大體上因智識之普及，於是智識階級遂造成於平民間而此平民的智識階級之出身，則多爲僧侶，官吏，軍人，學生，藝術家，商人，小學敎員，兵卒等，從而此一般化了的智識階級，對稱於大資產階級，稱爲小資產階級。自六十年代至七十年代的俄羅斯的革命運動，即此小資產階級的智識階級的運動而大資產階級的智識階級，早已被常制派軟化，滿足於尼古拉一世時代所行的極無聊的所謂『大改革』。

反之，小資產階級智識階級，則不以尼古拉一世之大改革爲滿足。與尼古拉一世之死同時，多數人感着除去了背上的重擔，但他們仍強硬的主張着制定憲法，從農奴制度的國家雖然很不易讓步至制定憲法，但他們還沒有失望。

並且尼古拉一世之死，在小資產階級智識階級，也不見得是幸福。出版物之檢閱，採用了比較完全的法蘭西的檢閱法，但檢閱官之見解還沒有變。新聞雜誌，反由檢閱官的紅鉛筆之苦，變成『警告，』『禁止發行』的苦。

對於文筆勞動者的壓迫與逮捕，不但沒有減輕反較前更甚了。如當時最有名的社會批評家柴尼謝夫斯基，在屢次下獄之後，追放於西伯利亞。有名的小說家海爾澄，因俄羅斯官憲之壓迫，避難於倫敦。與海爾澄多次有往來者，都被放逐於國外。又如有名的文藝批評家皮塞里約夫被囚於彼特羅保羅夫斯卡要塞內，他不得不在潮溼陰暗的石造的監房內，懍慄於寒氣而寫他的論文。

新智識階級，由這樣的帝制之壓迫，燃着十二月黨也想像不到的過激的憎惡心與反抗，漸次脫出穩健的人道主義的思想，而痛感着移於推倒帝政的實行方法之必要。從而當時的智識階級的革命運動，雖有民主的，社會主義的，無政府主義的種種旗幟上的不同，而其前的目的則爲同一的，即『廢止農奴制度與推翻帝政。』這就是他們共同的目的。

加之小資產階級智識階級，隨着資本主義之發達漸次被破壞，逐變爲無產階級（一八六一年二月十九日小地主都破了產，因爲以農奴收買費的名義從政府所領得的錢，不夠做開始新事業的資本。）而表示着憤懣與反抗。但他們的激昂每使他們脫線，即小資產階級，將其破產的原因歸之於猶太人（特別在南俄）或德國人。（法國的資本家，亦由此方法成功。）從而當時的小資產階級，不能爲革命的勢力，反做了反動的勢力。他們的不滿簡直不可治愈。他們後來漸漸發見了使自己苦痛的敵人，即對俄羅斯的小資產階級智識階級，在大改革時之敵人是奴隸制度之國家。所以他們的目的在樹立民主的國家。

在十八世紀之末葉法國的小資產階級也是開頭要求政變，及至法蘭西宣言爲共和國時，就開始分裂了。其中有政治的自由與公民權的平等以上理想者，反爲以前革命的小資產階級所撲滅，結局小資產階級，成了反動的大資產階級之幫手。

俄羅斯的小資產階級的民主主義者之希望，總沒有出於憲法議會以上，他們的理想，在雒利考露斯（大俄羅斯人）雜誌中充分的表現着。以此雜誌爲中心集合了小資產階級智識階級所袒護着的人們。他們雖有時也唱着武力蹶起之必要，但實際上只是滿足於微溫的穩和手段。對於皇帝以要求召集國民代表的國會是最高要求。但此種要求在當時的青年與貧民則毫無興味。

六　農奴解放論者的急先鋒海爾澄

在脫不了微温的態度的當時的小資產階級智識階級間，常以侃侃的議論熱心的主張着農奴解放者爲西歐派之海爾澄。他終身以移住者流浪於西歐各國，他雖然不得回國，但他總是侃侃的發表他的議論，他在倫敦發行的鐘雜誌，對於農奴制度的蠻風，毫不假借的攻擊，這給俄羅斯思想上的刺戟非常重大。

亞歷山大·伊涅諾維支·海爾澄於一八一二年三月二十五日生於莫斯科之貴族家。他的父親名伊温·亞歷克塞維·文諾考列夫，母親爲生於西圖特巴爾特的德意志人。海爾澄爲其父母間的私生子，他父親爲鍾愛他的緣故，賜他以德文Herzen（心肝）爲姓。他終身未用過他父親的姓霞考列夫，而用父親所賜的姓海爾澄，卽此之故。

生於貴族家庭的海爾澄，養育於非常自由的環境中，教育亦受於外國人的家庭教師。當時的俄羅斯，以十八世紀歐羅巴之懷疑主義與俄國的農奴制度奇態的融和着受了此奇形的思想影響的他，遂成了青年理想家雪拉的崇拜者，熱心的眞理追求者。一八三〇年與其至友敖格來約夫，同入莫斯科大學哲學部之物理數學部。當時大學生間，盛行社會問題與聖西門學說之研究。海爾澄然在大學生間以此等學說的研究者著名。一八三六年他以考白尼學說之歷史的發達的論文，畢業於該大學，受名譽的銀獎章。

一八三四年大學生們唱着危險的革命歌起了騷動時，敖格來約夫與海爾澄以叛亂陰謀者被捕。在監獄中關了九個月後，追放於紀魯西市。更被遷爲烏雅克市的官吏。此時他與同時被追放者之神秘宗教家欽格白爾格相結，受了其人的感化，使向之宗教信心的海爾澄一時成了熱心的信教者。但不久他棄了鄉下的寂寞生活，逃回莫斯科，與己爲思想上的同志的從妹娜特利亞・亞歷山多羅州・查巴利那結婚。其時又加入敖格來約夫，白林斯基，巴枯寧指導過的斯丹凱維支派。醉心於黑格爾哲學。一八四二年由黑格爾哲學移於海爾巴哈哲學，成了實驗論者。與白林斯基・格拉諾夫斯基組織西歐派。此時他的社會運動主要在文學方面。一八四七年赴多年渴望的巴黎。他到了巴黎，正遇着拿破崙三世的勝利，使他對歐洲文明絕望。自此他或往意大利，或赴日內瓦，或走條利希，流浪於各地，評論社會問題漸聞名於歐洲因此失了歸國的可能的他，最後定居於倫敦。一八五六年幸得赦格來約夫亦亡命到倫敦，遂發行俄文報鐘於倫敦。此報之目的，在論俄國的農民問題，而促進農奴解放。但一直到一八六二年巴枯寧執筆於此報以前，海爾澄的論調，雖然溫和，但俄國內地受鐘的影響非常大，一面給學生以刺戟，一面予官僚以啟示。一八六四年移至日內瓦出版，自此鐘報遂繼續辦着，但其勢力則漸趨衰微。至一八六八年乃至停辦。海爾澄再赴巴黎，於一八七〇年客死於巴黎。其遺骨依遺齊，葬於尼玆市。

海爾澄如德國的馬克思與恩格斯，與俄國之布來哈諸夫一樣生於貴族之家，而爲無產階級之要求與希望之表現者，爲無產階級社會主義之創始者，惟反乎馬克思，與格斯，布來哈諸夫，自己雖不是勞働者，却在勞働者中間有勢力，而海爾澄則因爲是富裕之貴族的兒子，自己是有福的身分，所以其見解常有不徹底的地方。例如農奴解放的當時，他老實的相信亞歷山大二世對農民的誠意，以爲皇帝眞想完全解放農奴，他並且寫信給亞歷山大二世與皇后，以爲他的信可以發生効力。但是他非常敏感，當一八四八年在巴黎看見法國無產階級與資本主義者的爭鬥，他對於皇帝，貴族，官憲逐感到非常的憎恨。他對於巴黎的六月事件這樣說：

『看了此時的現象，十年也消滅不了對他們的憎惡，一輩子也不能取消了復讎心。』

自此時他纔成了純粹的社會主義者。但與無產階級的社會主義與革命的共產主義還有相當的距離。總之他是俄國的小資產階級社會主義之傳道者。但他在巴黎，感到西歐文明的失望以來，他的西歐主義的傾向，又加了斯拉夫主義的色彩，這是應當注意之點。一八五一年他給法國歷史家米盧卡的信上說：

『俄羅斯的生活，到現在只有在土地共有制度「烏普西齊那」的範內是自由的。俄羅斯人只有以土地共有的團員之立場上纔認自己的權利與義務。土地共有制以外的一切，在俄羅斯人都以為是壓制。土地共有團現在雖然成了不確實的東西，但對政府對於團體干涉則斷乎反對。因此土地共有制度，到歐洲社會主義發達的時候，當是安然保存下去。此為俄羅斯極重大的事。農村的土地共有團之不亡與個人所有制不能打破共有制度在俄國眞是莫大的幸福。俄國國民能在政治運動的圈外與歐洲文明的圈外在俄羅斯人也是莫大之幸福。歐洲文明催將土地共有制破壞了。歐洲文明由現在的社會主義達於自己否認我們（指智識階級）就是媒介者，是醱酵劑，我們是俄國國民與要革命的歐羅巴之媒介人。然則將來的俄羅斯主人是農民。而法蘭西將來的主人是勞働者。』

海爾澄的這種思想雖然加了斯拉夫主義的色彩，但其根本思想則與斯拉夫派的人們不同。依海爾澄俄羅斯的土地共有制度並不是革命不會起來的保証，而是俄羅斯早晚要開始社會主義的革命之證據。海爾澄的思想所以能以農奴解放運動以偌大的刺戟，即由於此種見解。

七　海爾澄的否定主義

海爾澄在他的有名論文雷雨之前中，說浪漫的希望，決不是有根底的，表示着他的失望。又在從馬利尼街發的信中（巴黎一八四八年五月十二日）寫着『隨便走到什麼地方，總是悶人，巴黎是快樂的悶人，倫敦見安全的悶人，羅馬是壯麗的悶人，馬道利特是窒息得悶人，維也納是悶人的窒息。』

海爾澄的這種失望，起因於思想之指示與實際生活的過程間矛盾。即社會主義的理想之要求，與西歐之散文的現實間的矛盾之不能解決。海爾澄說過不得放棄自己已經到達的發達，並且說過自己已經知道的事情不能說不知道。

『我們的文明，是現在生活上之最高表現，從而誰還願意對自己的發達客氣呢？』海爾澄這樣說，但不能放棄自己已經到達的發達，即現代的先進者之苦痛。社會主義的理想，在抱着此理想的人們，只要有關於此理想之現實的客觀的保證，即可爲其精神上之滿足的原因。

但海爾澄却沒有發見此保證。他曾對克拉敖夫說『新的世界能照我們的計畫建設的事簡直沒理由是我這樣想。』他又說明已經到達的發達程度不能放棄附加說，『但是對於我們的理想之實現，有什麼關係呢？將來那裏有一定要實現我們的計畫之必要呢？一換言之，即一八四八年當時的夢想的社會主義，不能使海爾澄滿足。其原因即解決主觀與客觀，意識與實在間的矛盾，而將此矛盾適用於人類歷史之發達的過程之必要上的理論的根據，在當時的夢想社會主義中是沒有的。

海爾澄的不滿到達於若何的程度，由他向克拉散夫說的話，『你在發現旗幟，但我則預備放棄他』可以證明。此語很明顯的表示着海爾澄之不滿，

海爾澄對實理我們的理想之客觀的必然性在那裏的問題，非常苦悶。海爾澄與白林斯基，以時代不同，從路不同的態度——由其氣質與環境之不同——對同一理論的重要問題，到達於『由客觀的情事所發生的否定主義之發達，而發見對此思想的勝利的客觀的保證』。他兩人所以不得不到達於這個問題的理由，即因爲他們研究黑格爾哲學受其重大的影響所致。

海爾澄在其關於自然的研究的第二封信中說『對事物之證明即發見其事物之必然性。事物之思想不單是思想家個人的所有。物思想家不過是想出來思想之實在。思想，

由思想家意識出來的思想，正像隱蔽着的理性一樣，已前存於事物之直接的存在中」

將這種一般的考察，適用於社會主義時，海爾澄遂不得不與空想的社會主義之絕望的『斯芬克斯』之謎相衝突了。實際若證明事物，即為發見事物之必然性，則證明社會主義，即為發見資本主義的社會組織如何變化為社會主義的組織之必然性。不能這樣證明的社會主義之理想，結局即不能脫出不能證明的『浪漫的希望』與『主觀的信念』的範圍。

海爾澄時代的許多社會主義者，曾能滿足於這樣的社會主義，並且實際上亦曾滿足於這種社會主義。他們不能通過黑格爾之粗漏的而同時是精鍊的論理，但通過此論理者則永久不能滿足於空想的社會主義。即使他們一時受着精神的需要的支配，但是與此論理同型的人物，早晚必與我們所舉示的「斯芬克斯」之謎衝突。或者解決此謎，即不得解決，亦必多少對其空想的理論懷疑。白斯林基是如此，海爾澄也是如此。

德國與俄國的有些批評家說，反乎馬克斯主義之根據於唯物論，海爾澄是由其理想的見地觀察社會問題，所以海爾澄優於馬克思，但實際這並不是海爾澄的長處，而是其短處。海爾澄因此不知感了多少苦痛，海爾澄自己也會痛感到自己苦痛的原因是由於他對於社會生活的理想的見解。他與浪漫的[illegible]拉敖夫議論着，同時對自己的唯心主義戰鬥着。但他到底沒有戰勝了他的唯心論。（自布來哈諾夫的海爾澄論。）

八　海爾澄的唯物的進化論

海爾澄在其雷雨之前的論文中主張着與唯心論反對的唯物的進化說：『進化是不斷的意識之發達的屬性。這是關於人類的社會生活上的記憶。由於社會生活的人類的生理的進化。』

然則海爾澄何以認社會生活可以完成人類的生理上的進化呢？其一個理由，卽腦質之發達行於社會生活的影響下。

他在他的論文中問有唯心傾向的對話者說：『你為什麼微笑？』『是的，是的，腦正在發達！能一切的自然界的事物，反背着你。使你們唯心論者吃驚。正像舊日的武士對農奴之要求人權解放之吃驚一樣。居友台到義大利時，曾把古時之壯牛的腦蓋骨與現在的壯牛之腦蓋骨相比較發現了現在的壯牛之腦蓋骨較薄，而大腦之容積則現在之壯牛多。這分明是古時的壯牛比現在的壯牛強壯，而其平和的服從人類之點則現在的壯牛較發達。人類能說比壯牛缺乏發達之才能麼？」

這無疑是唯物的論說。是追憶着費爾巴哈謂『人類是食東西的生物』的唯物論。給歷史的唯心論者以當頭一棒的海爾澄之傾向，明瞭的是從唯心論的黑格爾，轉於唯物論的費爾巴哈。

然則腦髓之發達，若為事實，從歷史的事實上可以預期的結果是什麼？那是很明瞭的。即依腦髓之發達，增加了腦髓的思索機能。腦髓之思索機能愈增加，則人類之概念愈正確。

然則我們由唯物論出發，一直線可以走到歷史的唯心論。社會發達之過程，結局以人類之概念的發達過程而決定。加之意識即出發於實在的條件之概念，而實在（即人類之社會生活）總會到着於以意識為條件的概念。從而以唯物論去打破唯心論的嘗試，終於失敗了。

海爾澄是這樣遭了失敗，但此失敗附隨着其背後的幾個理論上的錯誤。今舉以下之二三錯誤。

海爾澄反對唯心論，但同時仍舊以唯心論的見地觀察社會生活。據他說蓄積智識最多的階級，可以爲社會發達的原動力。而賤民（平民）則爲蓄積智識最少的階級。從而海爾澄不相信民衆之歷史的獨立的活動。他說只有上流階級的或一部分，卽只有我國的所謂智識階級纔有歷史的獨立的活動。

但當時在西歐派的知識階級間，只有比較少數的人（只有社會主義者）纔想着要根本的改造社會的各方面。而海爾澄還非常攻擊他們。海爾澄的非難說，他們少數者在其理論中沒有把個人自由的要素放進去。加之他們不能從理論範圍到實際生活的範圍間架起橋樑。其餘的智識階級的部分，不說解決社會問題，連提起社會問題也不敢。『他們的新聞雜誌之反對議會之反對，還不知病的眞象與實際的藥。』這是海爾澄在其自馬來尼街發的第一信中的話。一八四八年夏天法國勃發的內亂，給了海爾澄以這樣的概念，卽給了他以他前信中所說的『反對，』實際上他們雖很明白的了解社會的病患，但他們沒有預備去治療因爲治療與反對派之所屬社會的階級之利益相矛盾。

依海爾澄說社會思想之沉滯與西歐的社會生活上的支那主義的主要原因，卽在此點。海爾澄關於社會思想之沉滯與西歐社會生活上的支那主義在給都格湼夫的信（終與始寫於一八六二年，）關於密爾的著作『Onlibery』的論文（一八五九年）及其他論文中說着。他說，『在我們之前，有對於沒有土地的無產階級，與所有者之財產的絕對權上，漸次發達了的文明。密哀斯對於文明的預言，已經實現了。卽在中流階級領有若干的條件之下有全體的絕對權。但西歐「老人」的主要的不幸，乃他的思想上的成功，破其生活上的某種組織停滯了。果如此則社會之意義卽以社會的情事爲其條件。西歐之實例，把「意見支配世界的歷史的唯心論」推翻了。』

這樣海爾澄曾預備去確立他的唯物的進化論，但這種理論並沒有妨礙了他對於西歐社會發達的徑路的唯心的見解並且可以說此純唯心的見解，妨礙了他使他不能到達於西歐的思想之進化是由其周圍環境所決定的純唯物論之結論。換言之，即海爾澄常由對其歷史的一種說明移於全相反的另一種說明。而他的這種不斷的移動，連他自己也沒有覺着。

海爾澄論俄羅斯的運命的理論中，也有這樣的移動。他在此項理論上，也常常走向唯物論方面。都格涅夫於一八六二年十一月八日給他的信中也說，『我們俄羅斯人從語言上，從人種上都是屬於歐羅巴的家庭的。所以從生理學上不變的法則，應當進行於同樣的路上。』時海爾澄沒有反駁都氏在生理學上的引證。他只說生理學是證明這理論的。他說，『發達的一般的方式，如象之鼻與駱駝的瘤一樣，有無論如何不能預期的變化。不管是犬，是狼，是狐，是獵犬，是守門犬，家犬，沒有不是向着一向的界限發達的。……一般的事物並不是以同一的經歷爲條件的。』（據布來哈諾夫的海爾澄論）

九 欺瞞的農奴解放

像多去春來的樣子，在尼古拉一世的恐怖政治之後，就有亞歷山大二世（一八五五——一八八一）的恩情主義到來了。亞歷山大二世鑑於當時思想界之傾向與社會的實情，知道不能襲用尼古拉一世的恐怖政治，所以在即位後不久，於一八五六年聲明對內政上有大改革之意志。同時召集了貴族會議，使他們考慮研究實行農奴解放的辦法。

亞歷山大二世的此種恩情的態度，一時表現於各方面。首先對出版界緩和了檢閱取締，定期刊物忽然增加起來，各大學亦無限制的收容學生，長久剝奪了的大學生之特權，又恢復了原狀。

新皇帝的這種緩和政策，連急進派亦表示歡喜。海爾澄亦寄檄文於新皇，請其廢止奴隸制度，給俄羅斯人以言論的自由。俄國的國家社會主義者之元祖柴尼謝夫斯基，亦曾感動於亞歷山大二世與文部大臣的自由主義的政策。此種感動不久遍於全俄羅斯人間。斯拉夫主義者，西歐主義者，自由主義者，急進主義者，都爲擁護國民事業表示着一致的意解。

檢閱緩和的結果，新聞雜誌之發達，乃自然之趨勢，所有的社會主義的團體，都錄序發行了代表其主張的定期刊物。名讀書文庫的雜誌，代表英國式的保守主義，名經濟嚮導的雜誌，代表自由商業主義，農村改良與地主雜誌代表着農奴解放委員爲專門解決土地問題的傾向。

出版物檢閱緩和後，對自由思想之取締亦緩和了。各派的思想，由各派人主張着發表着。例如加道考夫主張國民自由主義。不過這種思潮漸次失其自由主義的色彩，而化爲微溫主義。同時代表着貴族與都市工業的進步分子之利益。而頑固的保守主義與深刻的急進主義，則由斯拉夫派的機關報融和着。即斯拉夫派對於農民問題主張農奴解放，與以現代人雜誌爲中心的急進派一致。他們雖認專制與正敎爲俄羅斯的正當制度，但反對政府對於地方自治的干涉，主張完全的言論自由。

如此多數人都謳歌着亞歷山大二世與其所帶來的春氣，而高唱着自由與解放。亞歷山大二世亦着眼於大勢之歸趣，爲履行即位時的誓言，命莫斯科的貴族研究實行農奴解放的方法。貴族們連日集合內務部中商議此事。其結果議決了由一般社會募集廢止農奴制度的方法。其應募的提案中，從貴族中之有力者所提出的，多表示着解放農民而割讓以土地的意見。而地方的貴族則沒有一定的提案，沒有冒險而置喙於農民問題者。結局在農奴解放事業上，最有力的還是個人的提案與個人的意見。其中最重要的是加衛林與薩馬林及柴爾克斯斯基公爵的提案。還有愛來那波羅烏那大公妃（保羅一世皇太子密哈爾大公之妃）之提案亦最影響於皇帝之一。大公妃爲解放自己所持的農村之農民，曾由密留秦與加衛林二人之援助，寫了如何解決『地主與農民的關係』的意見書，而呈於皇帝，賢明進步的大公妃，熱心的主張着給農民以土地而解放他們。

此外皇弟君士丹丁大公（尼古拉一世之第二皇子）亦熱心的農奴解放者，爲實現農奴解放曾由各方面盡力援助親近皇帝的人們與皇帝以個人之影響者，確促進皇帝對於農奴解放的決心。

特別給皇帝以農奴解放的重大的影響者爲集皇帝之信任於一身的陸軍大學校長羅斯多夫采夫。他受皇帝之託直接參與農民問題之解決。他愈從事農民問題之研究，愈痛感着有解放農民而予之以土地的必要，屢次呈書於皇帝主張着他的農奴解放論。

一八五七年之初直接由皇帝組織了農民生活改善研究秘密委員會。委員會主張漸次的農民解放。此種見解與急速的解決農民問題的皇帝之意見不一致。當由利多瓦諸縣（維林斯卡，科因斯卡，克魯道寧斯卡諸縣）之貴族，主張不割讓土地單解放農民的意見到委員會時，皇帝遂以從速解決農民問題的命令下於委員會。

關於此問題委員會之意見不一致。以君士丹丁大公爲首的多數議員，主張在割讓土地的條件之下解放農奴。認有把政府欲着手改善農民生活的意見直接公布於一般人民的必要。

亞歷山大二世贊成此說，先草成詔書頒發於維林斯卡縣總知事那濟毛夫，更將開始改革的旨公布全國，命利多瓦的貴族由利多瓦各縣的貴族組織縣委員會。研究農奴解放之條件與農民生活改善的方法。待其他各縣看見利多瓦諸縣的先例自然理解農奴解放之必要，而請願組織縣委員會。

果然從其他各縣有着手農民生活之改善的準備已經完成了的報告，亞歷山大二世遂許可了各縣的土地貴族組織縣委員會。爲指導這些縣委員會的活動，制成了各縣委員會共同的章程，而以內務部的秘密委員會改爲農民生活改善委員會本部。皇帝自爲議長。這是一八五八年的事。

這樣公開的開始了農民生活改革運動。各縣委員會，各制其農民生活改革案，呈於中央。中央委員會爲共同討議此等問題，遂派委員於彼得堡。但因各縣委員會之提議有許多異點，爲使之一致，又組織了附屬於中央委員會的草案委員會。任魯斯道夫采夫爲議長。

此草案委員會爲事務進行上分爲四個小委員會，此等小委員會任命於各省之官吏與魯斯道夫采夫所指名的貴族。這樣制成的解放規定案，由密留秦，柴爾克斯斯基，薩馬林等委員會中之進步的委員之努力，進行的很與農民有利。雖然在草案制作中議長魯斯道夫采夫死去，任命了農奴使役者之有名的巴寧伯爵爲後任，但仍能繼承魯斯道夫采夫時代之精神。至一八六〇年底完成了草案，同時把委員會全部解散，其制成的草案附於中央委員會之審查。

中央委員會以君士丹丁大公為議長而審查其制成的草案至一八六〇年之始更移於國家會議。國家會議依皇帝之希望，立刻開始審查。一八六一年二月十九日於即位之一週紀念日亞歷山大二世署名了關於變更奴隸制度的他的有名的宣言批准了關於被解放的農民之法令三月五日依皇帝的意志發表了。社會毫無動搖的承認了皇帝的意志。

十一 農之絕望與搔動

亞歷山大二世的農奴解放敕令公布了時，農民們一口同聲讚美着皇帝是『自由之神』是農民的解放者。惜乎此農奴解放令之實質，對於農民並不是十分可賀的。

依農民解放敕令，地主使役農奴的制度雖然表面上廢止了，但並不是農民完全不出什麼賠償金，由地主那裏解放出來，而成了完全的自由民。國家的主權並沒有為完全解放農奴而限制地主對於農民的支配權。在發表農奴解放敕令以前，農奴居住的房屋，耕作的土地，都是地主的所有物。從而地主依敕令解放了農民，若割讓住宅與土地時，或出現金，或服勞役在一定期間內爲地主勞働，而買收其所割讓的土地。但是從來受地主虐待的農奴，決不會有買收土地的現金。於是政府爲農民定下買收土地的方法。成立了地主與農民間的土地讓渡契約。此契約認爲正當時，政府先爲農民預備其買收費，而償還於地主。且其買收費法外的昂貴。即農民由地主買收的地費，比市價高十分之三·五。特別在莫斯科縣內更甚，市價爲二十五盧布，而農民的買收地價，則爲五十一盧布三十三戈貝。

此法外的買收費，政府對農民以長期借貸的形式貸與農民。農民至一九〇五年，即在四十四年間，當還淸其債務。而國庫則爲農民的此種買收費，以八億六千七百萬盧布的大金，償還了地主。

然則農民在四十四年間以什麼方法償還此債務於地主呢？那自然是由政府課於農民的特別稅。

農民忍受着過分之負擔，縱然拿到了土地，但殘酷貪婪不知厭足的地主，更在自己的土地與農民的土地間，修了畦，草場，樹林道路。由此更向農民徵收使用費。農民若不出使用費時，即不得通行於其畦間與道路。不得到林中採薪，不得在其刈草場上刈草。

加之在農奴最討厭的事，即被解放了的農民，必需把在由地主買得的土地上，二年間勞働所得，完全交給地主以償還在農奴時代向地主借的債務。這樣看去農奴解放之實質，決不是有利於農民的事。却只是以與從前不同的形式，把農民束縛於地主之下。即不過是農奴解放論，把農民欺騙了。

農奴解放敕令在一八一六年二月十九日，由亞歷山大二世署名。三月五日公布於莫斯科。在其他地方發表的更遲。但當一旦發表時，其所謂農奴解放，僅是名義，其實還有四十四年間，仍舊仰留於舊狀態中。其間農民對地主與政府認為負債者，不只像從來服役於地主，現在還得服役於政府，而被處以從前以上的體刑。

農民於是失望了，於是起了一種懷疑說『皇帝所約下的自由，不過是這樣無聊的東西。皇帝的意志，被地主與官吏阻止了。』從這種疑惑，於是農民對地主，官吏的叛亂，不斷的發生了。依當時的公報，從一八六一年二月十九日農民解放敕令署名之日起，至一八六三年二月十九日的二年間，在俄羅斯境內起的農民叛亂，實有千餘件之多。

茲舉其給了當時社會以大影響而爲談六十年代至七十年代的社會狀態的材料之一二事件，以證明所實行的農奴解放，如何使農民失望。

其一卽貝茲道諾村的農民叛亂。此次叛亂擴大於加藏縣的三郡，卽斯巴斯基郡，齊斯多保克斯基郡，拉普謝夫基郡。更波及於薩馬拉縣之新比爾斯克郡。

在新比爾斯克於三月九日，正當開定期市集的時候，發表了農奴解放的敕令。此種報告一傳至地方時，到處流布着與農民有利的流言。農民在各處集合起來，互相傳說着這回農民完全自由了。地主的土地，森林，牧場，穀倉，都歸於農民了。但當一讀敕令時，與農民所想像的相差得很遠。所給的恩典，只是無聊的東西。在二年間還得照舊樣服役。農民於是解釋說，此二年間的服役是地主違反着皇帝的意旨給我們的罷！

教農民以這樣解釋的是貝茲道諾村的農民恩東·配多羅夫。他平常非常氣弱，平靜，幾乎沒有受過教育，只是凝坐着耽讀聖書的熱心的基督正教信徒。但他的深刻的宗教心與神秘主義，與他的環境相合致了。他於是成了農民中敕令的解釋者，眞的自由的預言者。

各地的請願者都來集於配多羅夫這裏。一面貝茲道諾村的農民走到各處去宣傳配多羅夫所說的『眞的自由。』其後看見官憲們以配多羅夫爲危險的宣傳者，而預備逮捕他時，該村農民遂向各地的農民要求保護配多羅夫。

農民對於地主的義務關係完全斷絕了。並且還不滿足，由言語移於實行。把地主的樹林分配了，有的地方連地主的財產也分配了。此時率政府軍來鎮壓的阿布拉克新伯爵，向政府報告說：

『某村的農民，把該地的官憲趕走，重新選舉官吏，從衙署裏把文書都奪去了。配多羅夫與農民以自由與土地，任命行政者，放言說不久可使三十四縣的人民自由。』

一官憲於是發下逮捕配多羅夫的命令。但農民則擁護着配多羅夫，互相謹戒說，『不擁護配多羅夫的人，將來皇帝不與他以自由。』這樣從遠地的村中馳來貝茲道諾村的農民達萬人以上。在配多羅夫的小屋旁邊，由農民交替守衛着。在村的各要隘設下守衛所。

多相信，軍隊縱然來攻，皇帝是正義的保護者，軍隊決不會開槍。而爲預防萬一，準備好年老的與女人，小孩子隨時來得及避難。

四月十二日早晨，阿布拉克新伯爵，領着二百五十一名兵士，再走進貝茲道諾村來。百姓們派了兩位老者拿着麪包與鹽（表示歡迎之意）迎之於村口。兩位老者向軍隊脫帽，而奉上麪包與鹽。

但是沒有忘記其武力鎮壓的使命的阿布拉克新，不直接問訊民衆的意見，不出以說諭的平和手段，先派穿了正裝手裏拿着十字架的司祭（僧人）與兩位縣副知事與幾個軍隊於農民方面縣副知事威嚇說：

『這是阿布拉克新將軍的命令，一齊解散，不然就要開槍！』

百姓們對於此威嚇，齊聲喊着『給我們自由！』阿布拉克新遂向兵士發令『開槍！』一萬餘的百姓，在配多羅夫小屋的周圍，聚成黑山，上在行李車上，牆上，屋頂上，像看戲的樣子看着軍隊。軍隊向着民衆開了三排槍。民衆依然不斷的在叫着『給自由！』但多數遂不能不用衣袖蒙着臉。此時配多羅夫，從自己的小屋中走出來，叫着：

『這是威嚇，不用解散，纔放了三排槍，朋友們維持着。』

這樣激勵着羣衆，但是一齊射擊還不停止，死屍累累倒在地上，周圍用礮煙包起來了，哭叫之聲四起，羣衆像馬蟻的樣子，走散於道路田野中。

配多羅夫穿着敎門的長袍，頭上戴着農奴解放敕令，平靜的叫着『這是眞的自由』從他的農舍中走了出來，毫無抵抗，與其黨徒們一齊被捕，被押送於斯巴斯克市的獄中。

此次騷動，農民死者達三百以上。首謀者配多羅夫於四月十九日在貝玆道諾村，當着村民的眼前被槍斃了。但當時行刑的十二名兵卒，非常同情於配多羅夫，當眞要射擊時，一個兵卒昏倒於地，十個兵卒發射的槍子未擊中，只有一個人的槍彈奪了配多羅夫的性命。

此次事件雖這樣落着了，但不落着的是民心。土地的貴族們為感謝叛亂鎭定，給阿布拉克新將軍開了盛大的晚餐會，慶祝慘殺了無數無辜之民的此次晚餐會，引起了加藏縣知識階級之反感。他們為反對貴族，在四月廿六日在貝玆道諾村開了為犧牲者的追悼祈禱會。

此追悼祈禱會之組織者，爲加藏大學與加藏神科大學的大學生。祈禱的司祭者亦神科大學的學生。他頌追悼祈禱文中的『記憶着死去的神之僕』之句時，附加了『爲自由與愛國心而被殺的』形容詞。祈禱後俄羅斯歷史教授西嘉保夫演說了一場，大罵貴族與官憲的橫暴。更將其演說詞印刷出來，散布於市中。此傳單中說基督教本爲民主的性質的教義，與俄羅斯立法機關之不完全，因此屢使無辜之民受流血慘禍，發達俄羅斯的唯一條件，有制定憲法之必要。

亞歷山大二世，接到此追悼祈禱會的報告，非常憤怒，立刻在報告書上自書了『逮捕西嘉保夫，將二名修道師（神科大學生）監禁於所羅夫基修道院』。

西嘉保夫教授於四月二十九日捕獲，送於彼得堡，剝奪其教授之職位，處了四百五十盧布的罰金。組織祈禱會的大學生十六名受了退學處分。

第二章　民衆主義與農村宣傳

一　新自治制度之實施

從數百年間的奴隸狀態中，被欺瞞的解放了的農民，一邊陷於絕望狀態，向政府不斷的叛亂着；他方爲農奴解放而奮鬥過的大小資產階級智識階級，爲使亞歷山大二世的不徹底的農奴解放更徹底把以前的農奴解放的要求，易以地方自治的旗幟，向政府奮鬥。到處的大資產階級智識階級間，叫着『從速實行地方自治』的口號。

但是俄羅斯政府，對於所有自由主義的解放運動，仍採用其常套的堰止政策。即俄羅斯政府，一見民衆間的自由精神，馬上就想去阻止牠。但是在水門上充滿了不平，其不平越過了第一的堰而流出時，政府就更加狠狽起來，更作了第二第三的堰。但是無論作幾層的堰，不平的泉總是不會乾涸的，反而增加了噴出力。無論什麼堰堵，決不能抑止不平的橫流。反之此種不平反隨着堰止的度，更急速的變化其憎惡與失望。

這回此種壓止政策又由俄羅斯的專制官僚用於自治運動了。即政府非常迅速的容認了民衆的希望，而斷行地方自治的改革。但一八六四年的此種自治制度的改革，不過是塞瓦斯多保利戰事失敗後，實施的所謂『大改革』之延長。正如一九〇五年日俄戰爭戰敗的結果，由當時的戰爭很顯著的減削了聲威的官僚，以對於國民一時表示信賴，而緩和其國內的危機，一旦當國力恢復時，馬上就要奪還的魂膽，表示斷行自治制度。

賽瓦斯多保利戰爭，使五十年代以來的警察官僚制度根本破產。社會乘此破產，欲從警察官僚的制度下逃出。由此種社會的傾向，使海爾澄的鐘復活。於是官僚也不能默視鐘的攻擊。在農奴解放以前繼承十二月黨的傳統精神的當時貴族的知識階級，已經爲自治制度，提出過幾次請願書。一八六一年後此種請願，更多起來。

稱爲自治會派的要立憲政治之聲，充滿全國。亞歷山大二世於一八六三年，關於此問題，與密留秦交換意見時說，『我並非對制度政治代表有什麼反感，不過給忠實的俄羅斯國民以代表政治制度之前，不能先給了常思叛亂的波蘭人。』只暗示說還未制立憲政治的時期，在官僚的辦公室內製成了自治制度的改革案。至一八六四年『爲給因設置自治機關而勃興起的各階級之熱烈的希望與要求』急速的發布了關於縣郡自治的新法令。從來的法律只承認階級的自治，這次則允許了全階級的地方自治。

依此新法令各縣各郡，爲處理財產，而人民中選舉代表（即凡土地所有者，商人，產業家等有一定的不動產者，與農村的各團體，）其三年的期限內，由其內部選出郡自治會的代表。郡自治會以郡內貴族的代表爲議長。每年一回行短期間的會議，處理郡的財政。且郡自治會組織郡自治廳，選舉廳長一人，廳員二人。

此自治廳爲常設機關，在法律上給了自治會的權限以內，管理郡內的一切事務，每年一次在縣的首市，開縣內全郡自治會代表會議。此代表們以縣內貴族代表者爲議長，而組織縣自治會議。縣自治會議討論的題目，爲縣內財政之處理。更組織常設機關的縣自治廳，選舉廳長一人，廳員數人。縣自治廳的事，受縣知事與內務大臣的監督。

縣自治的所轄事業，爲教育，保健，給養，道路，保險，衛生等。在學校病院之設置，慈善事業，道路橋梁之修築，及相互火災保險與及爲其他目的之自治事業上，需要莫大的費用。所以自治廳，需有向住民徵收自治費，以爲自治會之財產的權利。

如是爲自治事業的完全發達，其地方自治之新形式不只各階級的人，且其權限的範圍亦相當擴大。一直到自治會改革以前，郡行政之當道，爲代表郡內的有權者之貴族的社團。只一階級即貴族拿着自治權。而只計算着該階級的利益，自新自治制度之實施至貴族失權的時期，對地方財政的處理，有相當財產的住民與農民團體，得容喙之餘地，後纔漸將代表一級階之利害，變爲全地方的利益。所以普通認此自治制度爲向代表統治機關的設置的一種過渡的制度。但從自治制度實施後不久，自治廳的事業單限於地方問題的範圍內。而不許各縣各自治團體的連絡。

其後不久，即在一八七〇年實施了新市自治制度。但把市民中商人階級分等級，職工階級分團體等的舊制度，則仍然保存着。總之依新市自治會，納不動產稅與商工業稅的一切市民，獲得了市會議員的選舉權。市會與地方自治廳一樣，處理市的財政。市會議員，有由其中互選市長與市政廳廳員的權利。市會應必要而召集。市政廳為市會之常設機關。市會議員，市長與市政廳職員之任期為四年。市會與市政廳受縣知事之監督。

此新自治制度在十九世紀後半，對俄羅斯的都市之發達，有不少的好影響。在農奴解放前，在許多縣，如前所述完全任族長貴族之專斷。地主之經濟，限於自然經濟，都市沒有來自鄉下的需要者。所以幾乎沒有什麼事業費。在都市村落的住民，沒有所謂企業心。在赤貧與愚昧中，過着醉生夢死的生活。

但由農奴解放，給地方附加了從來沒有的活氣。由新自治制度在都市在鄉村，都相繼興辦各種事業。鐵路也修起來了。許多商工業銀行都辦起來了。從前單為地方行政中心的都市，現在忽然變成了國民經濟事業的中心。

二　自治會聯合運動與政府之壓迫

依頒發的自治新法，自治機關只能拿管關於各縣各郡的地方的經濟上之利益上的事業。而俄羅斯自治機關的活動之第一步，即突出規定的範圍以外，而直接衝入政治的活動。卽自治機關，爲實行其本來的使命，希望着範圍更大的民衆之教化。爲提高人民的經濟的水準，所以不得不與專制的官僚衝突。

自治機關在這種狀態中，確信爲人民利益的活動之不可能。從而自治會的文化的經濟的使命，簡直無法實現。卽自治會在這一方面，無論如何努力，也沒有實現其立案的實際的可能。所以自治會運動，遂越過文化的經濟的方向，而突入政治運動的範圍。

而一八六四年的自治規定，不只對於眞的地方自治，依各自治會的合同，對於在國政的範圍內樹立國民代表的計劃，亦漸開其路。這種爭鬥，先開始於彼得堡之縣自治會。彼得堡的縣自治會議於一八六五年十二月，爲辦理交納地方國稅事務，曾一致議決請求中央自治機關。一八六七年更求自治會參加立法機關。對於此種要求的回答，政府封閉了彼得堡縣自治機關。把彼得堡縣自治會長克魯賽以行政處分追放於奧林堡市。把自治會議員兼元老院議員留保西淸斯基免職。並將自治會議員蕭瓦羅夫，放逐於外國。

但在各地相繼開的自治會議，爲鞏固地方自治的基礎，欲擴張其權限，在六十年代，都起而審議地方區制與地方自治會聯合的問題。對於此事，政府立卽又作下了阻止之據，從而認地方自治會運動有叛亂的精神，預備根絕此種精神。例如一八六六年內務大臣於十月十二日的布告，顯露着對於服務於地方自治會之智識階級把日漸物興起來的自治派的人們名之曰『第三要素』。使在地方自治會服務的人員（教員醫師）等直接受行政官的監督。更於同年十二月十六日，對於各縣知事，給了對自治會選擧的人物，認爲危險時，可以停止其在自治會內的職務。一八六七年五月四日元老院布告了『若縣自治會議，向他縣自治會報告其會議中提出的計劃，或決議全俄自治會聯合的計劃時，因違反自治會之法令，應取締之』。由此可以證明在自治會出現之當初，已經開始了自治會聯合運動。一八六七年六月十三日禁止發行未經縣知事許可的自治會會議錄，同時給了自治會議長以一種大權，在會議中有不好的問題發生時，可以隨時取締。

更在一八六八年八月廿八日與十月八日，反復命令自治會之服務員應直接受政府的監督。禁止自治會發行超過會員人數之印刷物，而互相交換。

三 民衆主義者

斷行了自治制度，同時對各自治會的聯合運動，極力壓迫的亞歷山大二世政府，絲乎毫不顧慮社會輿論的向背，發揮着官僚萬能主義，卽反政府的貴族社會，對於誣蔑社會的利害的政府之態度，敢然露其反對的態度時，政府遂更進而對社會的輿論採取反動的態度，欲一擧而撲滅自治主義，並奪了封建的貴族與地主的勢力，實行中央集權。由此種意義看去，農奴解放，在官僚方面是很不利的改革。但爲減殺地主在地方之勢力，是不得已的政策。從而在官僚方面斷行的自治制度之改革與其他方面的改革，與其說是爲民衆，無寧說是爲抑制地主在地方之勢力。

所以官僚的反動傾向，在地主固是非常不利，但在民衆也不很歡迎。

貴族與地主對於農奴解放不論，卽對官僚所計畫實施的各種改革也是反對的。卽在小地主中有歡迎農奴解放者，也是由於他們以爲與其榨取農奴不如榨取變爲勞働者的農民更爲有利。所以在大體上，貴族與地主，對官僚，對政府之改革也持着反對的態度。

民而以農民與勞働者爲中心的民衆，則從與貴族地主相反的見地，不滿於農奴解放與自治制度，反對官僚之改革。於是在反對官僚，反對政府的傾向上，民衆與貴族地主是一致的。但此二者欲相提攜而進行其反政府的運動則是不可能的。因爲如前述貴族地主，一方在反對官僚，而同時亦預備榨取民衆。所以民衆一方反抗官僚，同時也非反抗貴族地主之壓迫不可。

看破了這種關係的小資產階級智識階級，遂以社會的先覺分子爲製造其社會運動之實力斷然與官僚貴族地主絕緣，而與民衆（其意指農民）相提攜，而在民主主義的旗幟之下，組織其自由的團體，爲『民衆的利益』而突起，直接移於實際運動。自此時在俄國的社會運動中提出『爲民衆』的標語。揭示着此標語而主張着社會的改革乃至革命的小資產階級智識階級的人們，稱爲『民衆主義者』，其代表人物爲柴尼謝夫斯基與密哈羅夫斯基。

此民衆主義者的學生與智識階級及社會的反抗分子，獨占着民衆利益之擁護者之名義，爲避免官僚之壓迫，先走入地下，在那裏發表自己的見解，宣傳自己的理想，爲實現其理想而努力於革命團體之組織。

加之在自由主義準備時代民主主義者們，對政府所抱的信賴，由自治制度之改革與農奴解放，遂由失望而至於消滅。反對派之最左翼與官僚中止了其不自然的提攜。於是民主主義者亦決心即爲農民的一塊土地，國民的一戈貝的利益，亦對貴族官僚從事鬥爭。

農奴解放後的社會改革運動，於是在這樣的新旗幟之下開始了。但一到實際運動上，民衆主義者們，就反乎其所標榜與向來的自覺，出於非常曖昧的態度。此即該時代之特質。從而自此時起，即六十年代前半的民衆主義者的革命運動之特質，爲政治爭鬥。一方要求着憲法的制定，同時以此要求將革命的民衆主義者，與資產階級的貴族中自由主義者相結合，也是此時代的一個特色。

還有從此時代的特別情事發生的一個特點，即民衆主義者的實際政策，帶着微温主義的色采。民衆主義的智識階級，當時在少數的中心地點散布的很多，但此智識階級之組織非常薄弱，與民衆幾乎沒有關係。從而民衆主義者經濟的與政治的要求，限制於很狹小的範圍。往往連民主主義之徹底也反對。且於民衆主義的實行問題上，不靠民衆的力量，也不由於他們自己的力量，反有依靠國民之反對派之傾向。特別當時的革命的民衆主義者們，在組織上，在理想上，其團結非常薄弱。因此在政綱上在活動方法上，在與其他政治團體的關係上，總不免於不徹底的缺點。

四　民衆主義之創始者柴尼謝夫斯基與其思想

民衆主義之創始者，同時爲其代表人物的著名的柴尼謝夫斯基（一八二八——一八八九），以一貧窮僧侶之子，於一八二八年生於薩拉多夫市。以非常靈敏的性質卒業於本地的神學校後，赴彼得堡卒業於彼得堡大學，成了當時俄羅斯有數的學者，充滿了自覺與信念的俄羅斯最初的社會主義者。即最不喜揚人之美的馬克斯，對於柴尼謝夫斯基也不惜稱讚說，『他是俄羅斯的偉大學者與評論家。』由此可以想像柴尼謝夫斯基是如何的人物。

實際以當代的唯物主義哲學家，歷史家，經濟學者，評論家，政論家兼小說家，在俄羅斯無出其右者。他在思想上以眞純的革命家，對一切舊思想與流行的所謂自由主義之虛空的言論，攻擊得體無完膚。於是他被官僚的反動派，與讚美亞歷山大二世的自由主義者所憎惡，亦自然之事。

但他却是當時的民衆，民主主義的大學生，平民的無產階級智識階級之理想的指導者。爲他們所崇敬的。他與詩人奈克拉索夫共辦的現代人雜誌，在當時青年革命家中間，尊重之如聖經。

現代人最初爲詩人普希金辦的純文藝刊物。普希金死後，於一八四七年傳於普來多奈夫之手。更於一八五九年移於巴那埃夫與奈克拉索夫之手，自此帶了若干政治的色采。海爾澄的小說誰之罪，都格涅夫的獵人日記等關於社會問題農民問題的作品即連載於此雜誌。以此雜誌爲中心而集合的人物如白林斯基，海爾澄，古拉諾夫斯基，孔嘉樂夫，托爾斯太耶夫斯基，梅考夫，那調濟丹，都格涅夫，但以實際運動的政治團體，則沒有很大的力量。

革命思想家的柴尼謝夫斯基，確信俄羅斯不能避免社會革命。他曾預備從科學上，哲學上證明此種理論。他以爲一切發達現象之始與終是互相類似的。人類社會是自共產主義始，又必然會到達於共產主義。在俄羅斯共產主義的基礎，因俄國社會發達之遲緩，故繼續至十九世紀。但我們並不是沒有看其終的運命。無寧說我們不久就可以見其終。『歷史正如祖母的樣子，最愛其幼孫。說我們沒有經驗過元始的生活與社會主義的共產主義之中間時期，俄羅斯沒有像西歐的資本主義時代，這都是無足憂慮的。（柴尼謝夫斯基與其同時代的人，把資本主義與工業的資本主義，似乎混同着，即將其一部分認爲全體俄國的工業資本主義在十九世紀之中葉，尚未顯著，所以他們以爲資本主義的時代在俄羅斯會沒有。但是商業的資本主義在二百年前已存在於俄羅斯，他們沒有注意到。）比他國經濟的發達很遲的國家，其發達之徑路，會非常迅速，飛越過幾個時代，俄羅斯當能越過資本主義的時代，而直接突入社會主義。』

柴尼謝夫斯基以爲此種社會主義的革命將在不遠的將來起於俄國。但是當他離開學說，而走到實際問題上的時候，則傾於政治的民主主義，屬於『維利考爾斯』派之中央派。（維利考爾斯派為對照於智識階級而空想着憲法會議的一派，後章詳述。）

但當柴尼謝夫斯基看見一八六一年農民騷動，他纔發見了應當與農民相提攜而着手於革命運動。他曾草了告地主的農民的一篇宣言，但終於沒有散布的機會。此宣言並不是勸告農民直接起叛亂的。『別的地方沒有完全了叛亂的準備時，只一地方的叛亂毫無益處。所以現在以組織聯絡的團體，做隨時可以起叛亂的準備為得策。』他用這樣的口調勸告着農民。

柴尼謝夫斯基為此宣言被捕下獄。裁判之結果，他草此宣言的證據不充足，但只為觸了亞歷山大二世的逆鱗，把他監禁了二年後又判了六年的徒刑。刑期完了後，膽小的政府，又把他追放至西伯利亞之雅克特斯克州之維旅克村。

他被困於此小寒村後，禁制了一切的活動。在頑固的憲兵的監視之下，過着孤獨生活。其同志的革命家們，屢次計畫救他，但都歸於失敗。歐洲各國的報紙，都為柴尼謝夫斯基攻擊俄羅斯政府之殘暴。而俄羅斯政府終置若罔聞。到一八八三年革命運動陷於死滅之狀態時，纔由亞歷山大二世的許可使柴尼謝夫斯基得從西伯利亞歸來。在監察的嚴重監視之下，許其居住於阿斯特拉漢村。一八八八年纔許可了他回到他的故鄉薩拉多夫市。翌年以身心的極度的衰弱逝世。

在他的晚年特別喜弄之筆，曾將各種外國的歷史書譯成俄文。

社會主義者的柴尼謝夫斯基，爲福利葉的祖述者。在他的著名的小說將怎麼辦中，曾熱心的主張着共同行動與共同要求之利益。用熱烈的確信寫着人類之將來，是如何幸福的。他醉心於福利葉的學說，用與德國的黑格爾，費爾巴哈並列。但他的辯證論，與馬克斯一樣，是取之於黑格爾。他的唯物的世界史觀是受費爾巴哈的影響而成的。

柴尼謝夫斯基關於社會主義之組織的利益，雖受福利葉的感化，但他選擇向社會主義進行的方法，則與福利葉的意見不同。關於此點可以說是布郎其的祖述者。他嘲笑社會主義中之烏托邦主義者之以爲用高尚的言論與實例，可以感動上流階級。他斷言說『聽不以劍爲後盾的忠告之雅量者，是不會有的。』

他相信革命家在歷史上的大使命。他非難『歐洲的社會主義者，爲掌握政權沒有巧妙的利用好時機的技倆，』依柴尼謝夫斯基說，革命必需經過獨裁主義。鐵在燒紅的時候，必需要鍊他。『但是在恐怕拿音響驚醒睡眠者的人們，不會練這鐵歷史幾乎沒有給過完全成功的例。欲贏得不完全之成功者，需要的是精力。此精力，卽爲成功毫不躊躇的採用必要的手段。』

依他這種論法看去柴尼謝夫斯基，在革命的戰術方面，爲俄國『布爾什維克』的元祖。與道布羅、保夫同爲民衆主義之父。因爲他相信農民可以越過資本主義，而進於社會主義的最高形式。

並且柴尼謝夫斯基雖然沒有知道馬克斯的思想，但他的思想非常與馬克斯近似。所以若不是因政府之壓迫，使他的精神的活動早爲死滅，他或者會成了俄羅斯最初的馬克斯主義者。

五　柴尼謝夫斯基的唯物的世界觀

柴尼謝夫斯基的深遠的唯物的世界觀，最顯著的表現出來的，爲其在一八五五年寫的關於萊恩采夫之普羅比來之論文。他在此論文中反駁人類之原始生活爲農業生活之枯道爾基之學說，他的論駁如下：

『由一切民族之傳說證明人類在知道農業的土着民生活以前，經過遊牧，狩獵，畜牧的生活。希臘的傳說就是如是。茲舉關係於「阿蒂加」的大來爾與道利普道來姆的神話。此神話是傳說阿蒂加曾教太來爾與道利普道來姆二人以農業。又希臘民族之記憶蠻民之最初的粗野的生活狀態，爲獵人生活。依農業的土着生活的幸福被人類知道，是其後代的事，是非常明瞭。

『共通於各民族的此類傳說，依格來姆的研究，相當於全歐羅巴的民族，即書於歷史的紀念物上的事實，亦爲此事實的積極的證明。我們沒有聽說過已經知道了農業而再返回不知農業的野蠻狀態中之民族。反之，全歐羅巴的民族中的確實的歷史都從頭陳述着傳播農業生活的徑路。』

自然，從事實方面看去，這裏有些不確實的地方，（即在初移於農民生活的民族中曾有再放棄農業生活而復歸於狩獵生活的民族。但這不是什麼重大問題。總之農業不是社會生產力發達之第一步，是確實不錯的。柴尼謝夫斯基曾這樣說：

『從某一地方不斷向其他地方移轉的遊牧民族間，個人的占有土地是一種不便。從而也是不必要。他們只以一團體（如一民族，一種族，一部落）獲得自己的地面。此地面由居住其地者共同使用。各個沒有想去占爲自己的所有物。

『但在農業生活的時代就不是這樣。農業生活，必需自己占有土地。從而土地與民族權的關係，如後來土地與國家權的關係一樣，可以說是開始於遊牧狀態。』

此種議論，把社會權利之組織與社會經濟組織的直接關係極明瞭的表示着。

並且柴尼謝夫斯基在他的論文政治經濟史論中把現代社會所存在的物資的『三段配給』解剖如下：

『定期收入之利益，反乎薪金及勞働資金的利益。所以對於受定期收入的配當的階級，常使中產階級與平民相結合。但是薪金的利益，又與勞働賃金的利益相反。資本家階級遂與勞働階級相結合而壓迫受定期收入的階級。於是其國的歷史遂以中產階級與平民的鬥爭，爲其主要的內容。』

柴尼謝夫斯基的思想，隨處流露着很明顯的唯物論。這是明白的表示着他的政治經濟史論。依他，亞丹斯密士派的經濟學者，是代表着中產階級之傾向，現在的經濟關係是與此階級有利的。

『從而代表此階級的亞丹斯密士派，遂以此種形式爲理論的最上形式，在此種傾向的全盛時代，仍極端的主張這種思想，而以此形式爲絕對永久的學者出現，亦自然之趨勢。』

在民衆主義者的人們想到關於政治的經濟問題時，纔發現了別的經濟學派。柴尼謝夫斯基，不知道從什麼根據稱之爲『烏托邦派』與此學派之出現同時，代表中產階級利益的經濟學者移於保守主義者的立場上。他們反對反乎中產階級利益的中世紀式的時代，而求理論的援助但民衆主義的代表者也求着理論的應援，而責難中產階級代表者之矛盾。柴尼謝夫斯基說：

『亞丹·斯密士派反對中世紀的制度的理論，在該派確爲最優秀的武器。但當他與這新的敵人戰鬥的時候，此種理論的武器，就完全無用了。因爲這種武器，已落於敵人的手中而用以攻擊亞丹·斯密士的祖述者。其結果代表中產階級的學者們，中止了理論製造，而開始引證歷史，由是在政治經濟中發生了歷史派。此派之創始者卽威爾海爾姆·羅雪爾。』

柴尼謝夫斯基對於經濟史上的這樣的說明，比引證許多學派的多少智識貯藏的說明還正確得多。他曾嘲笑的這樣說：『此第二的說明正像以試驗評定學生之價值一樣。有的學生很知道某一種學問，但不知道另一種學問。而問題不在其精通學問與否，乃以某一種思想家，某思想家所代表的團體之如何而決定。B不如C知道的歷史多。但與C到達於完全相異的結論」。

歷史的唯物論者，誰也同意的是不是用「意識」決定「實在」，而是用「實在」決定「意識」的費爾巴哈的形而上學的根底的命題，柴尼謝夫斯基為說明此命題之存在於最近歐洲的社會的內部生活與社會中更用以適用於歐羅巴的社會哲學的說明。（自布來哈諾夫的柴尼謝夫斯基論）

六　柴尼謝夫斯基的社會觀之根底

柴尼謝夫斯基的社會主義論，常立於歷史的唯心論的見地。他所以確信社會主義的全盛時代之到來其唯一理由，即被排除的民衆早晚必為人類社會之「現役軍」。而以為人類的現役軍即指想出社會主義的理想的知識階級的柴尼謝夫斯基以為實現此理想的事業之主要角色，依舊是知識階級。但他對於無產階級的自發的活動未曾切望而將無產階級單認為一般的平民。

而柴尼謝夫斯基對於空想的社會主義者之代表者，如聖西門派，持着非常消極的態度。但聖西門主義的評判，在他自己的社會主義的見解之理想的性質上，很明瞭的表現着。他說聖西門派的人們，爲連經濟的打算爲歷史的主動力的事，也在懷疑。

柴尼謝夫斯基之社會主義的見地，因抽象的結果，極容易使他脫離了各種社會主義的個性，而只擁護此等系統中的共同的內容。從而他自然的對於各種社會主義的著述家的實際的計劃，表同一的同情。例如他在資本與勞力一文中，叙述着路易布郎的計劃，此計劃的主要特質，依柴尼謝夫斯基的叙述，即實現路易布郎的計劃不會對任何人的自由有所壓迫。「自己做自己所愛做的事，」「生活於自己歡喜的地方，做自己歡喜的生活，便利的做平易的生活。在普通賃金以外，受配當金；」這是柴尼謝夫斯基所說的路易布郎的計劃，且柴尼謝夫斯基爲什麼用路易布郎爲自己學說的證例呢？他有以下的說明：「我以爲他的思想有依特別的歷史機會的歷史的重要性。若沒有特別的歷史機會，他的思想不能帶有歷史的重要性。因爲他的思想獨創的很少。」

他把別的社會主義者的計劃，認爲自己的計劃，他以重以某種計劃的特質，不足重視，此等計劃之全體纔足重視。即對於現存經濟組織的消極的態度與以勞働者之共同協力爲根底的經濟組織之可能性的信念是最重要的。

由他的優秀的判斷力組成的他的智的特質，他有同情於不大努力去捕捉社會主義各學派的大創始者之空想的傾向。例如魯巴特敖文，確與福利葉相近，而他則多得之於福利葉。

柴尼謝夫斯基具有極眞實的理智，常對實際運動感着興味，要求全人類從事於社會主義的建設事，他不願加入輕視部分改革的烏托邦主義者中間。他說：『卽使現實的改革是不完全的但在高尚的理想之名的下面所排斥的，卽因急於求理想之實現，而結果只是弄理想以自娛的事實』。他並且對傾向這些以理想自娛的人們說：『在大努力於高尚至自己的理想之後，突然墮落至於在自己的前面什麼理想也沒有』。

然而柴尼謝夫斯基所切望的個個的改革案則是非常欠明瞭的，這是不可掩飾的事實。他的改革計劃，大體上是這樣，卽柴尼謝夫斯基的理想是生產者的共同勞力他常常進守聯合的原則，而總是維持着這惟一的原則。此種聯合組織，在他的小說將怎麼辦中叫維拉波羅那的女子熱心的主張着。她的最初的丈夫羅保夫，曾心服於此議論『我們只這樣的空談一點用處也沒有。但是你後於我們出世，而先想到此點，先着手此事』這樣讚美着他的妻。卽聯合組織，爲羅保夫與其友人等常常議論着的實際事業。

聯合組織之宣傳，當時在俄羅斯與德意志同時發生。柴尼謝夫斯基寫他的將怎麼辦的時候，於一八六三年拉薩來的公然的回答也出世。柴尼謝夫斯基遂以此爲動機開始了他的聯合組織的宣傳。但拉薩來的聯合組織是以勞働階級的政治的自發活動爲前提。卽要求勞働階級獲得選舉權。但柴尼謝夫斯基對於無產階級之政治的自發活動，並未提及。只說的是製造事件之發端，指導世界之進行的智識階級。卽我們所熟知的他說的人類之『現役軍』。爲說明此根本的差異，最足注意的事，自然是俄羅斯的社會政治，比較當時的德意志很後進。

柴尼謝夫斯基從他以爲聯合組織在俄羅斯很易行的見解，主張土地共有主義。但依我們所知道的範圍，柴尼謝夫斯基，到底沒有着手實行此組合組織。他却熱心的宣傳着主義的文學的宣傳。其主義自然是基礎於生產者之共同勞働。他與所謂『落伍的經濟學者們』的論爭，亦在擁護此主義。他對於落伍的經濟學者們這樣說，與其說他們承認在實行此社會主義的計劃中沒有困難不便之點，竟可以說『他們應當承認到黑人間去。即他們應當同意於自國人賣與黑人。』柴尼謝夫斯基對於一切社會主義共通的原則，想指示出便利於實行的結構。他爲此目的著了資本與勞力一文，並且爲此目的他曾翻譯註釋了嘉姆斯．斯條亞特．密爾的政治的經濟之基礎。

他在此譯本的序文中說，『密爾的著作，最正確的叙述着亞丹．斯密士所創造的理論。在翻譯此書的同時，我們可以給讀者證明其應反對駁斥的概念之大部分，完全不是嚴密的科學，反是損毀科學的東西。法國的經濟學者們，由其懦怯心也做着這樣損毀科學的著作。』（自布來哈諾夫 柴尼謝夫斯基論）

七　民衆主義之右翼維利考爾斯派與嘉姆斯加雅道馬黨

不純粹的民衆主義者的革命運動之最盛行的地方，從出版物之數與主張明瞭之點看去，並從參加此運動的團體與人物的忠實直率之點看去，當以首都彼得堡爲第一。

彼得堡的民衆主義者的革命運動，開始於一八六一年偉利考爾斯報創刊的時候。此報同人的主張說『農奴解放敕令並不能與農民以滿足，反足使農村陷於混亂狀態而惹起第二波克焦夫事件，有教養的階級應當起來解決此國民的問題。此國民的問題的徹底的解決，在農奴問題的徹底解決，與波蘭的解放，並給南俄羅斯及小俄羅斯以自治及制定憲法。』

此報的同人對於憲法制定根本要求是：

一　大臣對於國民的責任。

二　依投票決定豫算。

三　陪審裁判制度。

四　信教自由。

五　出版自由。
六　打破階級的特權。
七　縣，郡，村自治。

爲制定這樣的憲法，召集國民代表的憲法會議。

但此維利考爾斯報的同人，屬於民衆主義者的右翼。他們以這種立憲君主政治爲理想的國家組織。在該年九月發行的維利考爾斯第三號，對於共和主義者曾給以下述的勸告『請讓步至立憲君主政體的主張罷！眞的立憲君主政治與共和政治在實質上沒有差別。』

以實行此主張的實行方法，維利考爾斯同人，先在其報上，揭載了特別請願書，而直接向皇帝提出。其請願書上，排列着極健穩的思想。多少抱有自由主義的精神者，誰都可以採納。

一八六二年四月，以「嘉姆斯加雅道馬」（地方議會）的政黨之名，發表了宣言性質的檄文。此檄文的根本要求與維利考爾斯的政綱殆完全相同。使人可以看出來在此二者之間有相當的連絡。但嘉姆斯加雅道馬派，較維利考爾斯派抱着比較激烈的思想。然而當維利考爾斯派想至萬一其意見與計劃失敗時，當出以果斷的手段時，兩派幾乎可以一致了。

嘉姆斯加雅道馬派的宣言之大要，如下：

『現在的政治組織，是基礎於暴力，不法，與橫暴，而足以破壞俄羅斯，並墮落其國民的。爲變更其組織，遂有嘉姆斯加雅道馬黨之出現。本黨之目的如次：

完全解放農民，而給與他們曾領有的土地。

由階級選舉賢良組織嘉姆斯加雅道馬（地方議會）。由此議會制定新法規，決定對地主的賠償額之程度（用全國的資力）。

最近由各縣選出的代表者召集道馬總會，爲我們計算實力，決定行動計劃，開始有組織的政黨之活動。

我們爲傳播我們的信念行平和的煽動。煽動自俄羅斯建國一千年紀念日開始。在當日以前，我們向政府提出要求其形式雖然是政府可以採納的程度．但我們相信政府不會採納。

到現在，政府的理智的能力，曾顯著的減少。從而連反對國民的合法的要求之能力，亦減少了。所以向新制度移動的犧牲，也可以少些。所以我們決心達成所期望的目的，同時請求勸告一切高潔明哲的人士與我們共同行動，與不再去維持現存制度，我們對於既成團體與其實力所賴的人們，要求與我們團結一致。」

嘉姆斯加雅道馬派的關於土地問題的綱領，與爲設定新法規而召集憲法會議之要求，亦完全與維利考爾斯報上所論相同。嘉姆斯加雅道馬派的黨員（前維利考爾斯派同人）當開始新的實際行動時，又將黨名改爲「裁姆利亞·伊握利亞」（土地與自由）黨。又發行該黨的機關報斯握波達（自由）以前的維利考爾斯遂至三號而停版。

八　索羅維埃維齊與其思想

『土地與自由』黨的著名黨員有賽爾諾索羅維埃維齊兄弟與政論家恩該利加爾特女士，與後來爲民衆主義之理想的統率者勞羅夫等人。柴尼謝夫斯基也與此團體有關係。

其中尼古拉·亞歷山道維·賽爾諾索維維埃維齊，爲土地與自由黨之創立者與指導者。他有淵博的智識與關於經濟學上的蘊蓄，其高潔直率辦事之盡力忠實熱誠受社會各方面的尊敬。他的活動表現於各方面。特別埋頭於農民問題上農民問題的意見書於皇帝，爲現代人雜誌寫關於農民問題的論文，或在柏林發行其農民問題之歸結的小册子。依其友人斯策普曹夫的勸告組織書籍倉庫，建設公衆圖書館，相棊俱樂部，星期學校，爲彼得堡陰謀之首領。

從政治上的見解看去，他是改革主義者。一八五八年，他還相信政府的誠意時，曾爲官吏。其後他醉心敖爾羅夫伯爵，阿道來爾白格，巴寧，穆拉維約夫等人的反動思想，用其生性之直率與勇氣，欲將地主與貴族們勞役主義者的詭計告知於皇帝，闖進皇帝每早晨散步的公園，將其關於農民問題的意見書，直接呈於皇帝亞歷山大二世，爲他的勇敢與誠實的行爲所感動，反乎他的親戚朋友的憂慮，命敖爾羅夫傳他引見，賜他以接吻。

一八六一年之夏他在柏林發行了他的小册子農民問題之歸結，農奴制度廢止的當初，由農民解放敕令完全陷於失望，但他仍舊不放棄其用大膽誠懇的言論，感動當局的信念，又提出了自己的改革案。在其改革案的提語中說：

『我以下述的理由發表此改革案。即由二月十九日之事態引起糾紛的農民問題，除了用一般的買收方法，或斧的解決以外，再沒有第三個解決法。不希望暴力的人們，應當用其權限內所有的力量支持買收方法。

『我以下邊的理由，發表此改革案。我相信現在已經是阻止恐怖的時候了。希望正義者，當勇敢的來擁護正義。』

政府對於索羅維埃維齊的這種激烈態度，毫無辦法，只靜待着逮捕他的機會。正在當時由出入於倫敦赫爾澄家的密探之密告，把在國境的宣傳者維道西尼考夫，當其由倫敦潛入俄羅斯國境時逮捕了，拷問此宣傳者時，發見了由在外國的革命家們給在俄羅斯的同志的多數信件。其中發見了海爾澄，凱利西埃夫，巴枯寧等人給索羅維埃維齊的信件。於是在一八六二年七月七日先將索羅維埃維齊逮捕，更由信件的關係搜索其住宅的結果，逮捕了五十八以上的他的同志。其中網羅有學者，非學者，基督正教的信者，非宗教家，異端者，將校，文官貴族，農民，市民，商人，官吏，自由職業者，老人，未成年者，男，女等所有階級的人們。一句話說，就是逮捕了代表俄羅斯社會的所有種類的人們。

搜索索羅維埃維齊的住宅時，沒收了種種證據文書，其中有他預備呈於亞歷山大二世而未寫完的憲法草案，與題爲思想之叫喊的論文。此論文中寫着下述的話：

『國家組織之解體，在注視事件之進行的人們，是無疑的事實。因爲現在的國家組織，立於蔑視國民利益與國民之傳統的基礎上。挽救此解體的唯一方法，只有在「爲一切民衆」或「由一切民衆」的標語之下，斷行改革』

民衆雖然是貧困無學，但具有偉大的創造力，在相信此創造力之點，索羅維埃維齊，與現代人雜誌的同人，具着同樣的見解。他確信革命將在不遠的將來勃發。

他說『民衆之服從現制度，不是因爲其不能改善，因爲其沒有感到其實力。現在民衆已經開始感着其實力了。』他爲宣傳此徹底的革命思想而被捕，受了十二年徒刑的宣告，依皇帝的特赦，處以永久追放。

九　加藏縣出身大學生文庫

彼得堡的民衆主義者的團體大體如上述。但在莫斯科方面已有同樣的團體。

在五十年代之末，在莫斯科，有表面爲修養目的的團體之存在。此團體表面爲修學於莫斯科的加藏縣出身大學生的同鄉會，命名爲『加藏縣出身大學生文庫』。其團體中執牛耳者爲莫斯科大學加藏縣出身馬考維埃夫與曾爲鐵路職員之貴族由利·莫索羅夫。

這樣的同鄉會其他還有很多。都互相援助或與其他都市的同鄉會相連絡。但關於政治問題的輿論勃興時，此等團體有由自己的修養移於政治問題的趣味，自一八六一年已經出於散布煽動文書的積極行動。因此發生了與『加藏縣出身大學生文庫』有連絡的彼得·格利高利埃維齊·齊齊奈夫斯基與配利克爾·亞歷魯普維二人爲首三十名莫斯科大學生。在他們的地方發見了海爾澄，敖格利約夫·費爾巴哈，雪萊，普魯東，路易·布郎等人社會主義者的論文石印本他們把這些論文與肖像畫用郵寄，或由同志傳播於莫斯科以及彼得堡，哈利考夫，敖代薩，柴尼高夫及其他都市。被捕者中之大學生雅考夫·斯林與彼得·配多羅夫斯基·伊林考二人曾於一八六〇年十月中，用木製大印刷機，把敖格利約夫的考爾夫男爵著作之解剖一書印了三百册，托其朋友販賣。

其後由退職駐兵旗手福賚敖羅德·考斯德馬羅夫之提議，買了鐵製印刷機，設在他的家中。此時考斯德馬羅夫與斯林及大學生索羅科，同從彼得堡的詩人密哈羅夫的地方，拿來兩篇宣言，開始印刷。一宣言爲告同胞農民，另一宣言爲告兵士。兩篇都是攻擊柴尼謝夫斯基的態度。考斯德馬羅夫知道此宣言之內容過激時，移印機於別的地方。當移轉時，曾將宣言藏起。他的兄弟尼古拉把此宣言偸出，而向其兄要求不告密的錢。因爲沒有容納其要求，遂將其親兄密告，其時印機因移於他處，賣於亞歷基羅普羅，亞歷基羅普羅遂開始印了題爲青年俄羅斯的宣言。因發表了此宣言使民心動搖，將發行者亞歷基羅普羅與著者柴齊尼夫斯基逮捕，亞歷基羅普羅死於獄中，柴齊尼夫斯基被流放於西伯利亞。

此時執『加藏縣大學生文庫』之牛耳者爲莫索羅夫。他的主張與柴尼謝夫斯基一樣，並不過激。並且他連指導革命運動的野心也沒有。但其團員激過增加成爲一大團體；其行動亦忽然爲社會所注目。至一八六三年之終，其團員伊溫安多爾密沁考爲柴尼考夫市的官憲所逮捕，於是加藏縣出身大學生文庫的祕密陰謀，遂完全破露。

據破露的情形，知道該文庫與土地與自由黨有連絡，並爲各團體間連絡的中心。凡土地與自由黨的宣傳品，都由文庫配布於各都市。

在該文庫沒有自己的宣傳機關的地方的宣傳員，用暗號與本部通信，散布煽動品。在必要時，可以要求指導者莫索羅夫與謝齊羅夫的訓令。

此團體所努力宣傳的，爲雪萊普魯東，西羅采爾等人的論文，同時宣傳自黨的主張。其主張之大要爲在彼得堡或莫斯科市設中央宣傳部，建設完全的地方自治，土地國有，在一定期間借貸於國民，廢止個人的所有權，給男女以同等的權利等項。

由安多爾西沁考之逮捕官憲之毒手更及於其黨首領，奪了由利．莫索羅夫，尼古拉．謝齊羅夫，彼得．萊白代因斯基三人的所有的公民權，以移民追放於西伯利亞。

十　加拉考索夫皇帝狙擊事件

在一八六五年之末，敖格尼查齊雅的急烈分子伊虛淸到彼得堡。在這裏由文人福嘉考夫，聽到勞働者之國際團體之成立，立刻從彼得堡回到莫斯科，將此事告之自己的親密同志加拉考索夫，愛爾莫羅夫，斯特朗丁等人，並告以『歐洲的革命委員會，認定爲實行革命，有先暗殺皇族與政府人員的必要。』此種恐怖手段首先由加拉考索夫與少數敖格尼查齊雅團員所同意。此多數恐怖主義者的一團，被當時的反對者加以『阿德』（地獄）的綽名。

最感動於伊虛淸的激越的主張者，爲其從兄弟加拉考索夫。他出身於貴族，自大學生時代，卽醉心於革命思想。他的思想與他自己的身體一樣是病態的，並由病態更走於極端。

當時聽到伊盧清的話時，他取的最極端的方法，他以爲革命終難實現，遂決心暗殺皇帝。

於一八六六年的復活祭前之大齋時，他以暗殺皇帝的目的，赴彼得堡。此時依同志之勸告沒有實行，又返回莫斯科。數日後他又決意實行赴彼得堡。把他的計劃對所有的朋友都守着秘密。一八六六年四月四日，皇帝亞歷山大二世在奈瓦河畔的來特尼·薩德（夏園）散步後將回冬宮時，他竊其隙用手槍狙擊，當時立在加拉考索夫旁邊的農民敖西普·考米薩羅夫，幾乎像反射的樣子，擊中加拉考索夫的右手。加拉考索夫的手槍雖已射出，但未擊中，皇帝連微傷也未負。加拉考索夫於是當場被捕，與其同志同監禁於彼得羅包羅夫斯基要塞。敖格尼查齊雅團即自此時解散。其團員與加拉考索夫同在大審院受審判。加拉考索夫與伊盧清受了死刑宣告。其他同志，判處徒刑。後伊盧清由皇帝的特赦，減刑爲終身監禁。只加拉考索夫被處死刑。

亞歷山大二世，逃於加拉考索夫的手槍之下，完全是偶然。農民考米薩羅夫當加拉考索夫拿手槍向着皇帝時，完全反射的無意識的擊了加拉考索夫的手，偶然的救了皇帝。此無意識的反射的行爲，使他得了『俄羅斯的救星』的稱號。他由此偶然的功績，從一個農民一躍而列於世襲貴族。這樣的事即在專制混沌的俄羅斯，也算空前的罕事。

此幸運的農民考米薩羅夫之名忽然傳播於全俄羅斯。到處談着這『祖國之英雄』『俄羅斯的救星』的故事。

『朋友，彼得堡的皇帝爺被槍打了的事，是眞的麽？』

『我也聽說，不知道是誰打的？』

『聽說是個貴族。』

『那麽，誰把皇帝爺救下了？』

『農民！』

『那麽，那個農民該受什麽褒獎能！』

『他被封了貴族了。』

這樣的談話，不只在當時的都市，在極偏僻的寒村中，都可以聽到。多麽滑稽的事！受帝政的保護的貴族要暗殺皇帝反對帝制的農民抑制了貴族的暴行，而自己成了貴族。考米薩羅夫做了貴族的盛大祝賀會，在彼得堡行了幾個星期。最高級的貴族都爭着握考米薩羅夫的粗糙的手，向他的生滿了鬍鬚的臉接吻。穿了威風堂堂的制服的將軍們把此新英雄坐了金色燦爛的兩馬的馬車上，從這個爵邸拉到那個爵邸，從菜館拉到另一個菜館。使他浴於香檳酒與讚詞中。此新的貴族所拿出的貴族的態度舉止，對讚詞的回答，都是由預先教會的一套，在任何爵邸，任何菜館，及任何人的面前，總是反復背頌着那一套。

當時親見者，曾把這滑稽的盛餐熱鬧的宴會，形容如下：

「在某祝賀宴席上，一個老高官將考米薩羅夫的行爲與米寧的英雄相比較，說這樣的人物這次能迎入我們貴族間是我們莫大的榮幸。沈重的擁抱了這英雄，老人的頰上流着淚，大家繼續着都來圍繞着考米薩羅夫交替着與他接吻。一個泥醉的紳商走不到考米薩羅夫旁邊，竟擁抱起救星的夫人。並爲赦免此紳商之無禮，使該紳商到教會在僧侶之前，再擁抱救星的夫人以資懺悔，祈禱上帝赦免他的罪過。」

俄國革命運動史第二卷

俄國革命運動史第三卷目錄

第三期　男女學生革命時代

——十九世紀六十年代至八十年代——

第二章 恐怖主義與暗殺計畫……五九—九四

俄國革命運動史 第三卷

第三期 男女學生革命時代

——十九世紀六十年代至八十年代——

第一章 無政府主義與暴動之煽動

一 男女學生之革命熱與地方宣傳

六十年代俄羅斯政府用的堰止政策，即農奴解放與自治制度之改革，招來了政府預想不到的加拉考索夫狙擊亞歷山大二世的驚人事件的結果。此驚人的結果後俄羅斯政府覺悟了姑息的堰止政策之不行，以後應選擇的只有兩條路，即或完全給國民以自由，或完全用束縛與壓迫。但結果俄羅斯政府立在歧路上，所選的路是後者即對國民加以完全的束縛與壓迫。對於國民的嗟怨之聲開始了白色的恐怖手段。執行了十二月黨事件以來未曾有的大逮捕，大追放。殘忍已極的絞殺者穆拉維約夫，做了彼得堡的獨裁者。小資產階級政治運動之殘跡完全消滅，繼承柴尼謝夫斯基傳統的許多雜誌完全被禁止。革命的社會主義者不論，連與維利考爾斯派有若干關係者，都被追放。陸軍大學教授勞維夫也網羅在內。

繼於六十年代的自由主義的緩和政策以後的七十年代為亞歷山大二世的極端的反動政策。

但社會之大勢並不如政府的希望而轉移。社會的分解作用與赤化作用，無論如何壓迫總不會停滯。自七十年代之始最先起而反抗政府的壓迫政策者，爲大學生。

他們鑑於加拉考索夫事件之失敗，覺悟了太隨便的過激手段與時期尚早的單獨行動，徒足增加官憲的壓迫，實際上毫無効果，所以無寧靜養潛修以待時期之到來。一八六八年乃至一八六九年的一兩年間他們遂中斷了實際勞動埋頭專心修學。

但頑固倔強的俄羅斯政府，對此等大學生，連安靜讀書的自由也不給。官憲對於大學生之取締愈趨峻烈。多少帶點社會主義的氣味，陳述自由思想的書，一概禁止大學生閱讀。未經官憲諒解的大學生之集會，絕對取締。

受到這樣官憲的壓迫，遭遇了求學的困難，被阻止了學術的自由研究之目由使覺悟了單求安靜求學的大學生，從此又不得不再走出街頭，準備與官憲決鬥。於是學生中的一部分放棄了學業，散布於地方，一直至於俄羅斯的山間僻地，到處組織了宣傳革命思想的修養團體。地方的爽直的中學生，女學生，神學生，師範學生，小學教員等，一時都感染了從都會來的大學生的新思想。對於官憲之壓迫，表示着反抗的形勢，驚倒了敬虔守法的他們的親兄弟們。他們於是競爭着加入從都會來的大學生們所組織的修養團體，漸次成了社會運動的中堅分子。

這種地方團體的目的雖有種種不同，但大體上是一致的。即此等修養團體多不問物質的問題，先以智的精神的使命為其根本的目的。如以設立互助金庫，公衆飯店，公衆圖書館等爲其主要的活動。

此等修養團體，常常召集會議。在其會議席上交換團體活動之意見，決定新會員之加入，並召集各團體的代表會議。其會議中以決定向着同一目的的各團體之世界觀與社會觀。爲達其共同目的實行手段，把道布羅留保夫，比薩利約夫，福來羅夫斯基，西嘉保夫，貝爾奈，密爾，道夫路易布郎等社會主義者的著作小册子，散布於各處的，非常之多。

並且官憲之壓迫無論如何利害，燃着革命熱的青年與俄羅斯內地的青年與在外移民之連絡，不只沒有斷絕且因七十年代初頭革命狂熱勃興的結果俄羅斯內地的革命家們把在外移民組的人們，崇拜爲革命的導師從移民組學着革命的理論與實際活動的方法。因爲散布於俄國內地的宣傳文書，多是在外國印刷的。

並且他們大學生之一部分爲求學的目的遊學於向仰慕的外國。特別女學生們因爲在俄羅斯國內不能受高等教育，所以有志於高等學問的青年女學生們多跑到外國。青年男女學生之留學外國者散布於瑞士，條利希，貝龍，日內瓦。想在那裏受亡命國外的俄國社會主義者之先輩拉夫羅夫，巴枯寧的指教。

特別在條利希居住着當時從俄羅斯亡命出來的巴枯寧，拉夫羅夫與數百名大學生與女學生。這些男女學生雖然爲求高等學問而留學，但對於純粹學問毫不感興味。他們所注意的，却是拉夫羅夫與巴枯寧。此二人在條利希熱心的宣傳其主義於俄國男女留學生間。敎他們以『爲民衆服務。』這些男女學生，聽了拉夫羅夫與巴枯寧的學說，醉心於他們的革命熱。有的共鳴於拉夫羅夫，有的崇拜着巴枯寧。從而在學生間有了拉夫羅夫派與巴枯寧派，互相頡頏。還有當時澎湃於歐洲的革命空氣，也給了在外俄國留學生以莫大之影響。

西歐六十年代的勞働運動，以第一國際之出現爲動機，使一般人相信了革命之成功。在法國第二次帝國已經瀕於危機，拿破崙三世不斷的向國民讓步。但這些讓步終於不能使國民滿意。社會非常動搖，誰也預想着會有什麽大事件快要來臨。

正當此時卽一八七〇年之夏，以查爾炭產地爲動機，爆發了普法戰爭。當時法國的舊工業與德國的新產業，都是非由查爾的石炭來維持不可。終於法軍戰敗，拿破崙三世爲普軍所虜。巴黎也被普軍占領。在瀕於飢餓的巴黎市民間，對貪慾的資產階級起了反感。由此反感終於引起了一八七一年巴黎公社運動。巴黎公社雖僅繼續了兩個月，但因爲巴黎公社在兩個月間指導民衆勞働者，職工，小智識階級之結果，推倒了一八四八年以來橫暴已極的資產階級的獨裁政治，使全歐羅巴再入於革命的春。

在七十年代巴黎公社的運動給了俄羅斯革命青年們以深刻的銘感與確信。這些青年們欲以巴黎的鬥士們之直系自負。一八七八年敖代薩的一個勞働者給巴黎的勞働者的信中說，「我們見在自己的祖國爲偉大的目的而活動的人，一八七一年你們的兄弟姊妹，父子，親友曾爲此目的而死。你們曾爲全人類而奮鬥，一八七一年的事正是這樣」

巴黎的革命運動失敗時，俄羅斯的青年一點也沒有吃驚。他們覺悟了資本主義不是立刻可以消滅的，如巴枯寧以爲革命在西歐不會成功，常常這樣說明着。依他說歐洲的勞働者因爲待遇較良，知識較高，所以漸漸資產階級化了。「歐洲的勞働者在其境遇上，與資產階級不同，但其思想的傾向則兩者是一樣的。』傾向是由環境決定的，使勞働階級走向革命的，是其生活的客觀的事情，巴枯寧與當時的小資產階級社會主義者同樣，沒有注意於此。在巴枯寧以爲俄羅斯的農民，乞丐，無學者是天性的革命家，天性的社會主義者。他們會不斷的叛亂。

欲再現拉進，波加焦夫，的暴動叛亂的巴枯寧，鼓動青年學生們『到民衆中間去。』他們遂陸續回國，侵入於大學所在地的各都市。

並於此在外國發行了柴考夫斯基主幹的雜誌民衆運動。此雜誌雖受了巴枯寧的影響，但關於人格向上之點，與拉夫羅夫的主張一致。一貫着所謂『人格向上的理想，到無政府主義的時代纔能完全實現』的主張。

依該雜誌的主張，『國民之解散，只有推翻專制政府，用人民自己的組織來代替時纔能實現。其時土地歸農民團體之所有，製造工業等一切生產機關，歸勞働者所有，其時男女同權，廢止結婚與家族制度，實施兒童的社會教育。』柴考夫斯基的這種思想，給了俄羅斯在外留學生以顯著的影響，這是不能抹殺的。

暴動主義給了七十年代的青年學生以許多刺戟與影響，既如上述在外國由巴枯寧與拉夫羅夫代表着在俄國境內由奈嘉埃夫提倡着的叛逆主義，從其思想的根底上說，都可以說是無政府主義。

二　無政府主義之勃興

一八六一年由對農奴解放之失望而起的民衆主義的革命運動，到七十年代，隨着資本主義之發達與無產階級出現而入於無政府主義的革命運動時代。且無政府主義即屬於民衆主義之左派無政府主義者相對於民衆主義之『爲民衆』或『由民衆』的標語，提出『到民衆中間去』的標語而注力於直接行動。此即二者之異點。

民衆主義者中之無政府主義者，所以走向這種直接行動，是因爲加拉考索夫事件以後政府之壓迫愈趨橫暴，到底不能由從來民衆主義者所期望的由對民衆的宣傳促民衆之覺醒上，然後着手革命的悠長的手段，達到推翻政府之目的。於是海爾澄所提倡的『到民衆中間去」的標語，成了無政府主義者的最大之急務。他棄了指導民衆的態度，「親自走到民衆中間與民衆過着同樣的生活，向民衆宣傳直接行動，促起民衆向政府的叛亂」無政主義者，被人稱爲叛逆主義者，就是這個緣故。

七十年間革命運動之特色，就是無政主義者的此種叛逆主義。「向民衆中間去」的運動，由數千學生實行了，由此引起革命氣運的新的勃興。組織了土地與自由團與民衆運動團的兩個革命團體。到七十年代之終此種運動達於全盛的頂點，

「到民衆中間去」的運動的指揮爲巴枯寧的直系的人們。他們一方因爲政府禁止學生留學於瑞士，一方因政府強制的使留學生歸國，反增加了俄國內地之宣傳者與叛亂者的勢力。

叛亂的革命運動，由學生們直接向政府執行着。青年學生們對於原義的政治，不大注意。他們以爲由革命的結果得到的憲法與議會制度，反爲與革命有害的結果。足使俄羅斯與資產階級化的歐洲各國接近，

叛逆者幾乎做着拉進波克焦夫之例但實際在民衆中間起來的革命與舊時代的民衆運動迥異其趣舊時代的民衆革命限於狹隘的使命因使命之局限所以其革命也有一定的形式如波克焦夫的革命單以撲滅地主為目的他只在掃除資產階級不合理與榨取者之貪慾殘暴民衆對此很感着興味但結局怎麼樣將來怎麼辦的疑問叛逆者常沒有一定的回答他們繼續着混沌的運動。

實際民衆運動決不是可以盲目的民衆要明瞭易解的標語但當時的叛逆者沒有明確的標語『土地與自由』的標語在農民不易了解因為農民以為由一八六一年的農奴解放已經獲得了自由土地雖可以從地主掠奪但當時的叛逆者沒有注重煽動農襲地主。因為叛逆者自己接近地主階級他們多是地主階級出身尤其有時他們在自由主義的地主的邸宅內設下藏匿所他們雖然輕視自由主義的地主無革命心但他們對自由主義的地主還維繫着一線的希望。

三 無政府主義之主張

無政府主義的理想，欲將全世界變爲無政府共產的社會，絕滅一切的支配與強制，置由各個人的自由的相互的規約建設以自由自治的團體爲基礎的社會的一種社會學說。無政府主義者欲以人民暴動與個人的直接行動實現此學說於世界。在巴枯寧的著作秘密的規約中說：

『吾人所謂革命的眞義，是爲解放現今所謂惡的慾望，而發展人類的自由。』

他更在革命的起原中說：

『我們認革命爲人類進化之惟一方法。但其活動實現的形式，有多種，卽叛亂，暗殺及其他。總之革命在此爭鬥中能將一切淨化。』

要之卽對現在所謂道德的，法律的正當的東西，用暴力與恐怖手段去壓迫，把所謂非道德的，犯罪的行爲，認爲自然的，普通的行爲，此卽無政府主義之革命。其時法律自然消滅，起而代之者爲各個人的不受壓迫的自由。此種赤裸裸的自由，一掃現在生活的一切的基礎，而使人類界調和的新生活再現。新社會中之人類的相互關係，只用自由的規約來支配，被自然的希求激動了的人們，正如血球一樣，互相團結。此等團結不斷的運動，互相接觸，互相融合，更互相分裂，而生新的團體。此種團體的運動繼續於無限，此卽無政府主義者的主張。

在幸福分配之點，無政府主義者分爲兩派，一派爲主張個人的所有的個人主義的無政府主義者；另一派主張物質的幸福歸於參與生產與分配的團體支配的共產主義的無政府主義者。

個人主義的無政府主義之代表者爲高德文，他爲實現其主義提出下述的兩個要求：

一，物質的幸福平等的分配於所有的人。

二，給人們以精神的訓練，使他們能把自己的財產，分與更感着缺乏的人們。

共產主義的無政府主義之鼻祖爲巴枯寧。此派的要求，是將資產階級所獨占的一切物質的幸福，取囘到生產的民衆的手中。

而發生於俄羅斯的民衆主義地盤，得男女學生之共鳴，而達於發達的無政府主義，乃是共產主義的無政府主義，而非個人的無政府主義。自然在共產的無政府主義者中，其實現理想的手段有偏於激烈的，有偏於溫和的。例如威脅的無政府主主義者奈嘉埃夫與破壞的無政府主義者巴枯寧，就偏於激烈，而哲學的無政府主義者拉夫羅夫與道德的無政府主義者克魯泡特金，即偏於穩健。

四　破壞的無政府主義者巴枯寧

革命的，爭鬥的無政府主義之創始者，第一國際中與馬克斯對抗的人物，七十年代俄國革命家的暴動主義的師密哈爾·亞歷克山道維齊·巴枯寧（一八一四——一八七六）出身於俄羅斯的舊貴族，幼時受了對皇帝當忠順的舊精神的教育，卒業於軍官學校的礮兵科後，曾以將校服務於西部邊界地方的都市（利多瓦與貝魯西亞）

但在他的內部已經蓄有一種強大的智力，覺悟了他的前途橫有一種大的使命的預感。於是巴枯寧不能忍受單調，空虛，乾燥無味的軍隊生活。二十一歲時他反抗着父親的意志退出軍隊，秘密從他的父親那裏走出，跑到莫斯科。在莫斯科出入於當時最進步的智識階級的團體。（斯丹凱維支團白林斯基團及其他）無一定的職業埋頭於世俗的無奮鬥勇氣所謂智識階級的共通超階級的放縱生活。

此時代的巴枯寧，巴漸傾心於德意志理想派的哲學，特別醉心於黑格爾的哲學。於是忽然發現了他的非凡的宣傳熱與感惹其周圍的人們之信念的才能。像他的姊妹，尊敬他幾乎如神的白林斯基，雖然曾反對他那像暴君的性格，但仍舊受他的感化不少。

但在此時代巴枯寧最感興味的問題只是抽象的哲學與倫理的問題，對於政治問題，尤其對於政府的問題幾乎是不過問的態度。但自一八四〇年由其好友海爾澄之援助，到外國（先到德國後又到瑞士，法國，比國）以後，在他的思想上政治觀念上都成了一個革命家了。在革命前的歐洲的壓迫的環境中，形成了馬克思與恩格斯的世界觀在德意志，法蘭西，不斷的現露出許多優越的文筆革命家。巴枯寧也漸漸從自己內部伏藏的某種強力覺醒，而發見了發育其強力的適當的地盤。

一八四二年他已經發表了一篇匿名的論文，把他自己從來理想見解完全打破。其後成了無政府主義最有名的標語，『對破壞之情熱同時是對建設的情熱』的思想，已經發現於此論文中。

受了德國警察的嚴重追究的巴枯寧，不得不逃於瑞士。在瑞士他與維特林相交，受了維氏的強大感化。此時俄國政府知道了巴枯寧在外國的行動，立刻迫令歸國。巴枯寧拒絕了此種命令，於是政府把他付之缺席裁判，宣告了幾年的徒刑。從此時巴枯寧也算入於政治犯移民組之一人。

在巴黎巴枯寧與普魯東往來甚密。巴枯寧對國家的憎惡心，即此時受普魯東的影響。並且在巴黎他又認識了馬克斯，因兩人性情過於隔絕的緣故，不久又斷絕了朋友關係。巴枯寧在巴黎且與波蘭的革命家往來。一八四七年紀念一八三一年波蘭叛亂的集會巴枯寧曾列席，第一次行其攻擊俄羅斯政府的演說。因此被法國政府追放。

一八四八年巴枯寧計畫結合全斯拉夫人樹立一大共和國，為實行革命的準備，赴波汗米亞之布拉克市，制成了聯合主義共和國建設的計畫。

正在此時由巴黎俄國公使館的密秘中傷，把巴枯寧是俄羅斯的密探的流言散布於西歐各國。此流言後來被許多中傷家利用，使人懷疑於巴枯寧的人格。因爲巴枯寧出身於俄國的貴族，而對於革命異常熱心，且主張着最激烈的手段，其全斯拉夫人的合同結合的主張，更足使人懷疑。

其時革命運動在全歐羅巴，特別在德意志完全被壓迫下去。一八四九年之春巴枯寧參加於特來斯丁市爆發的最後的革命運動，革命失敗後被捕，而下於薩克孫尼亞的監獄，後來又轉於墺大利的監獄，兩次宣告了死刑。一八五一年由特赦引渡於俄羅斯的官憲。先置於彼得羅保羅夫斯基要塞，其後移於西利賽利堡要塞。

*關於巴枯寧引渡於俄羅斯的事由，一八六〇年十二月八日他寫給在倫敦的海爾澄的信敘的很詳細。其信中說：

『在薩克遜，最後在特來斯丁，其後在凱尼斯丹緊於獄中一年，又在布拉克獄中過了一年，在敖姆茲五個月。在敖姆茲特別被直立的鎖在牆邊。其後纔送回俄羅斯

『在德意志與墺大利我對於審問的回答非常簡單。我這樣說，「你們知道我的主義與主張，我也從來沒有隱瞞過。我無論何時總是公然的主張着我希望德意志民主的統一下之諸斯拉夫民族之解放，基礎於對其隸屬國民之暴力而存在着的一切帝國與王國的破壞，特別希望墺大利之破壞。而且我拿着武器被捕。所以你們對我的裁判已有充分的證據」。此外我對於尋常的質問一句話也不回答。

『一八五一年五月把我送還俄羅斯後，即刻監禁於聖彼得保羅要塞的亞歷克西斯半月堡，在那裏過了三年。聖彼得保羅要塞爲彼得堡的有名的政治監獄，讀了一頁俄國革命史的人也會知道。亞歷克西斯是其中的一部分，那裏特別看管的嚴重。此半月堡爲平房與地下室。地下室之外壁低落於奈瓦河中。一八二一年彼得堡遭水災時，此地下室的監房被水浸過。

『進了此監房兩個月後，敖爾羅夫伯爵，以皇帝的代表資格來會我。他說，「我以陛下的命令到你這裏，使我轉說給你像教子對教父的樣子寫懺悔書給他。怎麼樣，你寫麽？』我想了一回，我這樣想，若在法庭的所謂陪審官的面前，我非徹頭徹尾貫徹我的本來面目不可，但這樣鎖閉在四壁之中，像一隻熊的時候，什麽形式不能拘泥了，稍微緩和一點亦無不可。我於是要求了一個月的時間。

『其實我寫了一篇像歌德的詩與眞理的樣子的一種懺悔錄，總之我的一切行動，已經誰也知道。我曾經公然的行動，現在再沒有什麽秘密可以吐露。我在這懺悔錄中，感謝了皇帝的寬大，並且附加說：

「陛下要求我懺悔，那麽我現在這裏懺悔了。但是陛下應當原諒懺悔者不能告白他人的罪。失敗後的我，除了我的唯一的寶的面目與對於任何相信過的人決不陷害的意識以外，什麽也沒有。所以我對於他人的名字，一個也不寫。」

『此懺悔錄確實有損於我的地位，又因尼古拉（皇帝）的氣質之猛烈，所以我曾大膽的寫了我的意見。這懺悔錄很合了皇帝的意，此後他什麽也不問我了。

『這樣在聖彼得保羅要塞關了三年之後，移於雪爾柴爾堡，又過了三年，其間得了壞血病，把牙完全脫落了。

『噫！這終身徒刑是多麼可怕，無目的，無希望，一點生氣也沒有，只是繼續其存在。一天一天只能更變愚蠢，好幾星期不斷襲來的可怕的牙痛，晝夜不得安睡的不眠症，無論做什麼事讀什麼書，每一瞬間都苦於你不過是一個奴隸，一隻死屍的情感，心神顛倒，發狂的苦悶。

『但是我還沒有失了我的勇氣，假使宗教心還殘存於我的心中時，在這囚於囚獄中的時，把牠完全打破，我只希望此一事。絕不能陷於妥協與自棄，什麼也沒有變，決沒有卑屈以求自欺的慰安，叛逆的神聖的感情，永久保持着。

『尼古拉死了，我有了一線的希望，新皇帝大赦令下來了，但是亞歷山大尼古拉維齊新帝，親自在赦罪名簿中把我的名字削去。其後一個月我的母親求皇帝的赦免時，他回答說「夫人！你的兒子在活着的時候不能得自由。」其後我的兄弟亞歷克西斯來會我說，再忍耐一個月，過了一個月再不得赦時，他或者會拿來毒藥給我。』

結局巴枯寧由亞歷山大二世的命令追放於西伯利亞。在西伯利亞漸蘇生了的巴枯寧，看見反動時代下火，歐羅巴與俄羅斯再湧起的革命的潮流，不能放棄自己的革命家的使命，從西伯利亞逃走經由日本美國於一八六一年再至倫敦，寄身於當時發行着鐘雜誌的舊友海爾澄與敖格利約夫之家。

這樣巴枯寧又成了移民組的一人，一時傾其全力努力於斯拉夫的革命的團結。他希望建設斯拉夫的聯邦共和國，甚至自任斯拉夫事業之指導者，推倒亞歷山大二世。他的小册子，國民事業麼？羅漫諾夫麼？波克焦夫麼？配斯太利麼？中主張土地國有論說；『俄羅斯人在俄羅斯內不能占有一部分的土地，』更要求國民自治，『皇帝之有無不問，總之要依從國民的希望。但是在俄羅斯內不應有一個官吏』『我們對於羅漫諾夫家的態度很明白了，我們也不是羅漫諾夫的讎敵，也不是其維護者。我們只是俄國國民即斯拉夫人的事業之維護者，皇帝若指導此事業時，我們也可以幫他，他若反對此事業時，他就是我們的敵人。』

一八六三年波蘭叛亂時，他極力援助。當叛亂鎮定後，他對於斯拉夫人的革命運動失望，而傾注其全力於六十年代中葉勃興起來的歐洲的勞働運動。特別注其全力於他的理想的拉丁民族義大利，法蘭西，瑞士，西班牙等國的運動。巴枯寧的無政府主義之見解，實構成於此時。在第一國際中與馬克斯相對抗，亦在此時。

巴枯寧加入於馬克斯所指導的『國際勞働協會』，參加其組合會議，努力於支部的組織。同時在第一國際的內部組織秘密團體，集合自己的同志，反對馬克斯的理想，熱心的與他戰鬥。他的對經濟問題的唯物史觀，得於馬克斯者甚多，而對於國家及國家主權的態度，完全與馬克斯相反，對於打破現制度的方法，亦與馬克斯的意見不同。

馬克斯以爲現代的國家，只是階級的優勝者的團體，少數的特權階級壓迫虐待勞働階級的必要的武器。馬克斯以爲階級的消滅，卽國家之消滅，但馬克斯以爲國家組織之各種形式不同，卽馬克斯以爲立憲的國家，尤其共和國是能給無產階級以較多的自由的國家形體。而馬克斯以爲把政權收於勞働階級的手中而樹立『無產階級獨裁權』爲無產階級解放道程中之決勝點。

但巴枯寧則極力反對此說，*他以為國家組織是絕對有害的。*巴枯寧對於共和主義者，他以為『共和國只有消極的意義。所謂共和國，*不過是特權階級榨取平民勞働者的機關。*』他以為民主的國家會弄出比君主專制國更壞的結果，『因為民主的國家，為更廣泛的民主的形體可以被少數貪慾者與富者更安全的更廣的行其勞働之利用。』『野蠻已極的全俄羅斯帝國與歐羅巴的最進步的文明國，沒有很大的差異。』

從而巴枯寧斷然反對議會政治與勞働者參加某代表機關。他否認一切的主權，即勞働階級之主權與無產階級獨裁權，他也同樣反對。他以為勞働者若做了國民的統治者或代表者時『他們已經不是勞働者，忘記了自己的地位，反從國家主權的高所下臨勞働者的世界。』

這樣巴枯寧否認國家主權之獲得，*而欲實現其根據聯合自治的民衆團體的新社會。*他說『以切的政治團體，必然的會否認自由』巴枯寧的社會的理想，是排斥中央集權，而主張自由的團體的自由的聯盟之組織。此點自然是所有無政府主義者的共同主張。

而巴枯寧與普魯東的對一切國家主權的否認的態度，可以說是一般農民對國家所懷的憎惡之反映。只是普魯東勸告人對國家主權行抵制手段，而巴枯寧的無政府主義，則主張國家之完全破壞。此點巴枯寧是基礎於農民對利用着農民而生活着的都會之憎惡，與無產階級中之沒有組織而連絡的浮浪階級，而建立於理想。因謂此等浮浪階級是現代文明的所產，除了咀呪現代文明，而希望撲滅之以外，別無所能的階級。

巴枯寧以爲既被認爲有資格的勞働者，已經感染了有產階級的精神。他相信，『只有赤貧的無產階級之間，非前述資產階級化的勞働者，只有在赤貧的無產階級中間潛伏着對將來的社會革命之一切的智慧與強力。』巴枯寧最愛以『都市資產階級的空想的社會主義』與『農村的原始的野生的社會主義』相對照，亦由於他的此類信念。

從而反乎馬克斯之欲使無產階級中最有組織的前衛分子，獲得國家之主權，巴枯寧則極以無組織連絡的農民與落伍的勞働者，去打破資產階級社會的一切組織。所以巴枯寧對於生產組織，勞働階級的敎育組織等爲將來獲得獨裁權的準備的活動，差不多沒有什麼興味。

這樣巴枯寧與馬克斯之間，因見解與性格之完全不同，兩者之間，常常繼續着猛烈的爭鬥。最後巴枯寧因與馬克斯意見之不合，罵馬克斯爲受着猶太人之血而努力於他的猛烈的反薩克遜民族的宣傳。

第一國際之分裂，由於內部的爭鬥促迫着。此時巴枯寧的維護者多爲義大利，西班牙的社會主義者。巴枯寧與其一派，激烈的攻擊馬克斯之欲獨裁國際聯盟，要求第一國際內各團體之廣大範圍之自治，與行動上的自由。而在第一國際內，組織了秘密團體*，爲反對中央集權主義之地盤。* 巴枯寧的這種猛烈的行動，與俄國革命奈嘉埃夫與巴枯寧之交際爲動機，於一八七二年第一國際完全分裂，此次分裂即第一國際的全體瓦解。

先是，一八七〇年之秋，普法戰爭的當時，巴枯寧在法國里昂起了一起暴動，此暴動僅數小時後，即被鎮壓下去。巴枯寧逃於瑞士。普法戰爭由巴枯寧所憎惡的德國占了勝利。由此使巴枯寧絕望，而預言說歐洲的反動時代，會繼續五十年。

巴枯寧至晚年，再歸於俄國革命運動，發表了國家與無政府主義的著作。此書後數年成了俄羅斯民衆主義者暴動主義者之福音。巴枯寧由此書教青年學生放棄書齋生活，走向民衆中間去宣傳民衆革命。此種宣傳使巴枯寧與拉夫羅夫衝突，拉夫羅夫主張爲將來的社會主義者需要長時間的科學的準備工夫；而巴枯寧則以民衆爲革命之直接的源泉，民衆不需要所謂有『批評的思考力的人們』。巴枯寧關於此點說：

『我們教導民衆，這是多麼愚蠢的夢想！民衆什麼都知道，反而我們應當向民衆學習，我們應當去理想民衆之生活與力的秘密。其秘密縱使不是賢明，但在所謂有教養的人們，是不易了解的。』

『從而宣傳是不必要的。*當民衆受着種種壓迫，而出於反抗的時候，*天天幽閉在室內而具有批評的思考力的人們，會漸漸退回他的窗口。然則誰來組織革命呢？那自然是知識階級，是忠實的，有精力的，有誠意的知識階級，毫無虛榮心的高潔的國民之友。他們是革命的理想與國民的本能間的中間物。』

『這些人們需有思想的積蓄與行動的訓練，他們勇敢的走向革命的民衆中間，而爲組織革命的專門家。』

然則此種專門家將得之於什麼地方？巴枯寧以爲此種專門家在西歐非常多。特別可以得之於意大利，法蘭西的秘密團體中。巴枯寧欲使『天眞爛漫的青年智識階級，即大學生，當此專門家的要衝。

這樣拉夫羅夫與巴枯寧的見解之不同，引起的兩派之爭鬥中，俄羅斯的青年之大多數，同情於巴枯寧。

由長年的革命運動之疲弊，苦困達於極點的巴枯寧，於一八七四年，又到意大利的保羅西市，與其黨徒行最後之暴動。此次暴動亦歸於失敗。巴枯寧由同志們的援助，逃於外國，其後又到瑞士。這回由長久的社會運動再入於個人生活。此猛烈的叛逆主義者困於極度的貧窮，與疾病，由少數意大利的同志圍護着，失望於歐洲革命熱的下火，而渡其餘生。一八七六年之夏，爲治療到貝龍市，在此遂其悲壯的客死。

五　威脅的無政府主義者奈嘉埃夫

感染了巴枯寧的暴動的無政府主義的傾向從外國到俄羅斯的青年男女學生，混入於村落的農民與工場的工人中間，熱心於暴動之煽動。自奈嘉埃夫之出現，他們的運動更由團體的發達其運動之目的與鬥爭方法，顯著的帶着激烈的色采。

著名的無政府主義者塞爾該·金那裁維齊·奈嘉埃夫，於一八六八年時爲彼得堡市教會學校的教師，彼得堡大學的旁聽生，帶有急進主義的傾向的大學生，同時爲修養會的會員。此修養會與拉爾利·亞邁齊斯多夫，考林夫斯基，波克羅夫斯基兄弟等當時錚錚有名的青年思想家等都有關係。此修養會曾朗讀關於巴倍夫的陰謀的保拿羅濟的書，惹起會員的興味。

當時尚爲二十三歲的青年的奈嘉埃夫，亦曾由加賴爾的英雄論，陰謀家恩利·羅西福爾，十二月黨之陰謀，加拉考索夫事件等受了很大的影響。關於姚薩法特·敖格路易宰尼與波蘭之約翰德事件的黑格爾小冊子，亦給了他不少的影響。

他欲乘此時代所起的大學之動搖，而實現其理想的計劃。他先與彼得·都加焦夫，拉爾黎等同志組織了一個團體，擬由外部給學生運動以刺戟，且把當時只限於醫科大學的動搖，更傳播至彼得堡及其他都市的大學與專門學校，使其漸帶有革命的性質。

他當初先想了如何纔能感動人的方法。他身體瘦小，帶着神經質有不斷的咬自己的指甲的毛病，他的眼睛充滿着空想。加之他是雄辯家，以感動人的姿勢，到處演說他的計劃雖不大精密，但他的意志之堅定有如鐵石。

他因宣傳與陰謀被捕，監禁於彼得羅保羅夫斯基要塞。但他設計弄到了將官的制服，化裝為將軍從要塞的便所脫走，預備向外國亡命。但到敖代薩市在那裏又被捕。他二次脫走，徒步走了五十俄里纔脫出官憲之搜捕，現身於莫斯科，弄到其友人的旅行卷而出國。

他首先到俄亡命者住的最多的地方的倫敦，奔走於革命同志間，努力於運動費之調達。但倫敦的俄羅斯亡命者中最重要的海爾澄，開頭就不信任他，不願與他直接交際。巴枯寧與敖格尼約夫最初很感服奈嘉埃夫的拔羣之精力與其獻身的態度。其後巴枯寧也與他絕交。巴枯寧關於奈嘉埃夫說：

『奈嘉埃夫，確是罕見的活動家精力家。他只要想到一件事能不躊躇的立刻見諸實行，自然他不是騙子。他是危險的熱情家。所以他的態度，常使人感不快。

『他爲實現眞實的社會，有必需採用馬卡維利的政策與借用卽斯特的手段的信念。卽他有對身體則用脅迫，對精神則用欺瞞的信念。』

奈嘉埃夫在外國時，仍與俄羅期國內保持着連絡常寄宣傳文或宣言書回去，而指揮着俄國內地的學生運動，進行着實行革命的計劃。

一八六九年九月三日他從日內瓦回到莫斯科，立卽組織的『國民制裁會』其會員大部分是貝多羅夫農科大學的學生與普通學生，及平民的智識階級。這樣在莫斯科組織了種種革命團體後，他又到彼得堡，連絡種種革命團體與革命家，期共同進行革命事業。

他在一八七〇年以前結束了以大學生爲幹部的革命團體，預備國民的蹶起。他自己確信此時斯將不遠，並宣傳此信念於他人。（此下八行削除）

，由此種見解奈嘉埃夫以為革命家的世界觀，要建築在革命之勝利，與打破現制度的基礎上，革命家＊沒有個人的利害，只有向前直進。＊革命家不願囚於世界之所謂學問中。這是期待於我們的子孫們的事業。我們只要研究機械學，物理學，化學，醫學等『人類必需賴以生存的問題』。

此外他又詳細的制成了實行革命的具體計劃，以彼得堡市內的柴爾凱索夫書店，為其事實之中心地。以該書店的店員烏斯賓斯基，菲利克斯．握爾敖夫斯基等為股肱，更得商人之子保埃爾普維考賓考，彼得大學的聽講生利普曼都爾考夫，伊濕諾夫等同志，遂開始其猛烈的宣傳運動。後因同志中之大多數，希望更穩健的宣傳，所以不久他的內部起了爭鬥。此時自然奈嘉埃夫用其如鐵石的意志，要求同志們都同意他的主張，而實行他的計劃。

反對奈嘉埃夫最烈者為同志中之伊濕諾夫。他與奈嘉埃夫斷絕了關係，而開始另外組織新團體，於是奈嘉埃夫，尼古拉埃夫，烏斯賓斯基，布留焦夫格都奈敖夫等，有一天把他誘出至池畔，用手槍擊斃。用大石縛於其屍體上而沈於池底。

以此殺人事件爲原因，政府開始了革命的拘捕。奈嘉埃夫巧計逃出國外。其他同志八十四名被捕，其中烏斯賓斯基格都奈敖夫，布留焦夫尼古拉埃夫四人被處以徒刑，更有數名處以無期追放其他皆被監禁。要之自此事件以來奈嘉埃夫之聲望，在俄國青年學生間，一時掃地。在外國的同志也對他不表同情。

但奈嘉埃夫還不失望，爲尋同志而至條利希。他在此地被德國官憲捕縛。一八七三年一月八日在莫斯科地方審判廳以殺害伊渥諾夫的主謀者，判處二十年的徒刑，逮送至彼得堡，投於彼得保羅夫斯基要塞內的監獄。

六 獄中的奈嘉埃夫

奈嘉埃夫在彼得保羅夫斯斯要塞監獄中，不斷的反抗獄卒。毆打來訊問的憲兵司令官，煽動獄吏與囚人，這樣過了十年的監獄生活。在悲慘已極的待遇中，於一八八三年五月九日死於獄中。但他這監獄生活，實代表的表現着當時無政府主義者的風氣。

奈嘉埃夫入獄時，收容於名叫謝維齊的近衛將校的隣壁的監房中。此將校因與上官衝突而投獄。在獄中發狂，到夜裏因不能睡眠，常常或是哭泣，或是暴跳，或是狂叫，或無意識的大笑。奈嘉埃夫每夜必得聽這樣的騷擾。但在此擾亂神經的可怕的騷動中，奈嘉埃夫，却靜心讀書，努力於他的著作。在入獄後第三年的某一天，憲兵司令官保持保夫來到他的監房，用拷問脅迫他招供。強迫他招供關於革命黨的事。奈嘉埃夫在要塞司令官將校獄卒等的面前，突然披了憲兵司令官保持保夫的面頰，使保持保夫的鼻與口中流出血。

因此奈嘉埃夫，也受了毒打，手足加上鐐銬，身體用重鎖繫於石壁上。他如此在二年間臥於冰冷的石床上，耳裏聽着狂人的叫喊。

這樣過了苦難的幾年，其間發生了種種新事件，於是漸漸把他的事件忘記了。縛他的鎖亦除去了。他又得了借書與用紙筆墨水的權利，更由絕食得了看新刊書的權利。

其間他的自由幾乎恢復。於是他用催眠術感動監吏研究獄卒的心理狀態，聽到種種秘密，巧妙的誘着他們，漸惹起了他們的同情。

一八八〇年十一月名西利埃夫的新囚人入獄。這位囚人很合了奈嘉埃夫的脾氣。一天奈嘉埃夫把他的脫獄計畫對這人講了更煽動完全受了他的宣傳的獄吏獄卒，而研究彼得保羅夫斯基要塞的守備狀態。他又相信他能煽動要塞守備隊之大部分爲自己的黨與。計畫在皇族來要塞內行禱的日子，使獄卒們起叛亂，而占領要塞。西列埃夫雖未贊成此計畫，但曾努力於與當時的革命委員會之連絡。

此種連絡進行的非常順利。深悉執行委員會的情事的人們，至於想像着節利葉保夫與奈嘉埃夫曾直接會面決定了一切的計畫。執行委員會曾向監獄交涉解放四人。由此也沒有引起什麼特別的障礙。奈嘉埃夫熱心的準備着實現此計畫，但在實行四人解放之前，監獄內，突發了暗殺事件。四人間計畫着大膽的逃走。此等事件引起了政府的恐慌，政府遂行了警戒手段。於是奈嘉埃夫與西列埃夫遂不得不決定此時可不可實行四人解放事業。兩人決定了延期實行其中有興味的事是四人解放事業雖已延期，但奈嘉埃夫在其信中尙保持着樂觀的態度。還用高雅的調子極力證明四人解放事業，絕不會因延期而失敗。但他以實際家漸漸知道了事情完全向反對方面移動着。

三月一日以後當局對於囚人的態度，忽然惡化了。奈嘉埃夫每天都受殘酷的拷問。終於他的頑強的健康與特別的忍耐力，也不堪於這樣的拷問了。

一九八二年之初奈嘉埃夫的陰謀完全破露了，於是政府開始大拘捕，自獄吏，獄卒至典獄賚利莫諾夫大佐與副典獄恩多列夫中尉都被捕。此二人由軍法會議以二年的刑期追放於阿斯突拉汗縣，獄卒等送於其他嚴厲的軍隊中。

七　革命思想之哲學的傾向

巴枯寧與奈嘉埃夫所提倡的無政府主義革命運動，是要用激烈的行動實現其目的。當時雖俄羅斯的學生與農民得到相當的勢力，但同時也因其態度之激烈，不易得多數同情者。因爲當時俄羅斯的大學生中，還有很多不喜奈嘉埃夫的激烈運動，寧願安靜的修養自己。

並且不滿於巴枯寧，奈嘉埃夫的學生們，決意互相團結，以期與激烈派對抗。他們於是糾合同志組織了一個穩健的革命團體。執此團體之牛耳者爲柴考夫斯基與拿特孫。團體之名稱爲『柴考夫斯基團』。

『柴考夫斯基團』對其終局的目的與當頭的使命及戰鬥方法，另具有一定的見解。排斥奈嘉埃夫的馬卡維利主義，與對同志的絕對的指揮權。因爲在接近到民衆中間去的時代，若組織中央集權的團體，會引起社會的反感。而有與『國民制裁團』遭同樣的運命之危險。

但奈嘉埃夫一派於法庭的大膽的演說與其主張，確給了當時的青年以深刻的感動。同時巴黎公社的運動，也給了當時俄羅斯的青年以重大的刺戟。加之國內的實際情形。雖然農奴解放後已經過十年，但農村問題的實際的解決却毫無成績可言。縱然時有解決的問題，但都是很不合理的解決。農村更趨荒廢。封建時代之遺風，與阻礙經濟發達的政府的反動政策的庇護之下，只有大企業家飽其私腹。社會的進步分子對此等社會的不合理與缺陷，不能以冷淡態度置之不問。加之此等社會的病根，由當時的文豪之筆，盡情的微細的向社會暴露着。

對此種社會之暗黑面最敏感者總是大學生。彼們是社會的良心，社會的意志之代表。從而當時的革命運動，顯著的帶着哲學的傾向。

此種傾向最初表現於當時的文學界。歐洲報知與祖國通信兩雜誌代表着此種傾向，為社會的進步分子的指導。即歐洲報知標榜着自由主義的雜誌，祖國通信為民主主義的抱持者。正如六十年代之以現代人雜誌為中心之柴尼謝夫斯基，道布羅留保夫等的活動一樣，現在以上述二雜誌為中心，奈克拉索夫，那渥冒夫，烏斯賓斯基，斯特拉都拉斯基等文士從文藝方面描寫着民衆的經濟生活與其內面的精神生活。惹起一般社會的注目。特別如詩人西采都林，以文藝作家為民衆主義之代表人物。用其作品明白的啟示着民衆的社會利益。

將此民衆主義的傾向更明瞭的發揮者為評論家密哈羅夫斯基的社會觀。他反對社會學上之生物學的見解，主張與民衆主義完全一致的進步的社會觀。肯定了柴尼謝夫斯基與道布羅留保夫等人的社會主義。

與歐洲報知及祖國通信同時有孔拉濟夫妻主幹的週報出版。在此雜誌上一八六八，年登載了拉夫羅夫的著名的歷史的書翰。此爲拉夫羅夫爲土地與自由黨黨員時以密爾道夫的匿名所寫的的書翰。

此拉夫羅夫的書翰，爲非常難解的文字，而且是極抽象的議論，但在當時的青年間，仍受着非常的歡迎。在此書翰中說『有教養的階級，爲受國民之恩惠者。從而有革命傾向的智識階級，首先應當爲國民服務。』拉夫羅夫又作成理想的方程式，而主張批評家應當爲實現此種理想而改造文明，努力於社會之進步。即『肉體的精神的，道德的使人格向上，把眞理與正義社會的形式化。』此即拉夫羅夫的理想，爲此理想，應努力使社會狀態不斷的變化。

此歷史的書翰爲七十年代的青年最愛讀的論文，爲對當時社會的唯一的處世訓，革命家的福音書，革命的哲學。

八　哲學的無政府主義者拉夫羅夫

同爲無政府主義者，但異於巴枯寧與奈嘉埃夫，以穩健的哲學的革命思想指導學生們的彼得·勞羅維齊拉夫羅夫（一八二三——一九〇〇）在思想上爲巴枯寧之反對者。其活動也與巴枯寧完全異趣。而在七十年代至八十年代俄羅斯社會主義之發達上之貢獻，亦不滅於巴枯寧。

倘若說叛亂的煽動者，無政府主義者的巴枯寧爲感情之人，或受氣質的支配的人，或積極鬥爭的人，則拉夫羅夫可以說是書齋中的思索的革命家。

他原來爲進步的思想家，對於青年的革命傾向有很大的同情。在四十四歲以前，他只以密哈羅夫斯基學校的教授，以一個哲學家與革命或社會主義無直接的關係，只是一位平和的學者。但因一八六六年克拉考索夫狙擊亞歷山大二世，政府對於知識階級的壓迫極其兇暴。拉夫羅夫亦被視爲一個危險人物，追放於渥羅格達縣。他在此地纔用密爾道夫的匿名，寫了前述的歷史的書翰。

拉夫羅夫單以此歷史的書翰爲一種學說，而非煽動革命的宣傳品。此後他更埋頭於學問的研究，曾幾次向政府請願，要求許可他或歸彼得堡，或往外國，但政府未許可其要求，一八七〇年終於脫出俄羅斯而亡命於外國。

他先到巴黎，當時巴黎正以革命事件在騷動中。他自己參加巴黎公社運動，由社會主義者瓦爾林的介紹，加入國際勞働會。不久又到倫敦，要求國際勞働會議援助公社團員。他與馬克斯，恩格斯訂交實在此時。由馬克斯，恩格斯受了深刻的感化，變為社會主義者。終其一生仰馬恩為其先導。

七十年代的拉夫羅夫，充任革命的宣傳雜誌前進的編輯。在此雜誌上，對抗着巴枯寧，不勸青年以叛亂，暴動，而勸其研究學問，修養自己，同時以社會主義徹底的宣傳於其周圍的人們。到八十年代，他雖然沒有贊成當時的革命的恐怖主義者的意見，但擔任了恐怖主義者之機關雜誌民意報知的編輯。

拉夫羅夫生活於外國時（至其死）始終為文筆革命家，未棄其學者的態度，有許多關於社會思想史文明史的著述。常揭載於俄羅斯的雜誌。他的關於巴黎公社的著作很有名。惟因爲他的書總多難解的抽象的地方，所以其讀者是很受限制的。但在亡命國外的俄羅斯青年與自由主義文士教授們則以絕大的敬意讀着他的書。

拉夫羅夫在俄羅斯青年智識階級中間最有勢力的時代，是七十年代之始。在俄羅斯青年間得最大聲望爲八十年代至九十年代之始。特別他的歷史的書翰非常著名。他在此論文中陳述着他對於進步與文明的意見。他的主張是進步的各階程，由多數民衆的苦痛表現着歷史的原動力，是『能評判的思索的人們』即智識階級。若沒有知識階級不會有什麽進步。

但從另一方面講，這些能批評的思索着的人們，是由民衆的苦痛助成其智識之發達。所以他們浴於文明的恩惠同時應當從精神方面償還對民衆之負債。即有援助民衆的智的精神的發達使民衆的境遇向上的義務。

拉夫羅夫說『人類的進步，無論其如何遲緩，總是由有批評的思索力的人們而行。』

九　拉夫羅夫與馬克斯之差異

七十年代俄羅斯的青年男女受拉夫羅夫的影響，自拉夫羅夫之亡命國外時始。他的論文到一九〇〇年他死後纔漸爲一般人所頌讀。而當時進步的青年團體開始是由在外國的同志發行的宣傳文書得接近拉夫羅夫的思想。其次拉夫羅夫的根本思想，在檢閱官許可的範圍內，由他的繼承者並由有名的政論家密哈羅夫斯基的推讚，傳播於一般青年中間。

加之拉夫羅夫的最初的論文得於俄羅斯出版。此論文題爲歷史觀爲科學的論理的文章，所以比較乾燥無味。此論文因用密爾道夫的匿名發表，故得瞞過檢閱官。但當時的青年非常熱狂的愛讀着在革命的青年幾乎認爲聖書。

此論文中明白的闡發着拉夫羅夫主義，以此與馬克斯主義相比較很易明瞭。馬克斯的見解，以爲一切歷史的基礎，與歷史的本身是民衆是勞働者與農民。歷史是由他們的生產的肉體的勞働所組成。生產的勞働是國家，文學，科學，藝術等的基礎。而生產之如何支配，其基礎由何組成，能使一切組織因而變異。封建社會的生產科學，藝術與產業的資本主義社會自然不同。

但拉夫羅夫的見解，歷史的基礎不是民衆所想的，乃他所謂「有批評的思索力的人們，」即智識階級歷史的本身沒有什麼意義。歷史的意義是由研究歷史的人即歷史家所給與的，而由歷史家之目的及理想之如何發生歷史的解釋的不同。「若思想家以爲自己的精神的理想會在現在或將來實現，此思想家所見的歷史只能發生於爲實現其理想的準備事件中。」

自然這理想家是活的人，而不是枯木。所以當然他不能單以對歷史的考察爲滿足。他在歷史中加了自己的理想，而望指導歷史的進行。關於這種思想家的歷史，拉夫羅夫說：「理想發生於人類的腦髓中。其後由他的腦髓傳達於他人的頭髓、由這些人們的智的，精神的價值之增大，使理想的性質向上，人的數增加，理想的量亦增加。此理想即爲這些人們具有同一思想之意。當其出於一致的行動時，遂成爲社會的努力。」

從而拉夫羅夫以爲由極少數的人創造歷史，民衆「即多數者只能從事於爲他人的利益的單調的無聊的，不斷的，平和的勞働。他們沒有製造思想的餘裕。從而沒有巨大的勢力向上，而獲得進入眞的人類生活之權利的才能。』

歷史的製造者不是民衆。民衆不過是製造歷史的肥料。由此肥料『有批評的思考力的人們』所播下的種子遂能結實。但此肥料是活的『有批評的思考力的人們』不能不去了解他們。『少數者中之一小團體之一員』，『我所利用的生活組織與我所獲得或製造的思想必需用數百萬人之膏血與苦痛與勞力去營得。我不去訂正過去，即使化過任何的高價，我總不能放棄其發達。』『惡總得儘量的去訂正。但此種訂正只有在生活着的時候纔可能。惡是必需償還的。我不必負爲自己的發達而化了的血的代價。若我在現在與將來，爲減少惡，爲發達自己而出其代價，假使我是發達了的人，那就是我的義務。』

這樣的歷史觀，恰爲俄羅斯的民衆主義。實際民衆主義以爲國民仍是受難者勞働者就夠了。爲國民設想，救國民者爲『有批評的思考力的人們。』

此民衆主義爲俄羅斯的七十年代及八十年代的革命運動之根底，但尚未及於革命運動的實際的手段與方法。拉夫羅夫一生爲平和的書齋學者，其革命運動，只滿足於宣傳運動。

十　拉夫羅夫與巴枯寧之異同

代表七十年代俄羅斯革命思想的雙壁拉夫羅夫與巴枯寧之見解之異同，亦略述一下。如前所述拉夫羅夫與巴枯寧其思想之根底上，無大的不同。他們都以實現社會主義之革命爲目的。他們說『只有社會革命，能使農村自治制度發達，唯有此制度纔能充分的耕作土地利用農業物』『農民組合（即Mir）爲俄羅斯社會組織的單位，應廢止個人之所有權，而將一切財產歸於密爾。』（據貴白利約特雜誌第一號上發表的拉夫羅夫的革命綱領）此理想由確信着『所有的土地是屬於勞働者的』的民衆之意識，容易的可以實現。而民衆必需擁護團體之土地利用權。此種擁護的助力，即反對國家的壓迫的農團自治。此爲巴枯寧之主張。

巴枯寧以爲政治問題是屬於經濟問題的下位。關於此點拉夫羅夫與巴枯寧的主張是一致的。

但關於革命的準備方法，兩人之意見不同。巴枯寧像斯太尼加拉進與波克焦夫一樣，以叛亂與鬥爭爲革命的實現方法。他鑑於民衆之絕望狀態，以爲惹起零碎的小的昂奮，毫無益處，必要民衆的蹶起。

拉夫羅夫的見解則大不同。拉夫羅夫以爲俄國的社會改造不只要以民衆的幸福爲目的，且需由民衆自己起來做總行。民衆是一切政變，一切陰謀，一切暴力的新政權的反對者。希横民衆之幸福者，不應當想由革命得到主權者的地位。並且不應當單由指導者向着明瞭的目的，去牽引民衆。先得使民衆認識其目的，使民衆中間起了對此目的的意識的要求，在社會的政變到來時，民衆應成爲此意識的希求之實行者。

並且宣傳者們爲引導民衆於此種意識中，自己必需有實在的智識。在將組織社會的新制度的複雜而困難的使命，認爲可以洞察或可以賦之本能的解決的人們，在此種使命於我們的面前成爲不可免的實際問題時，一定會失敗的。反對對思想上做嚴密的根本的準備的人們，當他們與有充分的準備的敵人戰鬥的時候，只能引導他們的同志在滅亡的路上。卽導引民衆於沒有將來的革命，而滿足於一時的成功。若民衆沒有勝利的唯一的武器的智識，民衆在將來一定會被別人壓倒。

由這樣的見解，拉夫羅夫戒靑年曰，『決不可人爲的煽動或鼓舞民衆，革命是民衆的歷史的發達的結果，是自然而起的東西。不等待此自然的爆發，而欲以人爲起社會的動搖者，其結果只能給民衆以苦痛。』

拉夫羅夫欲把他自己的見解，以數字去計算革命勢力之增大。卽假定現在眞的革命家有百人，此百人的革命家，在非文明的民衆間開始宣傳，在六年後『排斥獨占的所有，爲社會一般的發達，有從事於社會一般的勞働之義務。勞働階級的社會主義者有互相協力組織自己的團體之義務。』有這樣極單純的原則之信念的革命軍會有一萬人。這一萬革命軍假使散在於各地，在革命的決定的時期，他們是實際上執行歷史的事業的人。

如此巴枯寧主張叛亂主義，而拉夫羅夫主張隱忍自重主義。但在其思想的根底在無政府主義的社會主義之點，與二人同時爲俄國青年學生之指導的兩個柱石之點，兩人完全是一樣的。

十一　道德的無政府主義者克魯泡特金

與奈嘉埃夫，巴枯寧，拉夫羅夫並稱以七十年代的無政府主義者，在當時學生界與一般社會界有巨大勢力者爲克魯泡特金。

彼得·亞歷克塞維齊克魯泡特金（一八四二——一九二〇）與巴枯寧一樣爲舊俄羅斯的革命的智識階級中最具特質的代表者。出身於俄羅斯的貴族，爲歐洲無政府主義的指導者最富於特異性的革命家。但在許多地方他與巴枯寧的見解完全相反，這是特有興味的過照。

他出身於貴族，受過貴族的教育。一八六〇年，畢業於有特權的幼年學校。但他也不爲近侍，也不當軍人，也不做行政官與外交官，由自願赴不毛之地的西伯利亞。在尙無調查研究的地方，埋頭於學術的研究，過着平民生活。即此已可見其特異性。

在當時俄羅斯幼年學校的畢業生，有對自然科學，尤其是物理的地理學的興味，已經在六十年代的奇績了。而更有趣的事，是當他在物理的地理學上，成其重大的新發現時，他的密友並同志的有名的無政府主義者愛利塞邵可侶，亦埋頭於物理的地理學之研究。巴枯寧出發於德意志的唯心哲學而到達於唯物主義。而克魯泡特金則出發於自然科學。但從另一方面看去，巴枯寧因受馬克斯的影響而體得唯物主義的基礎。但克魯泡特金則一生未走出『六十年代人』的範圍，他以相信理性的力量，確信科學的創造力的模範的『文化宣傳者』，確爲特出的人物。

並且他與巴枯寧有一點不同，這是使他不能脫出『六十年代人』的範圍，而爲覺悟的貴族的模範的代表的原因，即在巴寧枯對道德問題不甚重視，他以爲目的可以純化手段，但通於克魯泡特金的一生，支配着他的最重要的特質，乃其非常發達的道德觀念與義務觀念。所以當六十年代之終，他從西伯利亞回來後，以科學的研究聞名全歐，在他的前途放着科學家的光輝時，如他自己說的起了以下的疑問：

『在自己周圍的人們只是爲貧窮與像泥塊的起鬥爭着的時候，我怎麽能有享受高尚的快樂的權利？我爲生活於高尚的情緒的世界中，所消費的一切，非從自己製成了麥，而自己的孩子們，連滿足的麵包也得不到的人們口中掠奪來不可。總之是非從他們那一個口中奪來不可，人類的總生產額還是很低。』

克魯泡特金後來到歐洲，在歐洲加入了第一國際的巴枯寧派。於此纔成了他的無政府主義之見解。一八七二年他從歐洲回國後，加入了柴考夫斯基團。據克氏說，『柴考夫斯基團是產生於反對奈嘉埃夫的活動方法的希望之下。』因爲柴考夫斯基團的使命是很道德的，所以合於克魯泡特金的脾氣。

在柴考夫斯基團員中間爲年長者的他，爲有教養而富於經驗的重鎮，不久遂成了該團體的精神的中心，實際的指導者。並且爲俄羅斯初期革命家的一人彼得堡勞働團體的指導者的克氏，當時並詳細的爲勞働者說明第一國際的事。

不久因宣傳運動被捕，但後來由監獄的病院逃走，移住於歐洲；在歐洲成爲著名的理論家，歐洲無政府主義的宣傳者於是他的活動更入於重大時期。

但克魯泡特金的無政府主義之態度，與巴枯寧有很多不同。在巴枯寧的無政府主義的最重要的特點，在其否定的破壞的方面。關於將來之建設，幾乎沒有去注意。反之在克魯泡特金則給將來之建設以很大的注意。對脫離國家的主權之壓迫後的社會人們應當如何去從事其自由共同的生活方面，他曾有很大的興味。他以爲自由的共同生活之要素與基礎，在現社會中已經存在着。他說社會的主要法則，是互助而不是競爭。此種法則在動物界已可見其根據。人類的天性本來是互助的。所以人類若能脫出國家的強制與壓迫，可以移於最良善的生活方法。

依克魯泡特金的見解，強制與破壞不過是不易避免的罪惡。文明人的發達徑路，必需認清無政府共產的理想與生活樣式的平和的發達。

一九〇五至一九〇八年俄羅斯的無政府主義者們走向無意味的恐怖主義。對於個人利用主義的傾向他始抱反對的態度。

克魯泡特金的思想，雖然傾向於歷史的唯心主義與理想主義，他雖然曾與十九世紀初頭的著名的理想主義者接近，而他的理想總是無政府主義的。他的思想爲對抗於溫和主義的革命的社會主義的堅實的所有物。（特別如他的名著革命家之言與麪包略取。）又如他的法國革命史，簡單而得其要領，在學術界有很大的價值，照耀着其後俄羅斯革命史的道程，爲最必要的道指標。

與世界大戰勃發同時，克魯泡特金的思想起了一大變革，這是極有興味的事。他與巴枯寧一樣，對德國與德國的社會民主黨，抱着很大的憎惡。此種憎惡之念，常常使他忘記了自己的國際主義者的地位。他雖然以無政府主義者看破了聯合國的『偉大的民主政策』，充分的認識以捕縛，迫害，監禁的形式表現出來的法蘭西民主主義。但與歐戰勃發同時，他變爲聯合國方面的熱烈的愛國者。並且在他的內部，又燃起俄羅斯人的愛國心。一九一七年棄了四十年的僑民生活，歸到久違的祖國，與布來哈諾夫及被稱爲革命的祖母的布來西考•布來西考夫斯克雅女士，共同加入克林斯基組織的『國家評議會』。斷乎反對內亂，腐心的民主共和國的建設。從而他為無政府主義的國際主義之精神奮鬥的四十年，差不多成為在他的生涯中偶然起的一種幻景。他似乎與許多民衆主義一樣一大革命的中間，化為民主主義者。

但這只是表面的觀察，其實則完全相反。此民主主義的誘惑只是一時的幻景，不過是智識階級所懷抱希望之火花之餘沫。所有的民衆主義者，不問其思想為革命的社會主義或無政府主義，都有一種希望，就是革命的禮物應當是政治上的自由與歐洲的階級爭鬥的形式。

實際十月革命與德意志帝國之破滅，與全歐的革命熱之勃興，與克魯特泡金以強烈的印象，這是很自然的事。他於是又返轉到自己的天性，而復歸於無政府共產主義。但同時隨着俄羅斯革命的進展，在他的內部起了一種矛盾之悲劇。以無政府主義者的他不能不用其全力反對一黨獨裁的政治與其結果，而對於歐洲革命，特別對十八世紀末葉的大革命造詣很深的克魯泡特金，又不能不承認俄國革命之結果為歷史之必然。

他自然感着非常的精神上的痛苦。一九一四年至一九一七年間他雖傾向過國民的民主主張，但他同時不能不覺着是很大的矛盾。由是他離開積極的勞働生活，進入於完全沈默的生活。

克魯泡特金認俄羅斯的新支配者的共產黨爲『新嘉考賓黨。』以無政府主義者的他在統治方法上，是完全反對『嘉考賓黨』的。但以歷史家，國際主義的革命家的他，又不能不承認『新嘉考賓黨』的革命的國際主義之意義。所以隱忍而不公然的反對獨裁政府，只以個人資格在往來通信間發表自己的感想。如在一九二〇年五月二日克魯泡特金的書翰，在此點是很有興味的。此通信，發表於爲記念克魯泡特金而刊行的無政府主義雜誌上。在他這最後的通信上，極明瞭的說明着他的思想信念的根底。

他在這信中說，『無政府主義者，沒有洞察在此三十年間應當準備什麼。對於社會民主黨的中央集權主義之實勢力沒有充分的觀察。也沒有爲與中央集權主義決鬥的結束。』依克魯泡特金說，俄羅斯的共產主義，不過是布來哈諾夫的馬克斯主義的產兒無政府主義若有大的洞察力與組織力，一定能變更歷史的推移。他並且相信眞的共產主義之生活創造力在俄國農民的合作運動並且相信各民族當分裂爲小國家其中有些當會開始無國家的生活形式。

由此等說法看去，可知克魯泡特金是徹頭徹尾的理想主義者。他在蟄居生活間，一邊看着死之將近，回到自己本來的興味的道德問題。

他相信由道德問題的理論可以支配實際生活。他說：『我知道製造傾向的不是書本。但同時我也知道爲製造傾向把根本思想用完全的理論表現出來的書本的援助，也是必要的。現在的人們爲製造傾向，尙徬徨於尼采與康德之間。……而製造傾向之必要，是我最痛感的。』

這樣克魯泡特金在死的當前，達於八十歲的高齡時，以非常的努力去完成他的意識衝動的最初在他心的底部所潛的根本思想。其根本思想即六十年代人的『敎化主義』與七十年代人之心中活動的『良心問題。』

這樣，他在一九二一年二月八日，在俄羅斯的多米特夫村，在共產黨的嚴重監視之下，以老衰與營養之不足與世長辭了。

十二 叛亂煽動者之失敗

由奈嘉埃夫，巴枯寧，拉夫羅夫，克魯泡特金四人所代表的俄羅斯的無政府主義，一時風靡於革命的青年中間。特別在當時熱烈的歡迎無政府主義的，爲當時的大學生留學於外國與在國內的大學生，同樣的讚美着無政府主義。或爲巴枯寧派，或爲拉夫羅夫派。因兩者對革命的實行方法上意見之不同，所以稱前者爲無政府主義之左派，後者爲右派。此外在兩派的中間成其勢力者爲柴考夫斯基團。奈嘉埃夫因過於激烈，克魯泡特金過於溫和，所以不能如前三者，即巴枯寧，拉夫羅夫，柴考夫斯基得大多的崇拜者。

因在大學生間起了無政府主義的狂熱，而發生了巴枯寧派與拉夫羅夫派的傾向，其結果自一八七三年至一八七四年的冬季爲革命的準備時期中最富於波瀾的時期。最初在巴枯寧派與拉夫羅夫派之間關於革命的實行方法問題起了盛大的辯論。大學生每天在各地開演說會，以非常之氣焰，行着無政府主義的宣傳運動。此時『大學生』與『革命家』幾成爲異體同義的名詞。

由無政府主義的急劇的勃興，從來的民衆主義，漸被世人遺忘，漸次傾於凋落。因爲民衆主義，過於滿足於懦怯的態度，迷惘於自己修養文化的一般的幸福與勞働者生活之同化等非實際的問題。總之被由言語移向實行的學生們之鄙棄了。

到一八七四年之春，在無政府主義者已過去了實際問題的論爭時期，在『到民衆中間去』的標語之下，所有的無政府主義者都一致的移於實行。此種一致一面爲對抗官憲之壓迫，自然發生的結果，另一方面因爲無政府主義者自己覺悟了徒弄空言，曠費時間之無用。他們遂不管巴枯寧派或拉夫羅夫派，都一致的互相協力着手於實行革命之急務的地方宣傳。他們一齊潛入於內地，特別潛入於農村。一邊散布宣傳品，一邊在地方的民衆中間，從事革命的團體之組織。

向地方出發之前，革命的宣傳者們，爲在宣傳地謀生活的實際的準備，速成了學了種種的職業。青年大學生們製成了二重底的長靴，在靴底裏藏了旅行券與旅費。青年女革命家們，爲向農村出發的同志，縫成了襯衣褲與煙草袋，在這些青年女革命家中間，混有後來被稱爲革命的祖母的有名布來西考夫斯克雅女士（愛克大利那．孔斯丹齊諾維那）她以青春之姿爲同志努力。在向地方去的人們的送行者中間，只以『到那裏去？那一方面？』『到烏爾克去』『到東恩去，到烏拉爾去』的簡單問答相交換。

這樣侵入於地方的都市，與農村的智識階級的革命家們，被稱爲『農村移民』。

但這些農村移民在地方的熱心的叛亂煽動與革命宣傳，並沒有收到很好的結果。因爲宣傳者非常熱烈，而民衆則非常冷靜。革命家們雖然擊着鼓，而民衆們却不起而跳舞。

實際以當時的波克焦夫主義去動搖民衆，使其叛亂，實爲悖於民情的迂遠的要求。因爲當時農民的境遇，並沒有惡化，反相當向上。

自然，農民解放之際給農民留下的不利的境遇之不滿，既如上述。但因『巴爾西齊那』（義務的強制的勞働制度）廢止了的結果，農民的生產率，其後確在增加着。黑土地帶諸縣之住民一人的穀物生產率，較烏爾克地方的曠野地帶諸縣的農民之生產額，增加至十分之一‧五。又列緻縣，湯保夫縣及其他諸縣既耕作之黑土地帶之農產物，至八十年代之初頭儘管在增加，農民已將一八六一年二月十九日之農民解放令所受的侮辱，漸漸忘記了。即東部黑土地帶諸縣即等待着波克焦夫主義的地方，對叛亂煽動者之宣傳，也是很鈍感，很冷靜。「向地主與壓迫者進擊」的激文，即使起了地方的叛亂，但煽動者們缺乏使此等地方的叛亂統一為全俄革命的手腕。

與民衆接近，只是在天性的社會主義者與天性革命家所成的民衆中間，給了極微弱的結果。同時在資產階級的智識階級中間，惹起動搖與分裂。由此弄到完全沒有預期的結果，即政府的大規模的逮捕。被告人在法庭並坐了一百九十三人。而此一百九十三人都不是勞働者與農民，而是當時青年智識階級。這樣的大裁判，單在莫斯科已在五十件以上。此等事件自然徹底的震動了當時有教養的社會。而官憲特別把此等事件付之公開裁判，以示其虛偽的公平，且欲以此使煽動者的猛烈的理論，引資產階級驚嚇，與一般世人的反感。

第二章　恐怖主義與暗殺計劃

一　勞働無產階級之發生

小資產階級智識階級的革命家們，雖然把民衆主義之標語「爲民衆的利益」改成「到民衆中間去」並且無論其吹着如何的大笛，擊着如何的大鼓，在農村的民衆（農民）總是不跟着起來舞蹈。民衆主義的無政府主義者的農民煽動，一邊幾乎完全歸於失敗，另一方面則在都市的勞働者中，鼓舞起完全另一方面的革命運動。特別在七十年代的中葉，勞働者不斷的頻發着罷工運動，勞働者的革命氣焰漸趨濃厚。

俄國的勞働者在農奴解放後，急劇的增加。外國的資本家見破了農奴解放能使勞働者激增，於是開始利用勞働者之激增從事開拓俄羅斯地上地下的富源，放膽的向俄國投資，修起了亘於全國的鐵道網，建起了工場。俄國的產業因而勃興。

用外國的資本忽然勃興起來的俄國產業，自然集中於都市。各都市漸次擴張建築房屋，敷設鐵路用的工夫，小工，與工場勞働者，一下吸收了數千萬人。

一邊俄羅斯政府因農奴解放，反爲救濟陷於窮困的農民，收買了數百萬「代霞齊那」最豐饒的土地。農民則大多數不得不離開農村，走進都市，而賣他們的勞力。在農民的眼光看去，縱然得了由地主收買的土地，也不滿於地主官憲的兇暴的壓迫，與收稅官的苛歛誅求，結局只有放棄了被政府的少數的收買金所誘惑，由祖先的膏血所購來的土地，爲求工作而集中於都市。其結果在農民以外遂發生了農民的分身的，被虐待的新階級的勞働無產階級

在這些被壓迫的人們，走到什麼地方，也沒有青山樂土。放棄了多年住慣了的農村，別離了清新的土地，走到都會時，非到塵埃煤煙充滿了的空氣中，暗黑陰濕的工場從事勞働不可。他們的胸中，在聽着鐵鎚與機械的聲音，不知不覺之間，成了一種異樣的心理狀態。形成了一種獨特的習慣與要求，在那裏漸次完成了強大的階級意識。

並且俄國的大產業，並沒有經過長期間的苦痛的發達的徑路，因爲外國的資本家們，

把最發達的資本主義之下所完成了的產業，輸入於俄羅斯。俄羅斯的大工場備有最進步的機械，使役着數千的勞働者。從而這種狀態爲勞働者之團結，與勞働者的階級的覺醒，是很有利的情狀。加之工場的勞働者，尚未習慣於其工作，因爲要求着相當程度的知識與技能，使初從鄉村來到都會的勞働者對都會生活發生了種種疑問。由此得了一種新觀念，打破了舊思想，在他們中間引起了革命的精神。從都會的勞働者，比較鄉村的農民，感着較多的讀書的趣味。欲從書中發見對自的新的疑問之解答。

當時俄國的工場中，顧了很多技術優秀的外國技師。他們比較俄羅斯人，要求大，並得着較自由的境遇。卽對他們充分的尊重着西歐的無產階級由其爭鬥所得的個人之價值。俄羅斯的勞働者被外國的勞働者尊重着他們的人格，視爲同伴，以共同的利害關係，向榨取階級的資本家對抗。

七十年代之中葉，俄國的勞働者，已經充分的造成了與資本家抗爭的地盤。自然勞働階級的意識尚未完全發達，但他們的思意，決心，與見解，在他們已經不是單純的民衆，而是生活於一種共同利害中的一個階級。

二　勞働爭議之頻發與其煽動者

像民衆主義的無政府主義之農村宣傳陷於失敗一樣，其都市的活動亦得了同樣的結果。他們在勞働者中間漸次普及其知識提醒其階級意識使勞動者們歡迎其社會主義的理想。於是他們遂熱烈的在勞働者中間宣傳其罷工運動，

當時在勞働者中間比較有勢力的是柴考夫斯基團。此外在彼得堡市有急進派的土地與自由黨與拉夫羅夫派的兩個革命的民衆主義的團體在活動着。此二派既如上述對於革命的實現手段抱有不同的見解，但其政綱上只有在許多地方的大同小異。即這些革命的宣傳者，宣傳地方的農民用農民自己的力量實行革命，對勞動者的勢力很少注意。所以在他們的綱領中，沒有對無產階級予以什麼政治的地位。

其結果，民衆主義的宣傳者之活動，在勞働運動上沒有給了什麼積極的効果。民衆主義者之大多數，依着其師巴枯寧的見解，視俄羅斯的資本主義之勝利爲大罪惡無產階級

之發達也是一種大罪惡。民衆主義者的此種見解，相當的感染於民衆間勞働者有許多同意了『都市勞働者爲放縱，不眞實，眞的民衆只能在地方村落中發見』的見解。

但此種見解，不能得一般勞働者的同意。如前所述農奴解放後外國資本主義之侵入，資本主義之發達，產業之發達，以及與這些現象同時並行的勞働者之激增，智識之普及（民衆主義的宣傳）勞働者中間的階級的覺醒，自然的會引起勞働者的罷工運動。

特別各勞働者的勞力，成了社會的勞力時，其支配此社會之勞働者爲只打算自己的利益的資本家。資本家們，沒有連絡與計劃，隨便的在自己工場中製造出種種貨品。其結果弄到生產過賸而此生產過賸的損失，則完全負在勞働者的肩上。

加之六十年代之終葉，在全俄羅斯不斷的建築起新工場，舊工場亦盛大的擴張起來，勞働者增加了，都市膨脹了，家屋新建築起來。鐵路軌道與車輛也開始製造着。鑛業也漸漸發達。勞働者之需用品也多起來。一個事業開始的時候，其互相關連的事業漸次發生。在其間結着非常密切的因果關係。反之一個事業失敗後其所關連的事業亦不得不廢止。依此理，一時急劇的發達起來的俄國產業因一八七五年以來鐵道的敷設受了限制，一下又陷於不振的狀態。各種實業相繼失敗即鐵路的敷設受限制後，鐵路工場因而縮小。鐵鑛之需用也減少。這樣失業勞働者的生活遂陷於窮困。一般勞働者的境遇因而惡化。因爲失業勞働者爲要求生活，聚在工場主的門前。勞力之過賸，使勞働條件低下。更使資本家可以乘機發財。因此俄國勞働者的境遇，在七十年之中葉極度的陷於不良狀態。同時在勞働者與資本家中間遂頻繁的發生了勞働爭議。

此種爭議自七十年代之後半，漸次發現於表面，不斷的發生着，普遍的傳播於勞働者中間。其爭議與民衆主義的革命運動相並行的繼續着。

三　革命運動之統一的傾向

七十年代後半的小資產階級智識階級，把從來對於勞働無產階級之發生，與勞働爭議之頻發的不注意，與從來的以爲民衆只是農民的見解改變了。知道從來的民衆運動所以沒有得到什麼効果，是因爲革命民衆的之缺乏組織的力量。於是他們漸漸想革命運動的統一計劃。

他們認爲有組織革命的中堅團體的必要。彼得堡市的革命家的團體由此種新傾向開始活動。其團體有舊柴考夫斯基團員與其他同一目的之團體或個人的參加。此中心團體之指導者有那登孫夫妻，敖保來焦夫，亞歷山大•米哈羅夫等人。他們鞏固了此團體之基礎。不只爲彼得堡團體之中心且成爲其他的都市與鄉村團體之中心。

此團體因爲帶有陰謀的性質，在最初的革命家中間稱之爲『穴居人』一八七六年以來，改稱爲『土地與自由黨』一八七七年之始得了彼得堡市的『北部革命民衆團』與『哈利考夫•羅斯多夫團』之加入，同時決定了團體的綱領。其綱領中詳細的製定了叛亂運動之原則，與實際行動的方法。即將新的革命傾向表示爲方式。如前述確實的捉住了革命運動的根本要點。

此外團體的中央機關在彼得堡設置了中央執行部。此執行部以常住於彼得堡的團員爲委員，組織了蘇維埃。以諮訊機關與實行機關，爲學生的宣傳組織了『智識階級團』

為勞働者的宣傳組織了『勞働團』。

團員們向各地方出發，在都市與鄉村中實行革命的準備，預備了實行革命必要的武器。一八七〇年在彼得堡，莫斯科，薩拉多夫，羅斯多夫及烏爾格河岸的各都市，走進道奈特克的炭坑，敖代薩，契埃夫等地的勞働者中間，組織了種種革命團體。自此時土地與自由團的團員，並不干涉政治以不單以引起叛亂為目的。不知不覺間漸漸參與了政治的爭鬥。

如在一八七六年三月二日以加藏市大學生之柴尼謝夫之葬式為動機，開始做了盛大的示威運動。柴尼謝夫是曾困於監中三年以肺病而死了的青年革命家。數千的勞働者，都脫帽把此警察制度之犧牲者送至墓地。在埋葬時，棺前堆滿了花束，教授軍人辯護士等社會各方面的人們，相繼做追悼的演說。提着大書着『土地與自由』的赤旗，羣衆都互相倡和着連呼土地與自由萬歲。警察們恐懼了此種氣焰，只有袖手旁觀，結果由憲兵的出動，纔解散了示威羣衆。

四　克魯泡特金的巧計的脫獄

民衆主義的無政府主義者之在農村的農民煽動與都市的勞働者之宣傳，大部分歸於失敗，各革命團體的統一連絡，也沒有成功。疏於社會的實情的智識階級，特別大學生的運動，常常是這樣。

這些革命家們，遂不得不中止了農民於勞働者的煽動宣傳，失望於革命團體之統一運動，復歸於與壓迫的官憲鬥爭的單獨運動，在革命團體中特別如土地與自由團，對於直接行動有興味的團體，不能滿足於煽動與統一的緩慢運動。

他們只要有機會就開始戰鬥，有時缺乏冷靜的客觀，行動於與其革命的全局無大効力的暴動。其中最有興味的，就是他們用計巧把克魯泡特金從監獄中奪取出來的運動。

克魯泡特金被囚禁於彼得堡羅夫斯基監中二年，其間得了疾病移住於尼古來病院，不久因醫療的結果恢復了健康，他於是想乘此機會脫獄。醫生爲恢復克魯泡特金的健康，許可他在園中散步。散步時必受守者的監視，正值入冬時期，從外邊向病院搬運燃料，每天園內的門大開着以供搬運。此時克魯泡特金看到了這是絕好的機會，遂與外邊的同志秘密連絡，進行脫走計畫。

其計畫是多數團員在街路的交叉處守望風色，在園門外用馬車等候着，從牆外表示着安全的信號時，克魯泡特金立刻脫去大衣，向門外疾走，跳上守候的馬車。其信號本來決定用兒童玩具的輕氣球，放起譬如放紅氣球時即表示危險，青氣球時表示準備，綠氣球時表示安全可以立刻逃走。這樣用氣球的顏色爲暗號。

但正好約定實行的一天，在全市上的玩具店裏買不到氣球，於是延長了實行日期，其次因克魯泡特金之病又不能實行。一直到第三次的計畫。其時團員中之一人，賃到病院對面的一家的樓上，彈凡爾鈴以代信號。這次計畫完全中彀，克魯泡特金窺着守兵監視之隙而逃走。在門外有當時革命黨之有名的精警者瓦爾瓦君守候着。克魯泡特金遂乘了馬車風馳電駛的逃走，卒得安全的脫出國外。

五　法庭之亂鬥與都來保夫事件

俄羅斯的官憲，看見援助克魯泡特金之脫走，與勞働者之煽動，都是土地與自由黨人幹的，所以到一八七七年，遂對該團員開始了大規模的逮捕。一時逮捕了數百名的團員，開了大規模的裁判。有時五十人並列於法庭的被告席，最多時竟至一百九十三人同時受裁判。

但是這樣的大裁判，却正成了提高社會革命的風潮的動機。這也是很有興味的現象。百九十三個被告人，並列於法庭時，被告中之一人木西金。在法庭起立，而向着旁聽席演說：

『我現在確信我與我的同志們的主張，完全是正當的。官憲不許我們在法庭把我們的事件之眞相發表。所以我在這裏可以斷言，這樣不是裁判，不過是一種滑稽的喜劇，而且是極醜極惡的東西……』

這樣一來，裁判長遂面紅耳赤的發怒的叫着：

『把被告拉出去』

一個憲兵將校，拉住木西金的手腕，預備拉出法庭。其他的被告們，遂幫助木西金，而與憲兵開始決鬥。木西金在這個時間又叫着說：

「這樣的法庭比妓院還醜劣。妓院的娼妓是爲貧窮而賣自己的肉。這裏是什麽??……他們不是在賣着爲人類的最貴重的東西麽?」

木西金的最後的話，沒有聽得淸楚因爲憲兵用手把他的嘴蔽住，把他從法庭拉出去了。這回在法庭格鬥的光景，使旁聽者爲之戰慄。在法庭的四處起了叫聲與哭聲。辯護士完全起立，裁判官與推事們也都離開本席。其他的被告人也因爲怒罵裁判官被從法庭拉出去。

在這木西金事件以前幾個月，曾有有名的都來保夫事件，或稱爲保格留保夫事件的有名的騷動。保格留保夫，曾因參加十二月黨事件入過一次獄。後邊又因以柴尼謝夫斯基的葬禮爲動機而起的加藏市的勞働者之大示威運動被逮處了十五年的監禁，在加藏市的監獄中等着流放於西伯利亞。

此時，卽一八七七年七月初旬，加藏市市長都來保夫將軍來監獄中視察。政治犯人們正在院中散步。此時保格留保夫離開别的四人，走近都來保夫的旁邊。都來保夫從獄吏聽到他就是保格留保夫，於是向保格留保夫大聲的嚷着說：

『你這囚徒！為什麼不脫帽！』

保格留保夫突然聽到這罵聲，吃了一驚。都來保夫又叫着：

『脫你的帽！』

與這叫聲同時都來保夫用右手打了保格留保夫的頰。把帽子從他的頭上抓下來。別的政治犯在監房的窗中看見都來保夫這種兇暴的態度一齊用絕望的聲音叫喊出來，打着鐵的窗格大聲罵着都來保夫，都來保夫更大發怒，命令鞭打保格留保夫。於是在政治犯的監房，一時變成地獄的光景，犯人與守兵開始亂鬥都來保夫又派警察隊來鎮壓暴動囚人，於是警察與囚人又開了格鬥，闖入監房內的警察，對囚人或打，或踢，或在地上拉着走，或從階子上推下去，便掉得半生半死。囚人中一時絕氣者很多。

六　大學生與勞働者之反抗氣焰

恐怖主義者之反抗勢力，因俄土戰爭愈見增高起來。在彼得堡，莫斯科，契埃夫，哈利考夫，赦代薩等大都市，頻發着革命家與警察憲兵的衝突，同時常有徒刑囚之逃走，都市的革命分子，日見增加。從而常有對來搜索家族的憲兵與警察開槍決鬥的事件。此種反抗的空氣，不只戟刺着革命家的勇氣，並且使一般民衆也充滿了殺氣，特別對此戟刺感覺最敏者爲大學生與勞働者。

大學生的暴動，隨時起於彼得堡，莫斯科，契埃夫，哈利考夫的等都市。如彼得堡的大學生向當時的皇太子（後爲亞歷山大第三）提出請願書，他們決定爲喚起一般民衆的同情，以此請願問題爲動機，舉行大示威運動。

並且彼得堡的大學生，在百九十三人事件之一被告八之大學生都保來夫斯基死於獄中時，爲舉行葬禮行一大示威運動。在警察當局方面，本擬在深夜把都保來夫斯基的屍體埋葬，但大學生預先知到了這消息，擁着棺材，開始了示威運動。多數羣衆也參加示威運動。但此次示威，因警察的壓迫，逮捕了多數學生，其中六百人被放逐。

在哈利考夫市起了哥薩克兵毆打大學生的事件，大學生對此事件，曾提出抗議。

在契埃夫市警察侵襲了大學講師馬都維埃夫的家宅，並追放了與該講師有關係的百四十名的大學生。其中五名依行政追放於東西伯利亞與北部諸縣。莫斯科的大學生為歡迎這些被追放的大學生與警察衝突，發生橫暴的警察毆打學生事件。

在勞働者中間，此反抗氣焰，表現為大罷工運動與帶有政治性質的示威運動。土地與自由黨員利用七十年代初頭的宣傳，在勞働者中間團結了成熟了的革命分子，組織了工場委員會。在彼得堡的多數工場間，做成了連絡。從此連絡散布了許多革命宣傳品，在廣大的範圍內實行煽動。

此種罷工運動，波及於各工場地帶。給了暴動煽動者與民衆直接接觸的機會。他們在罷工的集會場中，廣行演說，以煽動工人。在勞働者方面也要求着革命家的指導。為防禦警察對革命家的壓迫，要求土地與自由報的聲援。

基礎於直接利益的煽動，不只在各地方，在各都市中亦引起了直接的同情者。即對加藏市的勞働者之示威運動素少理解的彼得堡之勞働者，亦為華西里島火藥工場爆發而犧牲的六名勞働者，組織了示威行列。

此種運動並且有了聯合的傾向如各工場的罷工宣傳，亦署爲告彼得堡全工場的勞働者。在一八七八年之初，已組織了「北俄勞働同盟。」此同盟不只以能工運動之結果爲其目的，並以政治爭鬥爲其使命。此種勞働運動，幾乎可以凌駕於暴動思想之發達。在別的都市，對勞働者的煽動，也與彼得堡一樣收了很好的結果。而土地與自由黨員仍然以農民運動爲活動的眞正地盤。對於中部俄羅斯的工場地帶感不到很多興味。而其對都市的無產階級的煽動，仍舊如從前在大學所在地與偶然的革命力集合的地帶。此種活動最成功的地方爲敖代薩市。此地的勞働者以考瓦里斯基之裁判爲動機，更起了示威運動。

並且在東河畔的羅斯多夫市，於一八七九年之始亦起了勞働者的叛亂。此叛亂的動機是因爲警察把一個在復活祭時暴動的工人逮捕了。這工人要求同伴們的援助。許多勞働者遂跟着被捕的勞働者擁到警察分署，要求釋放其同伴。警察方面不只用惡聲拒絕了他們的要求，並且同時從警察署內聽到被捕的同伴被警察毆打的哭聲。勞働者們於是大爲憤恨，不知道從何處拿來些棍棒打破了關了的警署的門。警察逃走一空。勞働羣衆於是追隨着他們去破壞了各警察分署，闖進警察署長之辦公處，倒壞了其用具。全市一時歸於叛亂者之手。

隣近的都奈克的鑛工接到此種報告，立刻組織了數百人的一隊，來援助羅斯多夫的勞働者。但在途中聽到羅斯多夫的叛亂，已被哥薩克兵與礮兵鎭壓，遂中途折回。

七 恐怖主義之官憲暗殺

在這種緊張恐怖的壓迫之下，『自己防衞』成了革命黨的共同標語。對於任意告發的偵探的自己防衞，對於囚人虐待者的自己防衞，對國事警察的萬能司令官的自己防衞。恐怖主義者們因契埃夫自治團員的高里諾維齊與官憲勾結遂殺害了。其次在彼得堡市又屠殺了叫都來埃夫及費諾該夫的兩個偵探，同時計畫對官憲復讎。如少女維•拉薩斯利齊，勇敢的暗殺了當時做了彼得堡警察廳長的都來保夫。

她在一八七八年一月二十四日僞裝爲一請願者，看好了應接時間，去訪見都來保夫。接見時突然用手槍向都來保夫射擊都來保夫負了重傷一時昏倒於地而薩斯利齊亦當場被捕。

她會大膽的解釋她的行爲說：「她只是爲大學生保格留保夫復讐。」此突然的事件，集中了社會的視聽，使官憲戰慄。薩斯利齊的裁判行於同年三月三十一日，這回在法庭把監獄內四人的悲慘已極的生活與官憲之殘暴曝露於公衆的面前。法庭中堆滿了的旁聽者都同情於薩斯利齊，與其辯護士亞歷克山都羅夫，當亞歷克山都羅夫，詳細的說明都來保夫加於保考留保夫的暴行時，滿場一變爲嚴肅靜寂的空氣，在旁聽席中到處發出啜泣之微聲。

陪席裁判官們，最後給了薩斯利齊以無罪的判決。聽了此判決的旁聽者不論，即司法部的官吏們亦皆拍手表示歡喜。法庭內外集滿了的無數羣衆，都拍着手歡迎着辯護士亞歷克山都羅夫與薩斯利齊，把他們抱着走出街頭，數千羣衆把薩斯利齊擁上馬車，狂呼着隨於其後。在這個時間，又來了警察與憲兵，欲鎮壓羣衆，與羣衆發生了衝突，軍警們開了槍向羣衆射擊，出了數名死傷者。而薩斯利齊則安全逃走了。

在哈利考夫市於一八七八年十二月，由契埃夫社會黨員實行了暗殺縣知事克魯泡特金公爵的計畫，克魯泡特金公爵，不只虐待政治犯，並且當哈利考夫市大學生舉行示威運動時，曾對參加學生處以極殘暴的刑罰。對於此種行爲用赦新斯基，烏爾羅夫，斯普考夫斯基，高丁堡等革命家，決定了復讐計畫。高丁堡負了實行的責任。

高丁堡，爲此目的由契埃夫到哈利考夫。一八七九年二月九日，得當地革命家之援助，當克魯泡特金公爵乘着馬車正要回自己邸宅的時候，突然跳上他的馬車，拿手槍對準他的胸部射擊，公爵負了致命傷而昏倒於馬車中。高丁堡敏速的逃出哈利考夫市。

同年三月十三日在彼得堡市亦發生了革命家密爾斯基狙擊憲兵司令官多林太林的事件。密爾斯基正乘着馬守候於夏園的附近。當多林太林的馬車走過此處時，密爾斯基先從馬上用手槍放一槍。子彈穿過馬車窗的玻璃，多林太林只帶了槍傷。第二次發射的時候，手槍生了障礙，射不出去。密爾斯基於時蹬着馬腹逃走了。

八　暗殺皇帝的新目標

恐怖主義者之頻繁的暗殺行動其間沒有什麼連絡與統一。反之官憲之壓迫與警察的取締，則由狙擊事件發生之次數日益殘暴。革命家不斷的受着壓迫，搜查結果各地的革命家想着這樣零碎的暗殺，只能得着更壞的結果。不如把復讎的目標放的更大些。於是他們的暗殺目標，遂放到皇帝身上。

亞歷山大．索羅維埃夫，高丁堡，考比亮斯基等哈利考夫市的革命家們，於一八七九年之春，爲暗殺皇帝亞歷山大二世的計畫來到彼得堡。與同市的恐怖主義者亞歷山大．密哈羅夫，卡道考夫斯基，眞代來維齊等共同討論暗殺皇帝的計畫。當時土地與自由團的領袖，也是贊成恐怖手段的。對於暗殺亞歷山大二世的計畫大爲歡迎。於是選出三個實行者，俄羅斯人之代表者索羅維約夫，波蘭人之代表者考布亮斯基，猶太人之代表者高丁堡。其中索羅維埃夫，由幾個同志的援助，探視皇帝的行動，決定暗殺的時期與地點。當時亞歷山大二世曾有每天早晨到農業博物館散步一周的習慣。但這裏是暗殺萬難走近的地方，並且當皇帝散步時，有許多憲兵，警察，與秘密偵探把他護衛着，所以計畫之實行非常困難。

但當一八七九年四月二日的早晨，索羅維埃夫立在由配夫采埃基橋到冬宮的廣場中間的街道上，守候着散步歸來的皇帝。皇帝在大路上平靜的走着的皇帝看見了前邊奇怪的人影，不絕的對之注意，漸漸到了兩三步的距離了，怪的人影還是不動。其時索羅維埃夫突然用炸彈向皇帝投擊，但炸彈的機關不靈，沒有爆發。亞歷山大二世連微傷也沒有負。

於是不久由政府開始了對革命家的大逮捕。官憲對於革命家的壓迫，日愈殘暴。其結果對於革命運動，弄成很不利的狀况。而官憲之壓迫，使叛亂煽動黨，漸漸走向政治爭鬥的方面。

九　土地與自由黨之分裂

一方面恐怖主義者之絕望的暗殺手段盛行一時，而另一方面則由反動在革命家中間發生了政治鬥爭的宣傳他們對於政治自由有強烈的希望的南方人中間，發見了許多共鳴者。

用政治鬥爭實現革命的傾向漸次擴張於地方的都市，到地方去宣傳的土地與自由黨員之大部分，在一八七九年之初漸來集於莫斯科。其結果在恐怖主義者與政治爭鬥者中間，關於革命的實行方法，起了衝突

恐怖主義者主張除了叛亂與反抗以外另外沒有實現革命的方法。而如布來哈諾夫，費潛考，阿布大克曼等保守分子之代表者，則主張由對都市無產階級之宣傳實行革命立在舊民衆主義之見地反對恐怖主義者。但他們對於瓦壞團之活動的興起則未表示反對。

此種內部的主義之紛爭，每次土地與自由黨開大會時，總是日趨激烈，而因黨內之內訌最感不便的爲地方的黨員。於是他們要求開　會解決黨內的糾紛。應了此種要求黨內之有力者而主張政治鬥門的保保夫遂到地方訪問地方的同志研究解決內訌的辦法。在地方黨員的諒解之下，發表了於六月中在湯姆保夫市開黨的大會。

恐怖主義者知道了政治爭鬥派的此種活動，於是先在利伯克開了同志的協議會，此會不只土地與自由黨員即在黨外之公然主張反抗政府者也有許多人參加。

利伯克的協議會自一八七九年六月十六日起繼續至二十日開了四天的會。如密哈羅夫莫羅索夫，馬利亞敖霞利那，巴朗尼考夫，考雅都考夫斯基，焦米羅夫賽列保夫，米列埃夫，佛羅林考，高丁堡等當時恐怖主義之中心人物都到會。在會議中決定了以下二項：

一、護保最小限度之要求的憲法上之保證。

二、鬥爭之主要手段，採用暗殺與叛亂。

加之參加利伯克協議會的黨員，因爲不得不與地方黨員表示獨立，遂明瞭的集中了會議的提案與鬥爭的目的。同時恐怖主義者因實力的限制，不能單以暗殺皇帝爲當前的目的，於是依必要又決議沒收國家的財產並改造執行委員會。（此執行委員會後爲自由民衆黨的執行委員會。依中央集權主義與叛亂主義爲基礎，決定了黨綱。其外又組織了整理委員會，整其陣容，而臨於黨大會。）

渥羅奈濟會議，自一八七九年六月二十一日開會，繼續至二十四日。恐怖主義者在會場並未遇見如預想的反對者。當修正黨綱時，綱領之原則，依舊保持着從前的樣子。同時恐怖主義關於當前的根本問題，未得多數的贊成者。因爲集於會場之多數黨員的意嚮是如此，所以利派克派仍舊保持原來與黨的關係。考慮到黨的資金之利用，他們若干表示了讓步，但其讓步亦只是空言。結果政治上的恐怖主義，得了渥羅奈濟會議的承認。同時此種承認因當時的特別情形，附以條件。在會議上最惹起議論沸騰的是對於以暗殺皇帝爲目的的一派，應否予以黨的援助的問題。最後決定了暗殺皇帝完全是特殊的事情，對此可以予以個人與金錢的援助。唯布來哈諾夫一人，以舊民衆主義的立場，認土地與自由黨爲違反社會革命的旗幟，當時聲明脫黨而退出議席。

革命家們開過了渥羅奈濟會議，更燃起的新的活動力。散在各地的人們爲雜誌上揭載的論文，金錢，印刷所等問題，又起了爭執。由此共同的活動，陷於不可能。於是特別組織了專門委員會，實際上的黨的分裂，一任於此會。其結果土地與自由由此消滅，另外組織了新政黨。把舊黨的黨名分爲二。其一以土地爲標榜稱爲『黑分黨』，另一派標榜自由稱爲『民意黨』。民意黨方面，得了土地與自由黨員之大多數加入。並且最有力的黨員都加入在其內。黑分黨之最有力者爲布來哈諾夫，保保夫，阿布太克曼，與從外國歸來的斯太法諾維齊，亞克賽利羅特，查斯利利齊等人。

十　分裂後之兩黨

黑分黨的黨員於分裂後不久，覺悟了黨的基礎之薄弱。他們在民衆中間不只沒有鞏固的連絡，並到鄉村從事最後的宣傳的移民也逃回來。雖然由斯太法諾維齊的援助，預備把『齊希林主義』復活起來，但終於失敗。結局黑分黨，遂不得不轉向都市的青年與勞働者的宣傳，而集中其微力。

這樣當時的純民衆主義者，與土地的關係遂漸漸離開。他們的限制於敏感的都市人的活動，結果好像是爲民意黨的做了準備工夫。並且因爲他們宣傳的內容，還是從前的原樣，所以其成功的範圍也很受限制。關於黑分黨的宣傳，阿布太克曼曾說：『黑分黨員，雖然是有信念的人們，但其信念都是很微弱。』在當時的青年間，都是這樣的評定着，可見他們雖然有心爲民衆努力，但民衆對於他們的信賴，還是極微弱的。

加之黑分黨員雖有若干與之共鳴者，但他們很少有對鄉村中從事宣傳的勇氣。而在警察的取締很嚴重的都市，更難有計畫的活動。結局黑分黨只能自然的走向死滅的路上。實際，此黨的主要人物斯太法諾維齊，代伊那，布來哈諾夫，薩斯利齊等，爲避免逮捕逃於外國。其他的黨員或者被捕，或者轉於民意黨。於是黑分黨遂告死滅。

反之，民意黨方面的恐怖主義者們，在青年學生與勞働者中間發見了很多的共鳴者。受着市民中的民主主義者，與地方自治派的左派等的物質與精神上的援助，其勢力日益擴張。但因爲他們的黨員還是少數，而民衆與社會的進步分子還不甚希望革命之蹶起，結果遂不得不以政治鬥爭與對政府的反抗爲其活動的手段，即對於擁有強大的武力的政府，不得不以對於革命事業忠實的熱狂的黨員的恐怖手段爲其鬥爭的唯一方法。

尤其是索羅維埃夫狙擊亞歷山大二世的事件後，官憲之殘酷的壓迫與戒嚴令，軍法會議，酷刑等使革命家迫於最後的窮地。革命家們陷於危急存亡的狀態，於是革命家們，遂不得不由暗殺皇帝，找其最後之活動。

民意黨的黨綱，終於加過修正。修正後的黨綱對於俄羅斯的社會主義之發達之見解，雖然沒有什麼變更但對於實際政治與國家的使命之態度則顯著的改變了。民意黨與巴枯寧一樣，認爲卽是憲法實施對於民衆仍然絕無好處，只是爲資產階級所利用，反會招來對於革命的惡影響。卽舊政治倒壞之時，也不過是資產階級的野心家，用了假的面具，把舊的制度維持下來，把過去的革命完全壓迫下去，民衆仍處壓迫之下，絲毫得不到自由。

這樣徹底的反抗主義之恐怖主義者們，確信着『俄羅斯從來的自由主義者，因爲是資產階級的革命家，而不是反抗主義。所以眞的可負俄羅斯革命的使命的是民意黨員。』

十一　自治派的統一運動

與恐怖主義者的絕望的活動相並行而起的，就是自治會派的憲法要求運動。此種運動，既如前述，已經由六十年代的自治制度改革當時，已經相當的顯著。至七十年代，爲對抗政府之壓迫，與土地與自由黨的恐怖主義者相連絡，並且有與所有自治派的反對勢力相結束，而對抗政府的反動的傾向。

一八七二年烏拉濟密爾縣的自治會會議，曾決議了請求政府許可召集全俄自治會會議之許可的條件。自然此要求未得政府承認。所以結果自治會派的人們，遂不得不用別的方法而去達成此種目的。即密秘在各地開部分的自治會議，做成顛覆政府的陰謀。

如是自治會派之憲法要求運動，漸漸增加了革命的色采。政府爲變更國民注意之焦點，於一八七七年與土耳其開戰。但結果，此次戰爭反引起國民的不滿。俄羅斯爲使堡加利亞脫離土耳其的羈絆，派遣了軍隊。但俄羅斯本國人，則依然屈服於絕對的專制主義之下。受了俄羅斯的援脫出土耳其的壓迫而得了自由的保加利亞，已經實行了代表制度的政治，而俄羅斯則依然在官僚主義的時代。這樣不合理的事，使俄羅斯人民的不平更加激烈。爲其他民族之解放，流血的俄羅斯人，却不能享有自由。這是有傷於民族的自尊心的事。

由人民之不平，從而官憲的壓迫更加強暴，不斷的有家宅搜索，逮捕，政治犯追放，投獄，死刑等殘酷的事發生。那一個人也不能保證明日的運命。自治會派，遂乘此機會，一方面對於政府指摘着國內之危機，勸告其速行召集有立法權的國民會議。另一方面對柴尼考夫縣，哈利考夫縣，都維約爾縣，保爾特夫縣，薩馬拉縣等的自治會，公然提議召集各縣自治會會議，幷勸告其宣布其主張。其中一八七九年在莫斯科開的都維約爾縣的自治會會議，集合了十六個自治會的三十人的代表，有當時高利柴夫敎授林都福爾斯，彼得盧凱維齊等人出席，爲自治會運動之前衛。

自此時以來自治會運動之中心，自南方移於北方。在莫斯科市組織了自治會同盟。此同盟之目的，爲對各地方自治會之宣傳。但此同盟不久又在外國設代表機關。最先在格利西亞進行其計畫。但此計畫之發軔，卽被政府沒收其最初的宣傳文。並該文書的印刷者亦被捕。此宣傳文中有題爲自治會的當面使命的小册子。據此小册子，當時自治會派之標語爲言論出版之自由，個人之保證，憲法會議之召集等。

但是索羅維埃夫狙擊亞歷山大二世後，政府對於自治會之壓迫更加強烈起來。在彼得堡，敖代薩，哈爾考夫等都市新設了臨時總縣知事給總縣知事以獨裁權，可以把所有的市民交附於軍法會議之權，從本地方把市民追放於他處之權，出版物取締權，與可以依自己的見解行臨機應變的處置之權。同時專爲壓迫革命運動，以瓦爾埃夫爲委員長組織了特別委員會。其委員都是各部的大臣，他們在此委員會中，製造出戕賊文明阻礙進化的所有的各種壓迫政策。

其後發生了對由克利米亞半島回來的亞歷山大二世實行第三次的暗殺計畫的事件，於宮中遂有了向皇帝陳說有使社會的代表者參與國事的必要者。瓦爾埃夫，君士丹丁．尼古拉維齊大公等，立刻制成了關於國民代表制的議案勸告皇帝實施。但對於此種主張，皇太子亞歷山道爾極力反對，說『斷行這樣的改革，無異把俄羅斯的國家組織之根本精神完全破壞。頒布憲法後，俄羅斯必立刻陷於大混亂。』

冬宮炸毀事件後，亞歷山大二世組織了最高監督委員會。以前哈利考夫縣知事勞利斯．梅利考夫爲委員長。梅利考夫爲鎮壓一切革命運動與反政府運動，由皇帝給以全俄羅斯軍事警察的獨裁權。

梅利考夫最初對於革命家即非常殘暴。對於自由主義者用一種狡猾的策略。他開頭就是國民代表制的反對者。但與自治會與新聞記者個人談話時，他對於他們的空想的自由主義總是吐露着全無根據的希望。例如他會允許對於地方自治會市自由會，及對言論界的政治的壓迫減輕。但這只是由於他欲剝奪社會對自治會的同情，而消滅革命運動的居心。

梅利考夫雖然不承認西歐派的憲法與斯拉夫派的地方議會。但他對於亞歷山大二世時代所實施的諸種改革，認爲有統一之必要。爲此目的他曾向亞歷山大二世提出所謂梅利考夫憲法案。此憲法案之內容大體如下：

在彼得堡市設臨時調查委員。委員由任命官吏與專門家任命之，使其制定憲法草案。制成的憲法案，在附於國家會議之前，以敕令附議於總委員會。總委員會由皇帝之親任者與市會自治會之代表組織之。總委員會之權限，單爲皇帝的諮訊機關。

此梅利考夫案於一八八一年二月十七日受了皇帝的裁可。亞歷山大二世於三月一日（暗殺當日）之早晨赴密哈羅夫斯基跑馬場前，把總委員會召集議案親交於梅利考夫，希望在印刷之前附議於三月四日之大臣會議。

但社會對於在此大秘密之間準備實施國民代議制的事，沒有知覺。革命家們依然熱烈的繼續着反政府運動與暗殺計畫。政府也是不客氣的繼續着強壓政策。政治犯人之數每日增加。俄羅斯全國的監獄，充滿了政治犯人。不斷的執行着死刑。在加藏市有少年羅曹夫斯基，只因爲拿了一張民意黨的宣言在手裏，被處了死刑。

在這種社會情勢之下，恐怖主義者終於決行了暗殺亞歷山大二世的計畫。

『在亞歷山大二世的身體中，潛在着二重人格。貫其一生所行的此兩個人格之衝突，表現着十分悲劇的結果。當他遇到索羅維埃夫時，索羅維埃夫對他發第一槍未中時，他在索羅維埃夫繼續發射的時候，有不一直向門口直走，而繞着走去的機智。所以僅以外套略被打破而逃過了。在他死的那一天，也有毫不疑的勇敢的證據。他遇到實際的危險時，總是很勇敢的。但是他常對着自己的想像的幽靈戰慄。他曾有一次因爲看見其侍從武官略微動了一下，以爲是行刺，立刻用手槍將該武官擊斃，

「亞歷山大二世嘗爲自己的政治之帶了反動的性質非常陷於憂鬱悲哀，由此變成了常常流淚痛哭的發作。他曾對着梅利考夫毫無原因的痛哭了一個時間。哭過後向梅利考夫說：「憲法草案擬成了沒有？」但過了兩天，梅利考夫向他呈說憲法草案擬了的時候，他却莫名其妙的像不知道的樣子說「我說過要憲法草案麼？爲什麼我要那個東西？那種事情，可以讓後繼者來做好了。那是後繼者應當與俄羅斯的禮物。」

「一八八一年二月梅利考夫向皇帝報告說革命實行委員又進行了新陰謀了。但搜索的結果，並沒發見什麼證據。於是亞歷山大二世決定召集由各州代表所成的諮問會。但他常抱着自己一定要遭路易十六同樣的運命，於是此會議與路易十六於國民會議之前所召集的會議一樣也命名爲名士會議。此案本擬提出於樞密院，但皇帝又躊躇了。到一八八一年三月一日新歷十三日之朝，梅利考夫再向他請示時，他纔

命令提出於星期三的秘密會議。那一天是星期日。他由梅利考夫得到有危及生命的危險，不及出去閱兵。但他仍舊出去。他很想去會大公女加得林，告她以此種吉報。此大公女為一八六一年改良派的首領，他的伯母海林•巴夫羅夫那的女兒。他想以此種談話為回憶馬利皇后贖罪的供物。所以告大公女說，「我現在決定召集名士會議了。」但這種過遲的冷淡的讓步，也終於沒有發表。從那裏回冬宮時，在途中被刺。

「被刺當時的情形，如一般人已經知道的。先用炸彈為停止皇帝的馬車，投於是鋼裝馬車之下。傷了幾個警衛與西爾克西亞兵。投炸彈者當場被捕。於是皇帝從其御者受到熱心諫止說，馬車只是略受損傷，還可以走，只請不要出來。但他還不聽，下了車。如他在十耳其戰爭時，在其誕日受了布來那夫的襲擊其軍陷於可怕的悲慘結果時，他還去慰勞負傷兵的樣子。這時候，他同樣嘗着他以大元帥的資格應有去慰問負了傷的西爾克西亞兵的義務。他走到利薩考夫的旁邊問了幾句話。當他走過站在那裏的青年格利奈夫埃茲基身邊時，格利奈夫埃茲基，以一命賠一命的決心，立刻擲下炸彈。於是二人都負了重傷，數時間後，共同殞命。

『亞歷山大二世倒於雪上，其護從者一個也未留，完全逃避了。看閱兵式回來的幾個幼年學生走過時，纔把倒在地下的皇帝抱起，載於橇上，用其外套蓋於肥胖的皇帝身上。其時一個恐怖主義者，手裏還拿着紙包着的炸彈的埃美利阿諾夫，也不管自己立刻可以被捕的危險，與幼年學生們，共同推着皇帝的尸體走。人心的矛盾如此。

『聖彼得堡的宮廷，陷於可怕的恐慌。亞歷山大三世雖身體偉強，但是一個懦弱的男子。他拒絕到冬宮去，而退避於加濟那的其祖父保羅一世的宮殿中。

『爲保護皇帝組織了秘密同盟。各階級的士官，若參加此對各階級的任意的間諜者，給以三倍的俸祿。

『此外更有所謂秘密神聖同盟的團體。此時以皇帝之弟烏拉濟密爾爲首領而組織起來。其目的爲由種種方面與革命黨對抗。殺害對亞歷山大二世之陰謀的首魁，亦爲其目的之一。

俄國革命運動史第四卷

俄國革命運動史第四卷目錄

第四期　無產者之革命運動時代

——十九世紀八十年代至九十年代——

第二章　民衆主義與統一戰線……六六—一〇二

俄國革命運動史 第四卷

第四期 無產者之革命運動時代

——十九世紀八十年代至一九〇一年——

第一章 馬克斯主義與馬克斯主義與勞働團體

一 民衆主義之衰滅與馬克斯主義

恐怖主義者的『民意黨』員用全力實行的刺殺亞歷山大二世，毫未招來他們所預備的結果。民衆之蹶起，不能換到政府之讓步。加之因暗殺皇帝，民意黨中之有力者，如賽利亞保夫，配羅夫斯加雅，奇百里契齊等皆被處刑。其他的同志，大部分被捕。一八八一年起至一八八二年，民意黨事實上陷於消滅狀况。一八八二年黑分黨之脫黨組，布來哈諾夫，薩斯利齊，亞克賽利羅德伊齊伊格拿道夫等覺着農民之烏普西齊那的社會主義難於實現，走向無產級階之工場的社會主義。其後爲避免政府之追索，逃於外國。並於一八八七年亞歷克山道爾烏利雅諾夫（列寧之兄）一派在計劃暗殺亞歷山大二世的進行中逮捕，而被處刑。

如是到八十年代，俄羅斯國內的智識階級革命家，幾被一網打盡。同時失了指導者的民衆主義者的革命運動，亦歸於閉息。

原來民衆主義的主觀的世界觀，曾爲統一七十年代民主的智識階級全體之種種理想之思想。而此種世界觀的統一，可以解釋有特別的潛勢力之社會團體之民主的智識階級所行的革命運動之客觀的可能。但自陰謀失敗以來，由此智識階級所行的革命運動之客觀的統一，因而失墮，同時其世界觀之一般基礎之統一亦從而消滅。在八十年的民主的智識階級之大多數中間，起了空想的民衆主義與若干資產階級化的自由主義之相互交錯作用。同時此智識階級的其他一小部分，突然放棄了民衆主義的世界觀之根本前提，復歸於理想的獨立，與對資產階級的反抗態度。社會的覺醒時代之富於叛亂性的數年間，由民衆主義者推進的理想之發達，使最熱心的民衆主義之信奉者感着改革以後的智識階級之理論，有行理論的檢點的必要。由如此瀕死的狀態之革命的民衆主義發生了俄羅斯的社會民主主義中的馬克斯主義。此馬克斯主義，在社會問題勃興以後的時代，使民衆主義在這種進步的思潮間，占了理想的主權者的位置。

馬克斯之名在七十年代之初在俄羅斯的讀書階級間，受了多大的尊敬。當時巴枯寧主義，在歐洲向着馬克斯主義戰鬥着。並且俄羅斯的讀書階級，對於巴枯寧主義，表着很大的同情，但馬克斯主義亦漸得了多數的傾心者。一八七二年馬克斯之資本論，已譯為俄文。民衆主義者們，對資本主義組織之矛盾亦好學馬克斯的批評的解剖。但馬克斯的唯物史觀在俄羅斯的急進智識階級間則未予容受。加之文壇的民衆主義者們在阿代欠斯都因奴雅查彼斯基雜誌，與土地與自由雜誌上，批評馬克斯的唯物史觀能否適合於俄羅斯國民之運命。如密哈羅夫斯基之結論說：『依馬克斯的唯物史觀，俄羅斯的馬克斯主義者，立於非常可憐的地位。因爲假使對於馬克斯的「社會爲從個人所有主義向共同所有主義發達」的理論忠實時，應當援助農民失其土地，與貧窮饑餓的俄羅斯的資本主義。」

但知道西歐當時社會主義的政論的俄羅斯社會主義者們，不得不思索一下自己的政綱與使命與指導西歐的勞働運動之馬克斯主義之科學的根本思想之關係。當恩格斯反駁條林格的著作出版，在有些人中間更對馬克斯的唯物史觀感到興味。濟貝爾在斯維敖雜誌上，批評恩格斯的著作，而同情於經濟的唯物史觀其他政論家如魯薩諾夫，亦爲唯物史觀的擁護者即巴枯寧亦曾以引起俄羅斯革命，或當依據馬克斯的唯物史觀。但此嘗試終於停止了。因爲巴枯寧對於馬克斯的辯證學方面，很不滿意。但巴枯寧主義者（民衆主義者）中之最有緻密思想的人們，其後沒頭於科學的社會主義的研究，實不能不說不是受巴枯寧的影響。

加之土地與自由黨員，放棄了對於『在民衆中間活動』的從來的見解，與巴枯寧對政治的傳統的見解絕緣，使最理論的民衆主義者，不得不與多數革命黨相離反。布來哈諾夫，亞克賽利羅德遂糾合了與革命黨離反的人們組織了『黑分黨』並且此黨派本來應當立脚於民衆主義的暴動主義，但因種種關係該黨派之發展陷於不可能。即關於政治爭鬥的問題，把其他的諸問題從革命家們的意識中放棄了。代表此種傾向的宣傳機關黑分報，亦與民衆主義者中之嘉考賓主義相戰鬥，一方放棄了對於政治自由之獲得非常冷淡的巴枯寧的傳統精神，更以恐怖主義的政治爭鬥，與民衆煽動代之，採用先行立憲的政變，其次再惹起農民的社會革命運動的方針。結果『黑分黨』未能糾合新政黨之主要勢力，不久再陷於消滅。其首領們對於智識階級之思想發達中的新的要求持着懷疑的態度，當民意黨員之政治的失敗同時，欲防止七十年代人之思想上的理論之破滅。

在黑分黨報之代表的執筆者的眼光中，以爲集中都市的民主分子於民意黨之周圍的事實，乃於改革後資本主義之發達所發生的民主的資產階級之最初的政治出發之反映。民意黨中的智識階級的自己理想化之傾向，即深知西歐共和民主主義之傾向的巴枯寧派，亦承認此種事實。俄羅斯的都市經過民主的智識階級，而進於政治改革實現的鬥爭。

但此種傾向，如巴枯寧派由西歐的歷史所熟知的，誘發該派素所憎惡的資產階級的自由，與資本主義之自由發達。基礎於使有產者社會根本的分離，有產階級社會與農村相對峙的舊革命運動，到達於與社會之和睦關係與指導反農奴制度的傾向。但社會所獲得的政治的自由，如巴枯寧派的意見，並不是趨向於國民之社會的直接解放，反是使國民隸屬於資產階級的。從而對以政治改造之名所行的政治鬥爭，應當予以拒絕，並對在資產階級的生產關係內，用政治的進步，行社會的逆行之學說，非嚴加糾正不可。

從這樣的關係，黑分黨員的思想，遂不得不對俄羅斯的經濟發達的情事加以新的解剖。此解剖之結果，破壞了民衆主義者的『農村與資本主義之突衝是不可能的』幻想。民衆主義的小說家，經濟學者，統計學者的議論，結果成了顛覆『農村組織是健全的，鞏固的』之從來的錯誤思想之好材料。黑分黨員用此等材料拿到新的實驗世界檢討的結果，到達於『俄羅斯的民衆已經開始了西歐諸先進國所有的經濟的歷史』的確信。在七十年代爲詰責資本主義之罪惡而出來的證人馬克斯，遂成了當時輿論界的的先導者。

布來哈諾夫與亞克賽利羅德，與巴枯寧主義行最後之告別同時，放棄了對於民衆運動之對象的從來的思想由巴枯寧主義漸入於政治的人民自由主義之間，俄羅斯的生活舞臺間，突然出現了完全沒有預想到的否定民衆主義的一個社會階級，即無產階級。此無產階級與農民階級完全異其性質。

社會民主主義的『勞働解放團』之創始者布來哈諾夫與亞克賽利羅德等鑑於都市勞働者中間的暴動派的宣傳之實驗，與七十年代之終葉的罷工運動，確信了『在俄羅斯，抱持進步的社會思想者，爲由資本主義所形成的無產階級』之確信。一八八三年所印行的布來哈諾夫著的社會主義與政治鬥爭中，已經主張着『現在應當復歸於西歐派的傳統，以歐羅巴與俄羅斯對立是根本錯誤。七十年代的一切民主的運動，以此兩者之對立爲基礎，這是錯誤的』鬥爭的論調。

爲獨立的參加於社會的鬥爭，組織了獨立勞働黨，爲使俄羅斯政治的西歐化，組織了民主黨；此爲俄羅斯的社會關係，顯著的西歐化的新傾向之主眼。其結果民主的智識階級之傳統的思想統一漸漸發生了深的龜裂。

二 布來哈諾夫的生平

民衆主義衰微後，勃興於八十年代之俄羅斯的社會思潮，爲基礎於馬克斯主義的無產階級的工場社會主義，即社會民主主義。

此種社會思潮之介紹者爲黑分黨的中心人物布來哈諾夫。他看見恐怖主義者與自治派的人們，爲煽動俄羅斯的農民暴動而行的皇帝暗殺的革命運動之失敗，與俄羅斯的資本主義之發達，與勞働運動之進展，於一八八三年與其同志薩斯利齊，亞克賽利羅德，代伊齊，伊格拿道夫等人同到日內瓦，組織了該地的『勞働解放團』。從此地把新社會主義介紹於俄羅斯的勞働者。八十年代以後，俄羅斯的革命運動的主體，完全離開了農民智識階級而移於勞働無產階級，實由於布來哈諾夫的指導。

該敖爾基·瓦林智諾維齊·布來哈諾夫（一八五六——一九一八）爲俄羅斯勞働者的教師，俄羅斯馬克斯主義之傳道者，七十年代以來，俄羅斯一切社會運動與革命運動的關係者。爲當時歐洲有力的社會主義者中最有名的一人。

他生於湯保夫縣貴族之家，從青年學生時代，即埋頭於七十年的智識階級青年（民衆主義的）的革命運動。民衆主義者如前述，相信俄羅斯大多數的農民，地方自治團的制度而領有土地的影響，已經了解了社會主義。在民衆主義者以爲一切的農民在其精神上已經自然的傾向於社會主義。民衆主義者的使命，是單由說農民之境遇，誘導農民對於地主官憲之憎惡，由此方法使農民以大衆蹶起，實現俄羅斯的自由自治制度，即無政府主義的社會組織。

從而民衆主義者以爲農民的俄羅斯可以飛越過資本主義，農民的俄羅斯可以不發生都會無產階級。而農民可以由從農奴制度解放出來的皇帝的俄羅斯，直接到達於農民社會主義的制度。

並且民衆主義者們對於最初政治上之自由之獲得，與憲法政治，即君主專制之制限，民衆代表制度等運動，毫未感興味，以爲政治上之自由，與有對於新興資產階級有其存在的價值可以鞏固資產階級之基礎助長俄羅斯的資本主義之發達，阻止社會革命的進行。

但一方面皇帝亞歷山大二世政府，對民衆主義的社會主義極端取締。對於他們向地方農村的煽動，報以逮捕，追放，刑罰。他方農民對於民衆主義者的煽動，也不大了解，反對於進步的青年懷着不滿。

在這樣的形勢之下的民衆主義者之一部分，自一八七九年以來，承認有對政府行政治鬥爭的必要。為獲得政治的公民之自由議會制度，有先歐西先進國的資產階級所享有的一切權利而鬥爭的必要。『土地與自由』黨分裂後，組織了民意黨的民衆主義者之一派，為懷抱着此種信念的人們。但他們不做有連絡的一般社會運動，只單獨參與政府鬥爭，用其全力實行恐怖手段。

青年的天才民衆主義者布來哈諾夫，亦大體開始其革命活動於這樣的社會思潮中。『土地與自由』黨之渥維奈齊會議形成其黨之分裂之際，布來哈諾夫會熱心的固執着農民社會主義的根本見解，反對恐怖主義，反對政治上之自由之獲得。黨分裂後他更組織了稱爲『黑分黨』的民衆主義團體繼續着以農民叛亂爲其唯一的希望的活動。

很有興味的事是布來哈諾夫當時並沒有了解馬克斯主義，宣傳着不可實現的理想，是民衆主義者『土地與自由』黨員以上的穩健思想家他以爲革命運動之成功，必需有民衆的同意與援助。智識階級無論如何勇敢的與政府鬥爭，只有單獨行動，絕對不會成功。實際上由民衆主義者雖然暗殺了皇帝，但沒有撲滅了皇帝制度，可見布來哈諾夫的見解之不錯。

當時還是靑年革命家的布來哈諾夫，在理智上雖然是認着農民社會主義的傾向，但心中從最初已經感着於都市勞働者。他在他的著作革命運動中的俄羅斯勞働者中，已經講到此點。他說勞働者不過是偶然來至都會而出現於工場的農民。此農民勞働者，爲輸入社會主義於農村的最好的媒介。因爲農民對他們勞働者比對智識階級，還相信的多。同時布來哈諾夫發見了勞働者與農民對社會主義之理解有很大的不同。因爲他們曾實見勞働者異於農民，他們爲社會主義之傾聽者。

布來哈諾夫一邊從此種見解否認政治的鬥爭，但實際他是一八七六年彼得堡加藏斯加雅廣場所開的最初的政治的示威運動之一主動者。此次示威運動之參加者，大部分爲勞働者中的社會主義者。布來哈諾夫自己於此時亦第一次在民衆之前行其反對君主獨裁主義的政壇演說。

一八八〇年布來哈諾夫爲逃避俄羅斯警察之追迫亡命於國外。其後二年他的見解上突然來了一大變動。他在亡命外國時，曾研究馬克斯的著作，目擊歐洲的勞働運動。由此漸次成了民衆主義之反對者。一八八三年發行了題爲社會主義與政治爭鬥的小册子。他主張說勞働級階的政治爭鬥與政治的解放，在勞働階級的經濟的解放，爲必然的先決條件。同年他與其同志亞克賽利羅德，代伊那薩斯利齊女士等組織了稱爲「勞働解放團」的俄羅斯最初的馬克斯主義的革命團體。

自此年俄羅斯的社會民主主義之主張，到達於根據勞働階級而實現社會主義，把俄羅斯從君主專制主義之壓迫之下解放出來。

其翌年布來哈諾夫發表了他的名著吾人的見解之差異而論駁民衆主義，證明馬克斯主義爲正當。在此書中布來哈諾夫指摘大衆的農民現在還不能爲社會主義之支持者。當時的俄羅斯，都市工業已經發達，漸次形成了資本主義的制度。伴隨着資本主義必然的起來的，是資本主義之敵，即負了絕滅資本主義的使命的無產階級。從而像西歐一樣，在俄羅斯，無產階級亦爲對俄羅斯政治改造最有興味的階級。從其境遇上說，他們對於頑強的有組織革命鬥爭，亦較其他階級有較多的才能，且爲充將來俄羅斯革命的射擊兵的最適當的階級。

布來哈諾夫在其後十五年的生涯間，都抱着這樣的理想。他對於俄羅斯的社會生活與俄羅斯的無產階級，以及俄羅斯革命，他的偉大功績就在此點。在八十年代的政治問題與社會問題的停滯黑暗時代，在從來的既成革命團體覆滅瓦解後，全智識階級對於革命的理想陷於絕望的時代，俄羅斯境內一切的活力幾乎死滅的時代，民衆主義之後繼者長年所不喜的勞働階級的政治爭鬥由他先見到者，不能不說是他的特見。他以革命家社會主義者的一切希望連結於勞働階級身上舉其全力供奉於勞働階級，以其全精力，全健康與其博大的智識與文才，援助勞働階級的政治的經濟鬥爭。

有些人冷笑布來哈諾夫與其弟子們，欲以民衆之最小部分的勞働者之援助，把俄羅斯從君主專制裏救出來的奇人妙想。社會主義者之第一回國際會議（巴黎）席上，他說出俄羅斯的革命運動，或者是勞働者之成功，或者是失敗時，當時歐洲有數有名的社會主義者，都表示反對。而俄羅斯最初的馬克斯主義者布來哈諾夫的弟子們，其後七年間與民衆主義者爭鬥的結果，於一八九六年，在彼得堡的紡織工場之勞働者中間勃發了大同盟罷工。

此次同盟罷工，在俄羅斯歷史上開了一新紀元。俄羅斯的無產階級之革命的價值，自此纔得一般的承認。當時在倫敦開的第四次社會主義者國際大會曾驚歎歡迎俄羅斯無產階級之蹶起。此時布來哈諾夫的社會運動家革命家得到最大的滿足。

布來哈諾夫不只爲俄羅斯的馬克斯主義者，與覺悟了的勞働者之教師，指導者，而且是偉大的思想家，眞的馬克斯主義之研究者繼承者。在馬克斯主義之哲學的研究上，即馬克斯的根本思想之研究上，歐洲與俄羅斯評論社會思想之馬克斯主義的歷史家，馬克斯主義之批評家文學與美術上的馬克斯主義的歷史家中很少出乎布來哈諾夫之右者。

布來哈諾夫不只以一個學者有高遠之見識，更在思想表現上，其表現之色采與生氣，及其徹底之點有卓越的才能。如一八九五年他用貝利多夫的匿名寫的一元論的歷史觀使當時智識階級的頭腦裏起了一大變動。俄羅斯的馬克斯主義，纔成爲一新學說，而傳播於一般思想界。

如是布來哈諾夫爲最初用馬克斯主義適用於俄羅斯的實際生活研究的馬克斯主義的解說者。不問持任何思想與黨派關係的人，都公認其爲俄羅斯社會民主黨的教師。但在實際政策上，即在關於政治爭鬥的直接行動的指導上無一定的見解，所以在社會民主黨人中間，亦有許多對他反對者。

如一九〇三年俄羅斯的馬克斯主義中之多數黨與少數黨分裂時，布來哈諾夫與許多人離開之後，卒陷於獨立的活動。在歐洲大戰勃發之際，視德意志帝國主義，爲對歐洲文明與勞働階級最危險之敵人，與第二國際的指導者一樣，立於愛國的見地，爲與其最憎惡的德國戰鬥，不辭與自國的資產階級提攜。

一九一九年二月革命後，布來哈諾夫回到俄國，組織稱爲『協同』的社會主義的愛國者的團體。但俄羅斯的無產階級之父的布來哈諾夫的革命的感覺，此時已經沒有動搖俄羅斯的勞働者的力量了。一九一八年五月三十日布來斯特媾和後，他幾乎被勞農俄羅斯忘記了的樣子，於孤獨凄淇之中死於德意志所占領的芬蘭。

三　布來哈諾夫的思想

要更詳細的研究布來哈諾夫的思想，當介紹一下他在彼得堡給勞働者的一封題爲俄羅斯勞働者的急務的公開信。此信於一八八五年曾揭載於『布拉高埃夫團』之機關報勞働者上。布來哈諾夫說：

『在任何國家裏都是一樣，在我國也是非以社會民主黨爲勞働者的政黨不可。

但這並不是說社會民主黨排斥屬於其他階級的人們。排斥屬於其他階級的人，不只是錯誤，而且可以惹起許多不便。結局非使社會民主黨的活動陷於絕地不可。我所以說社會民主黨應當以其主要部分爲勞働者的政黨，是說我們革命的智識階級應當與勞働者共同前進，而我國的農民應當隨於勞働者的背後。這樣纔能使我國的社會民主黨，不墮於排他的傾向，而纔能保持其勞働者的性質。」

布來哈諾夫更言及俄羅斯勞働者的根本的使命。他以爲欲決定俄羅斯勞働者的使命，當着眼於俄羅斯勞働階級的二重境遇。即一方爲勞働者的境遇，他方爲沒有公民權俄羅斯人的境遇。

「諸君非努力奮鬥不可。第一爲解決工場主的虐使與經濟的榨取。第二爲獲得權利，對於警察之兇暴，爲自由國之自由民而奮鬥。換句話說，即諸君應當爲獲得政治的自由而奮鬥。

「此兩個使命，並不是各別的；不能分開來解決。因爲諸君都是被榨取的勞働者，同時是沒有公民權的人民。諸君應當團結起來以一個勞働階級同時追求政治的目的，同時向着經濟的目的邁進。

『此兩者是不可分離的。諸君若沒有經濟的獨立，便不能完善的利用政治上的權利。同時若沒有政治上的權利，經濟獨立之獲得也是不可能的。若有不與諸君以政治上的權利，而欲保障諸君的物質的狀態，或可以保障的政府。那諸君也不過是飽滿的奴隸，不過是飼育豐富的家畜。其時諸君的理智，諸君的道義心，由政府之壓迫，導諸君之鬥爭，諸君的心中比充滿了憎惡的現在，必更感一層的痛苦。

『反之只獲得政治之自由，勞働者不能從資本之壓迫下逃出來。但由此勞働階級對勞働階級第一給了把自己的物質狀態向上的可能。第二所謂上流階級之頑固不化者，總是躊躇逡巡不敢走到爲社會主義的將來奮鬥的戰士中，只是求皇帝的慈悲。而成爲所謂希望着上流階級之覺醒的懦怯者流。

『爲諸君之將來，有以下三事：

第一　喚起諸君之同伴的自覺。

第二　組織統一諸君同伴間的勢力。

第三　把此等勢力集中於獲得政治上的權利的工作上。」

總之布來哈諾夫的主張，就是說勞働者之先決問題，是獲得政治上之自由即勞働黨的使命限制。把社會問題之終局解決，從其他實際問題的範圍中拉開。此即從現在所謂最高限度之綱領中，把最低限度的綱領拿出來。

此種分離區別於一八七九年已由『俄羅斯北方同盟』做過。布來哈諾夫，更在其論文中，詳細的說明其區別之必要。爲實現勞働黨的最低限度之綱領的奮鬥，不久即爲勞働黨之最大限度綱領之最後勝利。

四　資本主義之發達與勞働者的境遇

八十年代的一個社會的特徵，由布來哈諾夫一派的觀察，即農奴解放以來，以俄羅斯之新勢力而產生出來的工場勞働者即無產階級之擡頭。自一八七七年至一八九七年的二十年間，俄羅斯的產業幾乎增加至四倍（由五百四十一萬盧布的資本金增至千八百一十六萬盧布）。外國的資本相繼投於俄羅斯的產業因爲關稅保護政策，妨礙了外國貨的輸入。農民亦爲世界市場上穀物價值的下落，背棄了農村而來集於都市。

於是工場勞働者的無產階級之數，激度的增加。由不能忍受的困難生活之壓迫，急速的走於革命的風潮中。

他們的勢力還非常微弱，相互間沒有什麽連絡。幷且沒有適當的指導者，但他們已用勞働者的爭鬥手段之同盟罷工，要求境遇之改善。自一八六五年至一八七七年間有二萬人的勞働者，參加罷工。自一八七八年至一八七九年間有二十九回罷工。參加者有三萬五千的勞働者。八十年代之前半，因產業界之危機與勞働者之失業，屢起大罷工運動。參加的勞働者，實達八萬人之多。八十年代之後半由產業發達之結果，失業勞働者因而減少。各工場重新吸收了勞働者，而爲要求增加工資的大罷工，又相繼而起。其參加的勞働者，達四十三萬五千人。

但如前述八十年代的勞動運動，反乎七十年代，不受智識階級的革命家的援助，將其直接的目的置於勞動者之境遇改善上。沒有主權革命，或經濟革命的色彩。從而八十年代，由革命歷史的見地看去不是很重要的時代。但此時代之勞働者的同盟罷工之頻發，由此使智識階級的革命家即革命的指導者之頭腦，由農民而轉向勞働者之實際勢力。九十年以後俄羅斯的無產階級革命運動，已由八十年代爲其準備。在此種意義上，八十年代，在俄羅斯的革命運動，爲由農人之手移於工人之手的過渡時期。

在此過渡時代之產業的發達，與七十年代進行於同一徑路上。每年總新修起數千里的鐵道。大資本的新企業，逐漸興起。在產業方面勞働的勞働者之數每年總增加數萬人。加之此時資本主義社會的普通的現象，亦以一般的法則表現於俄羅斯的社會中。即由生產澎漲，勞働者之增加，大工場之數較中企業與企業之數增加得更多。

並且俄羅斯的大資本主義的產業之發達，並不能認爲普通的狀態。大工場多以政府的商意爲主業。由此大資本家可以貪得巨利。若政府的定貨一經限制，其產業必立即停止，所以生產能力亦受限制。其結果幾千的勞働者，陷於失業。即未失業的勞働者之工錢，亦因而低縮。

當時俄羅斯內部的市場還很微弱。並且大多數的人民（農民）受着過重的苛稅之壓迫，生活於非常困難的狀態中。所以在市場上沒有消化多量的工場生產品之能力。不只非到相當時期，此生產需用的關係之缺陷，不能充分明瞭，且國內市場仍然是一意擴張。加之由新鐵路之敷設，工場之生產品，漸次普徧於偏僻的村落。同時農民的家庭工業遂受其壓迫。由高率的關稅保護本國出品，不許外國品之輸入競爭，從而本國出品，遂以莫大的利益賣於國內市場。

要之八十年代俄羅斯的產業，非常有利的發達起來。同時，一切的利益悉歸資本家壟斷。自此時代激度增加，並且繼續增加着的勞働階級，只是呻吟於政治與經濟的壓迫之下。政府爲其境遇之向上組織了團體來壓迫勞働者。數十人數百人的勞働者相次被捕，投獄，追放。勞働者開始了同盟罷工，就受保護資本家的警察與軍隊的壓迫。從而八十年代的勞働運動史上，只留下用勞働者之血點染了的幾個場面。

但任何東西也不能打破熱烈鞏固的勞働者之勢力。捕縛與放逐，反促成了勞働者之團結。使勞働者自覺了從來對政府的態度之錯誤，使勞働者覺悟了自己的境遇。被追放的勞働者在追放地散布了革命的種子，敎導自己所經驗的爭鬥手段於地方的勞働者。結局追放正成了傳播發達勞働運動的動機。

爲陳示當時勞働者的境遇，可以舉出以下的事實。勞働時間爲一晝夜十二小時以上，有時竟達十八小時。許多的工場行着夜業制度。星期日沒有休息。勞働價値非常低廉。平均男子一人的工錢，爲年一百五十盧布至一百九十盧布，有時低下至年九十盧布。女子的工資爲男子之半額，童工爲其三分之一。加之在此微少的工資中各勞働者，每月還需除去種種的罰金。此外還要扣除入浴費，藥費，機械費，石油費，向寺院繳納的祈禱費。

工場主對於機械之危險，幾乎全不留意，從而勞働者特別是童工的死傷數非常可怕。加之大多數的工場沒有治療的設備。工場的衛生狀況，簡直不成話。即工場主給勞働者修的宿舍與勞働者自己隨意住的地方一樣，全然不合衛生上必需的條件。特別使勞働者苦痛的是企業家與工場主之兇暴無禮。

但八十年代的勞働者的鬥爭仍舊沒有統一。爲不斷的迫來的壓迫榨取完全陷於絕望狀態的各工場勞働者，常與其他工場全無連絡，只是單獨鬥爭着，從沒有想到在開始鬥爭之前，先有團體之組織，與其他工場的勞働者取一種連絡，爲共同利害而奮鬥，以增高一般勞働者的境遇。

由此點看去，八十年代的勞働運動，較六七十年代，更陷於不利的狀態之下。因爲從來積極的援助勞働者之運動的革命團體『土地與自由』黨，與『人民自由黨』如前述至八十年代之開頭，被政府絕滅。同時參加於此等團體而爲勞働運動之先驅而活動的有自覺的勞働者，亦已被政府剿滅。

五 勞働運動之動機與其實例

八十年代的勞働者，不知勞働運動之實際的方法，且立於孤立無援的狀態中，但他們却仍舊能反抗工場主之壓迫，在廣大的俄羅斯帝國內之各地，不斷的行着罷工運動。現在雖然無法陳述其全部的事實，只舉出幾個其中最猛烈的，使俄羅斯政府承認勞働階級之覺醒的實例。

一八八〇年之始，在莫斯科的普羅夫金工場與高哀林工場的勞働者開始了動搖。

普羅夫金工場方面發端於工場主强迫勞働者只許在工場附屬的賣店中買東西。但該賣店的物價，比市場的物價還貴的多。此時勞働者之動搖，即警察亦表同情工場主遂不能借警察鎭壓勞働者，只得允許了勞働者的要求，把賣店的物價降低。

高哀林工場的勞働者之動搖，是在一八八〇年之初由工場主方面向勞働要求對毛織物一亞爾減少一哥貝的工資而起的。此種工資減少的要求，使勞働者非常昂憤。自一八八〇年二月十日該工場的勞働者，一齊開始罷工。從來工場對勞働者的壓迫，即對勞働者供給的煮茶之薪炭費由勞働者自己負擔。對於勞働者應得的工資，用賣店的貨物供給，不希望貨物而要求現金工資的勞働者，同時要廢止工資之十分之一的徵收。此次罷工繼續了五天，結局由場主高哀林的讓步落着。

同時契埃夫市的鐵路工場中亦起了動搖。以車輛製造工與技師之衝突爲其原因，此動搖終於成了同盟罷工，釀成重大事態。參加此罷工的職工達於千五百名。

同年九月莫斯科布來斯特鐵路線之耶爾曹紡織工場的勞働者二千六百名起了同盟罷工。此次罷工爲當時大工場罷工之一。這裏由地方自治會衛生委員會之報告，詳述罷工之經緯。

『大富翁福爾都夫的工場爲一切疫病之巢窟，同時是資本主義榨取勞働者之模範。此工場的勞働者，處於極不合理的情形中。勞働者呼吸着棉花的塵埃在華氏二十八度二分的氣悶的暑熱中工作，薰於設備極壞的便所的臭味中。

『由工場主之說明本來可以改良此發散惡臭之便所，一掃病毒的根源，但這樣一來那裏立刻變爲勞働者之休息所。工場主方面又得盡力從那裏趕勞働者到工場。

『此工場的勞働晝夜不息。一日夜只交替一次，每班的工人只能有六點鐘的休息。勞働者往往連睡眠時間也沒有。工場附屬的寄宿舍爲三層房，每層都分爲像監房的小屋，不潔陰濕幷且充滿了便所的惡臭。勞働者在此十三立方薩藏的小屋內，正如鍊魚藏於罐頭內一樣擠着。普通的勞働日，一室擠着十七八人。祭日與休息日，竟需擁擠至三十五人至四十人。

『勞働者皆以一年契約被僱。依契約無論有什麼事故，均不得擅離工場。但場主方面有隨意開除勞働者的權利。

『勞働者的工資不用現金發給，由場主所經營的商店，供給食料品及衣服與勞働者。

『特別對於未成年者之雇用榨取，非常利害。全勞働者的四分之一爲至十四歲的少年。同四分之一爲至十八歲的未成年者。未成年者因長時間的勞働，勞働者無論如何疲勞負傷的少年，當受手術時不用麻醉劑就可以熟睡，由此一事卽可以知道其慘狀。

『加之勞働還受種種無窮的罰金。其金額與其他扣除費算起來，到十盧布至十五盧布之多，此種罰金，達於勞働者之年收的百分四十五。

『但工場主還不以此巨利爲滿足，一八八〇年九月，更發表了減少工資十分之一。由勞働者之不平，遂開始了罷工。

『勞働者方面，因爲被雇於一定的條件之下的一年間（卽復活祭至復活祭）絕對不承認在工資金中扣除罰金與機械破損費，與減少工資。

『此次罷工時忽然來了警察的干涉。但也是無効，其翌日縣知事來到工場，調查罷工的原因，勸告場主撤回其減少工資的通告。但勞働者不單以撤回減少工資而滿足。要求把工資復舊的通告公布出來。此要求立刻得了允許。但福爾都夫當縣知事走了的同時，要求派遣軍隊來保護工場，工資復活的通告亦立卽撤去，把罷工的主謀者逮捕了十一名，其他的八百名送還於其本鄉。對此嚴罰與軍隊的駐屯恐怖起來的本地勞働者，終於服從了減少工資的無理的事，而復工。

『其後經過一年，對此罷工主謀者的十一名工人，行了裁判。其中三名無罪放免，八名處了二星期或一個月的徒刑。他們在受判決以前，坐了四個半月的監獄，後七個月保釋出來，置於警察的監視之下。』

一八八二年駝爾米的槍礮工場起了大罷工。亦起因於無限制的罰金制度減少工資，與新技師之橫暴同年伊屋諾烏斯奈新斯克的代爾貝奈夫的紡織工場，亦因罰金制度與設備之不完全起了罷工。即該工場之機械不完全，所以織線總是斷，因此時時停止機械之運轉，空費時間，場主遂不得不減少工資，斷了的線常常接不起來，有一次接不起來，該管的工人，就得受二十哥畢的罰金。這樣的事一天有兩次，一天的工資就歸於零。

同年十二月起了倍羅斯道克的斯拉濟斯基的紡組工場的有名的罷工風潮。此次為猶太人的罷工，其原因爲減少工資。猶太人之七十家族參加此罷工。得了一般勞働者的同情援助，卒得貫徹其目的。即倍羅斯道克市的其他工場的猶太人，都決心援助其罷工同伴，每人每星期出五十哥畢的援助費。德國的工人也拒被雇爲被開除工人的後繼者。罷工狀態延長下去時，他們也拿出自己的工資之一部份援助罷工者。由這樣有連絡的援助，工場主方面遂不得不讓步，終至罷工者得了勝利。

自一八八三年至四年莫斯科的尼古拉埃夫斯克鐵道的汽罐工場與保爾特瓦鐵路工場與保斯丹焦克維的煙草工場，莫斯科的馬爾奇埃利機械工場與波蘭焦拉爾道夫斯基紡織工場起了大罷工，大動搖，其原因亦因工場主之橫暴，任意的罰金制度與工資減少。

在敖玆涂辛斯基紡織工場，勞働者決行了兩次罷工。最初於一八八三年的二月，第二次在一八八四年的十一月。兩次都是因爲工場主減少勞働時間的結果，卽一八八三年工場主方面以事業之停滯爲口實，每天減少了數時間的勞働時間。勞働時間之減少，立刻就影響於工資三千的勞働者以爲這是違反雇用契約，互相團結起來決行罷工。

一八八四年在工場主方面以同樣的理由每星期至於減少了五日的勞働日數。於是勞働者又齊激起來。與工場主交涉決裂後，十一月十一日勞働者遂決然罷工。破壞了機械器具，對工場主加以暴行。

此工場勞働者之大多數，是本地的住民，他們在罷工時期中完全團結起來，從他地方來的勞働者更是非常強固。結果罷工者中三百十五名被捕，送於莫斯科而下於獄中。但罷工終於由工場主方面的讓步落着。濟拉爾道夫斯基紡織工場的勞働者之大動搖，卒發生了勞働者與軍隊衝突流血的慘事。

還有一八八五年伊屋諾渥茲奈先斯克與道哀里縣的克茲奈敖夫工場亦起了大動搖。

六 勞働爭議之新傾向

八十年代頻發的勞働運動，卒使政府感着解決勞働問題的必要。尤其反動的政府機關報，素來不認勞働運動有重大的意義，如莫斯考夫斯卡維多摩斯齊報，自一八八四年至五年對於勞働者的同盟罷工，抱着以下的傾向：

「在我國幸而沒有可稱爲勞働問題的東西。但若政府的態度這樣輭弱無責任，或者漸漸會發生與西歐形式不同的勞働問題也未可知。國民由官憲的軟弱態度之結果，漸漸流於分離狀態。「隨意」將成爲權利，成爲習慣。」

但多少富於思慮的爲政者，已經覺悟了單以壓迫政策來解決勞働問題之不可能。他們預想到在俄羅斯各地方起的無產階級的爭鬥之大波瀾將來定會顚覆俄羅斯的社會生活之基礎，覺悟了爲改善勞働者之境遇，應取適當的手段。

其結果頒布了各種工場法，限制勞働者之夜業，規定了婦人與未成年者之雇用條件，確定勞銀發給日期，取締工場主對勞働者扣除罰金之橫暴，禁止用物品與利票發工資，設置了工場監督官，監視新工場法之實施。依當時的狀態看去，這些法律，顯著的提高了勞働者的境遇，在勞働者方面是大收穫。因爲此等條件之實現爲後來勞働運動之主眼。

八十年代之後起的勞働者之動搖與罷工，大部分是因爲此新勞働法的適用上之錯誤，或資本家蔑視此法律的結果。於是如傳染病的樣子瀰漫於全俄羅斯的新罷工風潮，遂自一八九三年開始。

此勞働者動搖的根本原因，爲一八九一年至二年間俄羅斯所起的大饑饉的結果的產業之危機。由此大饑饉，農民的購買力更顯著的低下，資本家並爲縮小產業，開除了數萬的勞働者。

但被開除的勞働者多與村落沒有連絡，所以不得不向別的工場去找工作，其結果使其他工場的勞働階級，陷於不利的竟地。工場主因被開除的失業勞働者堆滿於工場的門前，於是遂以非常有利的條件，雇用了爲免除饑餓的勞働者。

其時勞働者爲維持從來的境遇，重新捲起了勞働運動之浪。這回的勞働運動，完全行於與從來不同的情形之下。即在此時代纔開始有爲將來的光明而奮鬥的自覺的鬥士的團體，形成於勞働者中間。此次的運動纔開始有了組織與連絡。所以九十年代之勞働運動，比從來幾乎表現爲特殊的形態。

七　勞働團體之續出

基礎於固定的農民的知識階級之革命運動之失敗，既由七十年代之事實可以證明，而亡命於政府之壓迫，而亡命於外國的布來哈諾夫，薩斯利齊，亞歷克賽利德，代伊齊，伊格那道夫等在西歐目擊了無產階級的鬥爭，考究着革命運動失敗的原因之結果，覺着了農民的俄羅斯急速的要轉化於社會主義是不可能的，並且是根本的錯誤。

其時布來哈諾夫一派的亡命者，於一八八三年在日內瓦組織了稱爲『勞働解放團』的新革命團體。他們遂開始主張『極端的排斥從來的民衆主義。俄羅斯亦非受過資本主義之洗禮不可，俄羅斯也只能從其他國家一樣的徑路與法則而發達。俄羅斯的社會主義之路，只能由勞働階級來開拓。』即布來哈諾夫把從來的限於民衆與農民的，即非由農民不能做成俄羅斯的革命並俄羅斯不如西歐的資本主義之發達，從而俄羅斯的工場勞働者之發達是不可靠的民衆主義的主張，根本捨棄了。

如前所述，當我們一看八十年代俄羅斯的勞働運動的情形時，即可以知道他們之發生這種信念也是當然之事。看西歐諸國的例子，也立刻可以理解他們的今後的革命運動，非以都會的勞働者爲基礎是不能成功的主張。

一八八五年『勞働解放團』發表了最初的社會主義的綱領。綱領表示將勞働黨的活動目的，與俄羅斯的勞働階級的根本要求。據此綱領，他們的終極目的是『把勞力從資本之壓迫之下，完全解放出來，一切的財產與一切的生產力歸於國有。』

在當時的國際的物資交換的情形之下，要實現這樣的經濟革命，當然必以各國勞働者的利害關係密切的互通點爲其前提。在任何國家中，達成此種目的必然條件，就是非爲獲得政權以勞働與其他階級行強固的政治鬥爭不可。『勞働者的解放是勞働者自己的事業，』爲指導此解放的事業，第一有組織勞働黨的必要，但組織勞働黨的事業，在絕對主義的俄羅斯帝制之下，必定會引起強硬的反對。

而勞働解放團用其全力集中爲勞働者出版物之發行。使當時在俄羅斯漸漸發生的最初的社會民主主義團體之活動。但此計劃未能立刻見諸實行。

加之俄羅斯政府的反動政策，到八十年代，更加強烈起來。於是勞働解放團與俄羅斯內部的革命家們之直接連絡，愈形困難。代伊齊被捕後，其連絡竟歸於中斷。由此勞働者的出版物之發行，與對勞働者之連絡，事實上成爲完全不可能。

當時爲勞働者印刷的小册子中，雖若干發行了些，但如亞克賽利羅德之題爲勞働運動與社會民主主義的小册子與其他的稿子，都沒有印刷。

在這種情事之下，勞働解放團，遂用其全力從在外國留學的俄羅斯學生中，製造社會民主主義的革命的智識階級，使他們歸俄後向勞働者宣傳社會民主主義。在這種意義上勞働階級團曾於十年間與民衆主義的革命思想戰鬥，纔漸得到了一部分的俄國留學生之同情。此次的成功，在俄羅斯的社會民主主義之發達上，實在有很大的貢獻。勞働解放團之成功，由從九十年代的開頭在俄羅斯的各處組織了勞働者的團體，可以證明。即在八十年代之中葉，在彼得堡市組織了最初的社會民主團體。保加利亞人布拉高埃夫為此團體之指導者。此團體依指導者之名稱為「布拉高埃夫團」，其團員幾乎全部是智識階級。其後不久此團體與華西里埃夫島的勞働團體有了連絡。

一八八五年布拉高埃夫團以煽動勞働者的目的，發行了稱為勞働者的機關報，此時布拉高埃夫團與外國的勞働解放團有密切的連絡。布米哈諾夫與彼得堡各勞働團的題為勞働者之急務的公開信，登載於勞働者報的第二期上。但此布拉高埃夫團終於被政府解散，其機關報勞働者亦只出了兩期而被封。

並且在一個較短的期間內，在俄羅斯最初的社會民主團爲下其根於勞働者中間的一切的努力，皆歸於失敗。但社會民主主義的智識階級，雖然屢次失敗，却仍舊繼續着他們的活動。一切團體消滅後，立刻有另外一個團體起而代之。於是勞働運動遂日漸擴大。不久已明白的帶了羣衆的性質。這樣警察的壓迫已不足畏。而勞働解放團，在俄羅斯的勞働者中間所布的種子，不只沒有枯死，到九十年代的中葉，再收了光輝的結果。

社會民主運動的羣衆的傾向，首先發現於西北地方之猶太人之無產階級中間。其次發見於波蘭。

勞働者組織的最初的社會民主團，於一八八七年發現於愛利諾市。在這裏被虐待的勞働羣衆中間，發現了多數同情於社會民主主義之綱領者。他們曾傾聽從不堪的虐待中解放他們的誓約。成爲社會民主主義之理想的熱心的宣傳者。

此時猶太人的無產階級之境遇，悲慘已極。政府把猶太人追逐於特別區域。從來在農村工作的猶太人，在地特別區域，簡直沒有工作。於是被追逐於西北地方的都市之特別區域的數千猶太人，希望無論如何苛刻條件之下的工作。因爲總比餓死好些。

當時西北地方的工業，漸漸開始資本主義化了。特別的商易主顧漸漸減少，都成了一般百貨店式的主顧。商店利用交通之發達，不只在本地的市場並伸手至遠地的市場。在這種情形之下，許多工業忽然落於資本主義者的支配之下。資本主義者供給職工以原料品。與機械職工之失業者漸多，於是找工作的競爭非常激烈，於是弄到工資低下，勞働時間延長。許多工場的勞働時間，爲日夜十四點鐘至十六點鐘。工資一星期低下至兩盧布至三盧布。

爲反抗此猶太商人之酷使榨取，於一八九二年起了罷工運動。勞働者依加特林二世所頒布勞働法，要求一晝夜十二時間以內的工作。維利諾市的工場職工長，將此要求提出於地方的官廳。閔斯克市的勞働者亦向縣知事提出請願書。但用這種方法在俄羅斯很難成功。於是勞働者遂開始罷工。

當時維利諾市與閔斯克市的社會民主團，直接參加此運動，指揮罷工的勞働者，爲使全部同業勞働者參加罷工，盛行宣傳，與能工者以物質的援助，使此次罷工帶了猶太人無產階級之自覺的階級運動性質。

此縮短勞働時間之勞働運動，加了增加工資的運動與反對搾取階級的產業政策的運動之意義。結果達到減少時間增加工資的目的。而此罷工成功的原因，爲很早就存在於猶太人中間的稱爲『海維路易』的互助的儲金所。此儲金所工場主方面的人與職工長都參加在內。

有組織的此互助的習慣，使他們很容易的組織罷工運動的貯金所。此貯金所只許勞働者加入。最初此貯金所只是純勞働者的結合。不久就網羅了從事於各職業的所有的勞働者之百分之二十乃至四十，最後到了百分之六十。附隨着此能工貯金所發達，勞働者當罷工時可以在工場方面未讓步以前勇敢的繼續奮鬥。從而勞働運動的多數得了有利於勞働者之解決。每次運動時社會民主黨之參加指導，幫助了社會民主團的勢力擴張。於社會主義之宣傳上有很多的便利。

猶太人無產階級素來忍受着政治之壓迫與經濟的屈從，在眼淚與嗟怨之中，確信耶和華一定會到來，嚴罰對神之選民的虐待者，救世主一來必定能把猶太人從巴比倫的俘虜中救出。

抱着這種確信的鬥士立於幹部地位爲實現社會主義的理想，撲滅虐待者與搾取者，向上勞働階級的經濟狀况糾合了他們的同志。

這樣的猶太人之勞働運動，是如何頻繁，只由以下的統計，便可以知道其大概。即在一八九四年至一八九六年的二年間，只在閔斯克市起的罷工事件，已達四十五件，維利諾市五十六件（波及於二十七種的職業。）每次罷工爆發時，都有新的罷工貯金所發生。一八九五年維利諾市有二十三個貯金所，其會員爲八百五十名。閔斯克市爲八百七十名。此數字在當時看去，是相當大的數目。

猶太人的勞働運動從維利諾，閔斯克二市更傳播於其他的都市。於是在貝羅斯道克市與布來斯特利德烏斯克等市亦開始了罷工運動。

其後各個罷工貯金所漸次聯合起來，成爲全市同業勞働者的團體。例如波蘭利多瓦剛毛勞働者總同盟爲成功勞働時間縮短的運動而組織起來。

在剛毛產地（維爾考茲斯基，維斯齊奈茲，克來斯拉夫加）起了要求十二時間的勞働運動時，剛毛職工之煽動者曾互相會合，談論爭議的價值問題。審議廢止全地方的同業者的中間機關。製成了一般規約。此規約不久以小册子配布於同業者中間爲剛毛產地勞働者爲罷工而結合的基礎。爲後來組織的勞働組合之種子。

一邊由純經濟機關的職工組合與罷工貯金所之發達，相輔隨着，純政治團體在西北地方的各大都市與波蘭的猶太人間也發達起來、此等團體在勞働者中間有鞏固的地盤。當在倫敦開國際社會主義者大會的當時，從猶太人的勞働團體（即從有三千勞働者的團體的瓦爾索，維利諾，閔斯克，斯冒爾格尼四市）派了四名代表。

一八九五年俄維斯政府曾愼重的注意於猶太人無產階級間達發起來的社會民主

運動。在貝羅斯道克市與維利諾市，瓦爾索市，羅濟市不斷的行着逮捕與追放政策。但這種壓迫並不能阻止撲滅無產階級的運動。在逮捕追放了的鬥士之後，又發見了新鬥士，繼續着他們的不屈不撓的活動。

一八九七年當時已有組織的猶太人無產階級之各團體開了代表會議，組織了『猶太人勞働總同盟。』罷工貯金所之大多數加入了此同盟。『猶太人勞働總同盟』爲俄羅斯勞働階級中最大的勞働團體。糾合了數萬的勞働者。在西北地方的波蘭，以至於波羅的海沿岸地方，與西南俄羅斯及南部俄羅斯的猶太人無產階級間，都爲其勢力所波及。

八　波蘭的勞働團體

波蘭的勞働階級也與猶太人無產階級一樣，漸次覺悟了意識的政治生活。自九十年代之開頭，在波蘭的勞働階級中間，已經有了不少自覺的社會主義者。他們組織了團體，形成了波蘭的革命智識階級。

在此點波蘭的勞働者比俄羅斯的勞働者與猶太人的勞働者還立於有利的立場上，特別波蘭的勞働者之文化程度遠過於俄羅斯的勞働者。即較猶太人的勞働者亦處於極有利的勞働條件之下。加之他們還有相當的行動上的自由。有疾病的時候，可以受疾病救濟貯金會的援助，生活上之脅威比較很少。此疾病救濟貯金會差不多無論那個職工團體都有附屬的，能與罹病者以物質上的援助。

並且看波蘭的歷史也可以知道，波蘭有社會主義之易於發達的理由。即俄羅斯政府至少在初合併波蘭後，對於波蘭的社會主義之宣傳上較寬大而未予以充分行的壓迫。即俄羅斯政府取以毒攻毒的政策，因爲在當時俄羅斯帝國欲使社會主義者與他們認爲更危險的愛國主義者對抗。

但只在勞働階級對資本主義者的經濟鬥爭，俄羅斯政府不能完全取冷靜的態度。在此點俄羅斯政府沒有忘記了直接擁護企業家的利益。因爲波蘭人中對俄羅斯表示好感者只有企業家。他們以俄羅斯爲販賣波蘭的製造品的最適當的市場，從而俄羅斯政府對於波蘭勞働者之罷工運動立刻派警察與憲兵去干涉。對於罷工的勞働者不斷加以流血的壓迫。

當時波蘭的資本主義的產業非常發達，有大工場使役着幾千的勞働者。資本家階級由寬大的官憲援助，比較中央俄羅斯的企業家還多相互的連絡，爲之準備着對付罷工的辦法。

於是波蘭勞働者對資本家的運動，愈趨於險惡的性質。由此種情形使波蘭的勞働階級想到了有先組織政治團體的必要。

在波蘭勞働者中間組織的最初的社會主義團體，因地方與歷史的關係，未能直接立於科學的社會主義之立場。他們容受了社會主義的思想，同時，把此種思想與從來波蘭的國民叛亂的傳統精神連結起來，而將波蘭的無產階級的利害關係說明爲非由波蘭的政治獨立去實現不可。但當波蘭的革命運動非常熾盛的時期，俄羅斯本國內則繼續着極端的反動政策。此種事實在波蘭社會主義者眼中是從屬於從世界文明中除外了的俄羅斯帝國，阻礙了波蘭的文化發達，與波蘭無產階級之鬥爭之發達的有力證據。

一八九三年波蘭的各社會主義團體第一次嘗試組織『波蘭社會黨』時，同時把波蘭的歷史的傳統與科學的社會主義之精神完全結合起來。但當時在波蘭起的無產階級的階級鬥爭，雖然完全網羅了勞働者的社會主義團體，却呈示了組織這樣的社會黨之錯誤。因爲波蘭的產業完全以俄羅斯爲市場而成立，波蘭的全經濟組織，與此種鬥爭的綱領完全矛盾着。

此種矛盾，在波蘭勞働階級中最有自覺的鬥士是不能看過的，他們不能用自己的手去破壞勞働階級存在之基礎，打倒其支柱。於是一八九四年『波蘭社會黨』中的最有力分子終於宣言脫黨，更組織了『波蘭與利多瓦社會民主黨』。此團體之指導者，都是馬克斯主義者。其中心人物中有波蘭著名的女評論家，同時是女革命家的羅薩盧森堡女士。

附隨着波蘭的勞働運動之進展喚起的政府之壓迫政策，自然加於新組織的勞働黨而防止其活動。但俄羅斯政府並不能完全撲滅了波蘭無產階級的自覺運動。加之到十九世紀之末，「波蘭與利多瓦社會民主黨」，更復活起來而漸次在勞働階級中間扶殖其勢力。

九　女革命家羅薩盧森堡

以波蘭最著名的革命家長久的指導了波蘭的勞働運動之羅薩盧森堡女士（一八七〇——一九一九）為十九世紀末葉至二十世紀初頭活躍於國際勞働運動中最罕見的女革命家。她以一貧窮工人的女兒一八七〇年生於波蘭。從她在瓦爾索女學校時，即加入於波蘭無產黨所組織的學生革命團體。一八八八年，為逃避官憲之追迫從波蘭到德意志之條利希市在這裏她仍舊繼續着勞働團體間的活動。一邊進大學得了學士學位。提出波蘭產業之發達的一篇論文於學校，此論文不久已譯成波蘭文，俄文，德文而廣布於社會民主黨人間。

以此大學生時代的她的最初的論文，始把她的博學與研究的非凡的才能介紹於世界。

一八九三年由羅薩盧森堡之努力組織了的『波蘭社會民主黨』（其後改稱為『波蘭利多瓦社會民主黨』）受了瓦爾索勞働者之委托，參加在倫利希開的國際社會民主黨大會。一八九七年到德國在西來嘉，保玆那地方的波蘭勞働者中間，實行革命宣傳，同時在社會民主黨的機關報上發表文章，於是以黨內的評論家得了一般的承認。

以評論家的盧森堡女士的最活躍的時代，正是德意志的貝倫西提恩主義之復興，與法蘭西的軍國主義高潮的時代，盧森堡女士遂不得不一邊與此等思想相戰鬥，一邊熱心的宣傳馬克斯主義之根本思想。

不久他從波蘭社會民主黨，移轉於國際社會黨本部。當一九〇五年最初的俄羅斯革命時代，她為從事革命運動潛入於瓦爾索，在該地被捕，繳了保證金，纔被釋放出來，回到德國。在德國仍舊與同國社會民主主義者共同活動。她的大著政治的經濟現狀與資本之集積之出世，正在此時。由此二大著作，使她列於馬克斯主義的大理論家中。

一九一〇年她為做攻擊德國軍國主義的演說，由德國法庭的裁判處以一年的徒刑。

其時德國正欲以武力行其大日耳曼主義，惹起了歐洲大戰，她出獄後與其同志梅利克載特金等人共同對勞働發表了宣言，說明此次的大戰是由資產階級的計劃之下惹起來的。敎示勞働者以對戰爭的態度。她們又發行了題爲國際的雜誌，僅出了一期卽被禁止發行。一九一六年她又被投獄，在獄中寫了題爲社會民主黨之危機的小册子，以猶尼敖斯之假名發行在此小册子中她已指摘了第二國際之破滅，並預言應當組織第三國際。

由一九一七年十月的俄羅斯革命，被許可了出獄的羅薩盧森堡女士，爲社會主義的革命的熱心的擁護者，在各方面從事活動。但在一九一九年曾三次被捕於加利勞·利普奈希特，同時被德國軍人槍殺了。

十 勞働運動之亂調

西北地方與波蘭以外的俄羅斯領土內的勞働運動進行的非常遲緩。其原因乃俄羅斯本國的勞働階級發生的比較遲。沒有舊的歷史。另外一個原因是因爲俄羅斯的工人不是由家庭工業移到工場，乃直接來自農家他們中識字者極少。幾乎都是目不識丁的，加之全無政治上之自覺，在此低級文化之下，對於政治爭鬥經濟爭鬥都沒有經驗。

但從偏僻的農村來到大都會的產業中心的勞働者由於周圍的環境之刺戟帶了激進的革命傾向。於是爲改善勞働者之境遇，他們遂入於爭鬥的渦中。但勞働者的這樣的傾向，尚不能避免他們的政治經驗與自覺文化等之淺薄地方。因爲一切的經驗自覺與文化都是非有長時間的歷史的發達，是不會有効的。

從而在此時代俄羅斯本國，社會主義的勞働團體與經濟的鬥爭貯金所都極不發達。於是眞的自覺的勞働運動之戰鬥者只是勞働階級的楔子的先覺勞働者。

所以俄羅斯政府在九十年代對勞働者的社會主義團體之壓迫毫不費力。但勞働團體雖少，勞働運動則順着自然的趨勢總在發展着。大產業中心的都市的勞働狀態，使勞働者知道了當時社會各階級的不平等。對於橫暴的資本家的榨取行爲，勞働者於不知不覺間，不得不化爲革命的精神。

勞働羣衆雖然很少政治的自覺。但在社會民主團體的指導之下，相率而加入於對資本家的戰鬥中，爲改善其境遇樂於以社會主義的目標相號召。當時在各工場常貼着社會民主主義的宣言。常常僅因貼了一宣言工場方面不得不向勞働者讓步。

社會主義的勞働團體雖然是少數，但九十年代的勞働羣衆却受了這種傾向以很大的影響這是不能忘記的。他們第一先努力於煽動大規模的勞働運動，其次爲使勞働者之行動有政治的自覺，散布了許多傳單，說明勞働者的境遇與爭鬥的意義。

但此等社會主義團體因人數過少，所以未能擔任指導爭鬥至最後的責任。從而一方面反乎向着明白的目的勞働階級自覺的爭鬥，他方勞働者的無意義的動搖與罷工運動也不少。常有破壞工場的房屋機器，與其他無益的暴動。

所以勞働者雖然燃着灼熱的革命精神，但在革命的實行方法上，還是很幼稚，其理由如次。

俄羅斯的勞働者在從外國輸入的社會民主主義的指導之下，而做着羣衆運動的時候。此時僅保持其餘喘的智識階級的民意黨，已失了勞働者中間以及長期間的地盤的農

民之信賴。只是相信着用恐怖手段實現革命的希望。所以此派後來被稱爲社會革命主義者，

在俄羅斯的社會民主主義者中間，也有單以勞働運動爲改善勞働者的生活狀態的手段的所謂經濟主義者。

勞働者對勞働運動幾乎不知道應當選擇團結了各勞働團體而做羣衆運動或各自用恐怖手段襲擊官憲與皇帝，抑或用同盟罷工的方法只向增加工資的方面邁進等中間的那一條路。在此時代即八十年代之末葉至九十年代之中葉，俄羅斯的勞働運動呈現着混亂的步調，爲運動之最困難的時期，皆由於以上的理由。

並且還有一件使這個時期的勞働運動陷於困難的原因，即自一八九一年遭遇的俄羅斯的大飢饉。大饑饉之結果，加以霍亂症的流行，各工場紛紛關閉，產業陷於大危機，失業勞働者突然增加了。他們爲避免饑饉，也不管工資之貴賤一齊殺到於工場主的門口，各勞働團體之步調，由此又被攪亂了不少。

十一　列寧

在勞働運動陷於非常困難的時期，突然立於勞働運働之線上，爲羣衆運働發出喊聲的，就是當時還只二十二歲的青年列寧。他信奉馬克斯主義，與布來哈諾夫抱着同樣的見解，以爲俄羅斯的革命不是蔑視無產階級可以實現的，俄羅斯也一定與西歐諸國一樣資本主義儘管發達起來，革命的勞働運動不斷發生着，然後纔能有革命。所以他們最先努力於勞働團體之組織。

此種活動着着成功。一八九三年列寧在薩馬拉市與斯克利亞林考拉拉先玆等組織了最初的馬克斯主義者的團體。一八九四年，他在彼得堡加入了中央導團同同年在彼得堡市的『碼頭工會』裏執了牛耳，屢次引起罷工運動，使此等勞勞働體走到羣衆運動的渦中。

一面猛烈的與他派勞働動運之主持者之社會革命主義者，經濟主義者相論戰。一八九三年發表了農民生活上之新經濟運動，一八九四年發表了國民之友是何人他們在如何與社會民主黨戰鬥着等論文。詳細的論駁社會革命主義的鬥士密哈羅夫斯基，由嘉考夫，哀考來克來文考等的議論。同時說明着馬克斯主義者今後的出路在那裏。

列寧（本名爲烏拉濟密爾·伊利維支·烏利雅諾夫）於一八七〇年生於烏爾格河畔之新彼斯克市。他的父親是新彼斯克市模範中學校附屬小學校的幹事。從而列寧自幼年時代已受過非常嚴格的家庭敎育。其後從他父親服務的小學校進於模範中學校。更升學於加藏大學之法科。

在加藏大學因爲他以馬克斯主義者而加入革命團體，入學後五個月即被學校開除。並追放出加藏市外。於是他又入了彼得堡大學，不久又以危險分子的緣故被開除。但凡事熱心沉着的列寧自己繼續研究法律學，四年後於一八九一年得了律師的證書。

其時尙爲二十二歲之青年的列寧只由投稿於新聞雜誌得他的生活費，與那代濟那·君士丹丁諾維齊克爾布爾斯加雅女士（現在列寧之寡妻）結婚，極力在勞働者中間鼓吹無產階級的革命思想，組織勞働團體，努力於羣衆運動。

一八九五年四月第一次出國到瑞士，與『勞働解放團』一派的先輩布來哈諾夫，亞克賽利羅德薩斯利齊等人來往。同年九月又回到彼得堡，組織了『勞働階級解放同盟』，並執筆於勞働者之事業報。顯明的開始了革命運動因此他的名子遂聞名於勞働者中間，同時官憲對他的壓迫亦更激烈，同年十二月九日遂與同志數人被捕下獄。

一八九六年被釋放出獄後，即入黨於當時的秘密結社而很活動的『社會民主黨』繼續努力於革命事業，於是又被捕。一八九七年一月被流放於西伯利亞，到一九〇〇年追放期滿，他於是又干犯禁令而潛入於彼得堡。因此三次被捕，繫獄三個星期。同年七月十六日又走於瑞士。與布來哈諾夫同到德國的苗恒。同年十二月出版了俄國社會民主勞働黨中央委員會的機關報火花。

一九〇三年俄國社會民主黨第二回大會時，與先輩布來哈諾夫分裂以後，列寧遂成了多數黨的頭目。一直到大戰爆發時潛伏於西歐十年。一九一七年二月俄國革命爆發後他纔然歸國，同年十月追逐了克林斯基，組織了無產階級獨裁的蘇維埃政府排萬難而與內外的敵人戰鬥。操縱着政治經濟都垂於破滅的俄羅斯之巨舟。弄下了現在勞農俄羅斯的天下。因過勞之結果，於一九二四年一月二十一日，死於莫斯科附近的高爾基村（一九〇〇年以後列寧的活動，幾乎爲本書之骨幹，爲避免重複，此處從略。關於列寧的思想，請參照拙著列寧。）

十二　列寧主義

列寧之關於革命的馬克斯主義的見解，由他自己屢次說的，卽十九世紀末葉乃至二十世紀的初頭的他的強權的馬克斯主義。與考茲基貝德特別與布來哈諾夫持着不同的見解，或者可以說考茲基等人在馬克斯學說上沒有什麼特殊的見解。

考茲基也把學者與戰士相對照着說『戰士是連還沒有明白的事也爲之奮鬥，而學者則只是冷靜的贊成或者反對。從而在鬥爭不能爲長久的考慮空費時間，他要選擇最重要的時間，因爲要確定已經接近了勝利與否的事完全是不可能的。』

並且考茲基於一九〇二年時，已經預言了世界的社會主義的革命，將從俄羅斯開始。

並且於一九〇六年俄羅斯的第一次革命當時，他覷破了「俄羅斯革命將是由資產階級的革命，到達於社會革命的程序」。

所以馬克斯主義的著名的理論家的見解，即社會革命中無產階級的使命，各理論家的見解幾乎完全是一致的。但一到無產階級的革命將到時，一到了從言論移於實行的時期，他們就狠狽起來，提倡起與從來與自己的學說幾乎相反的實際手段。例如一九一四年至一七年間的布來哈諾夫，與大戰當時批評俄羅斯與德意志革命的考茲基，即其實例。

但列寧則在實際的方面與前二人完全不同。他在一九〇〇年的初頭出現於廣大的政治舞臺時，與布來哈諾夫，考茲基完全是同一步調。他們在俄羅斯社會民主黨的機關報火花報上，已經共同決定將來要創立的共產黨之見解。

這樣列寧在社會主義學說的範圍內，列寧一邊闡明着馬克斯與恩格斯的革命學說，一邊攻擊溫情主義，戒勉着只在言論上是革命的，而實際上走向溫情主義，投機主義，妥協主義的同志。

其次使列寧成爲革命的統率者的第二特點，就是他對於現實的敏銳的感覺。與能洞察社會政治之局面上表現的迴轉期之預感，對於預知各政黨各人物之變遷的直覺，與隨機應變的機智。

例如一九〇六年列寧預想到革命之新的勃興，宣言拒絕第一國會議員的選舉。至一九〇七年知到革命之終熄，忽然參加第三國會的選舉，並主張利用一切法律的可能。因此列寧被其同志們罵他墮落於温情主義，妥協主義，孟什維克主義。但至一九一〇年他看見俄羅斯社會又開始動搖時，他又忽然決定實行革命的活動。

一九一五年之秋，他就切實的研究革命成功後，布爾什維克拿握政權時，布爾什維克應當採用什麽手段的實際問題。一九一七年四月他回到俄國時，就宣言俄羅斯之將來，不是議會主義的共和國，而是蘇維埃共和國。一直到十月革命是用這個口號進行着。如一九一七年六月之第一次蘇維埃大會時布爾什維克雖爲極少數，居然反對柴來太利，放了布爾什維克將獨握政權的豪話，買了大會之嘲笑，但四個月後的十月布爾什維克竟握了政權。

社會主義者之列寧的第三特質是對於團體與黨規的忠實九十年代之中葉，才是他政治活動的開頭，在其著作將何爲中曾說明此點一九〇二年在俄羅斯社會民主黨大會上，黨內起內訌，惹起布爾什維克與孟什維克的分裂，都是發端於列寧的此種政黨觀念。而一九〇四年的黨的分裂，還不是根本的分裂，只是表面的人爲的分裂，於是列寧又發表題爲了一步前兩步後的小册子，預言了孟什維克主義是將來的政治的漸進。

列寧並以非常的執着主張黨規之必要，與黨員需服從黨的中央部。他組織了如鐵九的緊張的布爾什維克黨。其所以能拿握俄羅斯之政權者，實賴於此。

列寧的第四特質就是他長於社會的催眠術，即具有以言論著作左右羣衆的理性之才能。此種才能在一個政黨的首領與羣衆之指導者是不可少的。沒有這種才能簡直不能做社會的指導者。而列寧則自開始於政治活動時，即以此點見長於他人。

實際列寧曾有二十年以上，不論對於根本主張與枝葉的言論，對於自己的言論非常忠實。這種例，在別人是很難見的。以政黨的首領，共產主義者，一國的元首的列寧，從各方面看去，他對其政敵的戰鬥態度，他對自己非常忠實，從未自己矛盾，此點是無可非難的。

他在一八九四年發表的國民之友爲誰，他們如何與社會民主主義者戰鬥着的一書，當時只用石印版印了五十部，但在此書中，我們可以窺見他將來之論陣。他在此書中曾不客氣的對支配着青年的頭腦的密哈羅夫斯基與由嘉考夫等民衆主義之柱石罵爲『馭者』或『皇帝之奴隸』。

自一九〇〇年至一九〇三年的舊火花報時代，即至俄羅斯社會民主義黨分裂爲布爾什維克與孟什維克以前，爲火花報的幹部的列寧，馬爾道夫，布來哈諾夫等的完全的妥協，確定了將來共產黨的實際的方針，並且造成了共產黨與其指導者之許多特點。由此小資產階級的民主主義者，與穩健派的社會主義者，都被共產黨排斥了。只看當時列寧的政敵社會革命黨，經濟主義者，崩特及其他的黨派，對火花報與其政治革命手段之批評，即可見列寧對於其自說是如何忠實。

火花報第二號揭載的立在二十世紀的入口的論文中，布來哈諾夫肯定的預言了在世界革命將要來到的時候，急進社會主義者當對穩和的社會主義者如何鬥爭的話。所以一九〇二年出的將何爲與後來列寧所完全表現出來的鬥爭，亦是當然而無可怪的事。例如列寧在此小册子中關於一般的自由，特別對於批評的自由有以下的話。

『自由——多麼偉大的名詞，但在產業自由的名義之下，實行了掠奪的戰爭。在勞働自由的旗幟之下，實行着勞働的搾取。像這樣的內部欺瞞，在現代使用着的論評的自由中亦包含着。相信着對於科學的進步在實際貢獻的人們，並不是在舊見解的自由之外，另要新見解的自由，應當要求把舊見解變爲新見解。我們在窄狹危險的路上要肩相磨而手相握向前進。我們在四方八面都受着敵人的包圍，我們非不斷的向敵人的礮火中進行不可。但我們團結在自由承認了的約束之下，因爲我們是要與敵人作戰，而不能退却於隣近的泥濄中。而泥濄中的居住者已與我們分裂，組織了特別的團體，我們與他們毫無妥協的路，因爲他們開頭就攻擊我們之選擇了鬥爭的路。而我們中間的人，也開始叫起走向泥渦中去的喊聲了。我們要求他們反省時他們反與我們抗爭。諸君是何等陳腐的人呀！拒絕了我們請你們走回良善的路上的呼喊的自由的事，在諸君的心中能不苦痛麼？諸君呀！在諸君不只有呼喊的自由，并且有走向你們所願意去的地方之自由，那怕他是泥渦。我們發見了你們本來的住所就在泥渦中。我們對諸君之遷出此泥渦，不惜予以可能範圍中所有的助力。我們希望你們不與我們分手，不加我們以白眼。不要汚穢了自由的名詞。我們也有走向我們願意去的地方之自由。我們有與泥渦戰鬥，同時與變轉於泥渦的方向中去的人們戰鬥之自由。』

列寧在十月革命後，實行了『嘉考賓黨』的獨裁主義，但在此點他沒有背叛他的過去。他常常沒有失了對『嘉考賓黨』的同情。他在一九〇四年黨之分裂後的小冊子一步前兩步後中關於黨律問題，即黨律與中央集權主義，寫着與亞克賽利羅德與其他孟什維克的首領們不同的見解。他說『嘉考賓主義這個恐怖的名詞，只是說他不是溫情主義。危害了民主主義的絕對價值之際望特主義，却是溫情主義。』

列寧之所以能成爲世界史上的大人物而傳於後世者，自然是歐洲大戰與俄羅斯革命的恩惠。若沒有此世界大戰與俄羅斯革命，他不過只是一個社會黨的有力首領。但自一九〇〇年尤其自一九〇五年時候，他預想到將來的政權，一定落於革命的社會民主黨的頭上，而向此目的邁進。這確是他的一大卓見。他不像孟什維克把其他的革命黨視爲極端的反對黨。列寧以爲事業之正當與相信實力的各革命黨之使命爲政權之征服，而政權之征服是布爾什維克的政綱實施的階程。從而在一九〇五年資產階級之革命下火時，列寧說使社會民主黨參加臨時革命政府，只是使資產階級革命走到其應走到的地方。

一九〇五年夏天發行的小册子民主主義革命中社會民主黨之二大策略中，詳述着一九一七年之二月革命與十月革命時布爾什維克所揭示的政綱之全部。

十月革命後，最顯著的表現出來的列寧之政策之矛盾，例如以根本的非妥協性與極端的革命熱，以土地之社會化向社會革命黨表示了一大讓步與調和的傾向，實施新經濟政策，調和階級之仇視。布來斯特之媾和與其政敵握手等，——凡此等等矛盾已在一九〇〇年列寧的主張中明白的可以看見當時列寧的反對者會指出此等矛盾而攻擊非難他。但看他在火花報時代，一人與社會革命黨猛烈的論戰着，即對社會民主黨中若有反對他的意見者卽時不容赦的反駁的時候，他一方面却提倡與自由主義者同盟。他的將何爲中說：『社會民主主義者，爲與勞働者以政治的智識，應走到民衆的各階級中間去，應當將其軍隊派遣於各方面。』

并且列寧一方面主張着社會主義之勝利只有勞働階級纔能贏得，同時又說社會主義是從外部來的，卽捨棄了資產階級的智識階級與勞働階級的贈物。一九〇〇年之始的職業革命團體幾乎完全成於智識階級。列寧關於此職業革命團體說『無產階級的混沌的鬥爭，在由此鞏固的革命家團體指導以前，不會有無產階級的眞的階級鬥爭。』

關於此表面的矛盾列寧自己曾在一九二〇年發行的題爲共產主義左傾派的幼稚病的小册子中有以下說明：

『俄羅斯的革命的社會民主主義者們，在帝制倒壞以前常常受資產階級的社會主義者的援助，并且與資產階級的自由主義者中間曾交換過許多應酬。而一九〇一年至一九〇二年即布爾什維克主義還沒有產生的時代，火花報之舊編輯部與資產階級的自由主義之政治的指導者斯都爾維常結着表面上的政治的同盟（雖只是短時期的）但同時對於資產階級的自由主義則不斷的爲不使勞働運動受他們的影響而做着理想的鬥爭。』

列寧在該小册子中還有以下的話：

『原則的否認應酬，但連表面上的應酬也否認，則是小孩子的稚氣，不能當爲眞實的事情看待。欲使有利於革命的無產階級的政治家，不防乘時相宜的把應酬的具體方面表現出來。而對於不能許可的應酬則當舉其全力以反對之，不容赦的予以解剖，徹底的與之戰鬥。而富於經驗的社會主義者與議會主義之欺詐，其間一般的判斷其應酬之基礎，就是迴避責任的事。』

社會主義之蜿曲的長道，一方面從多馬斯．木爾經過巴布夫布郎其而至馬克斯。另一方面經過柴尼謝夫斯基，巴枯寧，布來哈諾夫而至列寧。列寧可以說是俄羅斯的巴布夫，他只是把馬克斯的學說武裝起來，對於現實有聰明的直覺有得了俄羅斯民衆主義之眞髓，握着歐羅巴的階級鬥爭與俄羅斯的革命運動之經驗的巴布夫。他以深刻的革命熱狂與宗教的狂信與冷淨的政治打算結合起來的。他的政治打算達於『目的聖化方法』的原則之完全應用。若再說一句只看他從着馬克斯之歷史觀，以洞察歷史事件之進行的天才，以堅如鐵石之意力與決斷，在資本主義動搖的時代，在震駭世界的大革命時代，他爲什麽得立於新俄羅斯的首班？當歐洲社會主義的大理論家，大行動家幾乎全部從世界革命運動的戰線中退出時，只有列寧以何種理由立於此種運動之先頭的道理自然會明白。

第二章　羣衆主義與戰線統一

一　俄羅斯社會民主勞働黨成立大會

自列寧開始了革命運動以來（九十年代以後）俄羅斯的革命運動，顯著帶了羣衆主義與戰線統一的傾向。

既如前述從來俄羅斯的革命運動，自農民運動時代至大小資產階級時代，幾乎全無統一與連絡，只是各自離散，聽其自然的興滅，這樣的單獨行動——無論其爲個人或團體——一經政府之反動的打擊，總是立即被壓下去。

雖然其中只有自治會派自七八十年代已經擴大的開始其統一運動，但幾乎沒有什麼効果，常是苦於政府之壓迫。因爲自治會派的統一運動，單是大小資產階級即只是首領的活動，與農民及勞働階級，幾乎沒有什麼關係。

當時包圍攻擊專制制度及各種反動勢力的中心勢力，爲自治會派與社會民主派。此二派都產生於民衆主義中，而自治會派中的欲以穩健的政治鬥爭實現革命的大小資產階級，成爲立憲民主主義者，以憲法之要求與政府爭鬥；而另一派欲以恐怖手段實現革命的智識階級稱爲社會革命主義者。他們以暗殺皇帝與大官，懲戒政府當局者之横暴；反之社會民主黨一派則主要以勞働團體之組織與勞働運動實現革命。

如是立憲民主主義與社會革命主義及社會民主主義（大小資產階級之一部分與勞働者之大部分）從三方面對政府施包圍攻擊。而在主義主張不同的各勢力中間，沒有相互的連絡與統一。甚至主義主張相同的各勢力間，例如在自治會派中間，也沒統一。所以從來的革命運動徒費了許多努力與犧牲，而其効果則甚微弱。

列寧一邊反對要求憲法的迂遠的方法，一邊排斥暗殺皇帝大官的無謀手段，主張以穩健而有力的羣衆運動實現革命，確是俄羅斯革命運動中的一大進步，同時是一種劃一的傾向。

列寧以此種主張在社會民主主義者中間，開始了戰線統一的運動。在此種運動之背後，自然以在外國的布來哈諾夫一派之『勞働解放團』爲總指揮。

一八九八年三月一日之夜閔斯克市的社會民主團集合了爭鬥同盟的九名代表者。其中四名爲四個爭鬥同盟的代表，三名爲猶太人勞働同盟的代表，二人爲拉布卡·雅各載德』（勞働新聞，此新聞爲契埃夫市全體勞働者的機關報，第一號出於一八九七年八月二十二日，僅出兩期卽被禁止。）的代表。卽勞働新聞的代表愛戴爾曼與維克多爾提克，與彼得堡市爭鬥同盟的代表斯太芬·伊握諾維齊·拉道沁考，及愛克太利諾斯拉夫市爭鬥同盟代表彼得爾賽維齊，契埃夫市爭鬥同盟與契埃夫市勞働委員會代表查普斯基·莫斯科市爭鬥同盟的代表亞歷山大·萬諾夫斯基，與猶太人『崩特團』代表亞歷山大克來美爾，格列普·莫道尼克及鐘表匠某（姓名不明）等九人。

社會民主團的第一日會議開會時，應當在當日趕到的第九位代表尚未到。（此第九位代表，於第一日會議之中間趕到。）議事日程爲預定的社會民主黨綱領，此預定的綱領爲勞働新聞社的同人所提出，爲更審議修改，會配布於各社會民主團。彼得堡的爭鬥同盟，在其中加了關於社會民主黨中央委員會的定義的一條。

此社會民主黨綱領中並舉示着賦與於中央委員會之權能，此綱領中還附加說「若代表委員提出綱領中沒有記載的問題時，有對該項問題審議與採決之權。」

在第一日會議上劈頭第一個問題，就是黨的名稱的規定。結果附加了「俄羅斯的，」「勞働者的」字樣，因為此勞働者的字樣在綱領原案中沒有。

第二日與第三日的會議，為黨內各機關之名稱即中央委員會，地方委員會，及以出版物之額上之黨名。

在社會民主勞働黨的名稱上，加以「俄羅斯人的」或「俄羅斯的」的問題討論之結果採用「俄羅斯的」的用語。稱為「俄羅斯社會民主勞働黨」只是明示着俄羅斯內社會民主勞働黨之事業，不只是俄羅斯人的無產階級的事業，並為俄羅斯內所有民族的無產階級之事業。

解決了黨的名稱後之問題中之最重要的審議題目，是決定對於國民問題的黨的態度。此問題由日程中的『對波蘭社會黨的態度』問題爲動機而引起的，結果未得什麼決定，加入於第二回會議之議題中。

國外的對俄羅斯社會民主同盟承認問題，已經由社會民主同盟的代表決定了，後來又加入了中央委員會會議的問題。

關於地方委員會的自治問題，許可了『崩特團』的特別自治。原來崩特團爲都市委員會之聯合。關於此點崩特團與其他參加團體有不同的性質。并且崩特團爲用特別語言（猶太語）的人們。所以不得不對崩特團許可其特殊的自治。

又黨的中央委員會對於猶太人發行出版物與否的問題，決定了一切猶太文之出版發行事業一任於自治的『崩特團』。同時其他的地方委員會單任地方的出版事業，中央委員會則發行代表黨之全體的機關報。

要之，由會議的決定崩特團之自治可以說帶有技術的性質。與其他地方委員會的自治不同之點，是與崩特團的權限比給其地方委員會的權限寬泛，并且此權利之權能之一部（卽猶太文出版物之發行）由中央委員會之援助，更爲擴張。但所有地方委員會與崩特團若沒有中央委員之諒解，不得與俄羅斯及外國的別的團體發生關係。

黨的名稱問題，地方委員會與崩特團之自治問題，及對在外國俄羅斯社會民主團承認問題決定後，其外的問題是召集臨時會議的時期問題與召集臨時會議時必要的發言者人數的問題。對此等問題最感興味的是莫斯科市的爭鬥同盟。此同盟因爲是最新組織的團體。所以很恐怖中央委員會的權限。

關於中央委員會的委員之選舉問題。有以與從來實際上實行過全黨的中央團體的事業的三團體之代表以中央委員會的資格的提議。三團體就是彼得堡爭鬥同盟，崩特團與勞働新聞社的同人。結果以此三團體之三代表選舉爲中央委員會的最初的委員。此三人爲拉道沁考，克來美爾與愛特利曼。

中央委員會每年開兩囘或三囘會議，審議各種問題。並且中央委員可以由其活動，任居住於何處的自由，需應必要而互相會合。

關於認爲黨的機關報的勞働新聞之編輯問題擔任編輯的中央委員會，自第三號委託於某馬克斯主義者使其負監督全體新聞記事的責任。

中央委員會的工作，是處理當前的各重要問題以及與尙未入黨的各社會民主團體的交涉，及與在外國的社會民主團的交際且中央委員會以黨的公認代表機關極容易的處理了諸緊急問題，還需在六個月以內召集第二回大會。

第一回大會之議長當閉會時曾提議希望各議員做中央委員會的候補者。萬一到黨被破壞時，那怕有一個生存者也可以立刻繼承會議決定諸事項的實行之任務議長並且警告各代表對其所屬團體之團員，不要希望過大並附加說但若中央委員會可以存在六個月就可以認爲其已能實現過大的希望。

黨的財政問題，在第一回大會沒有提及，僅決定了由由中央委員會定每月的黨費預算。

會議開於三月一日之夜，於三月三日夜完結。其協議每日自早起繼續至深夜。其間只除過午餐的時間總是繼續着。

三月三日之夜，開了全部代表的晚餐會。此晚餐會曾有閔斯克市的團員列席。高唱着革命歌，舉過幾次祝杯。一個勞働者舉杯說希望下次會議有更多數的勞働參加而飲訖。契埃夫市爭鬥同盟的代表說『我黨成立的時日，正是俄羅斯的社會民主團體之勞働解放團之創立者之最初出版物的紀念日』而乾杯。

中央委員會的最初的工作就是製作黨的創立宣言。宣言的起草由大會一任於中央委員會。大會只提出宣言中應說出的幾個事項。此外還指定了黨的使命，並且說明俄羅斯社會民主勞働黨以鬥爭機關爲『民意黨』的後身。

更有最初的中央委員會的使命，是籌計各團體的便利的使命，即配布出版物及發中央機關報，與發宣關於全俄共同問題的宣言，但此種活動當然就是組織的勞働運動的指導。一八九八年的第一回會議，在此意義上，是俄羅斯社會民主勞働黨活動的第一步。並且實際第一次會議之意義，亦正存在於此。雖然自閔斯克會議至第二次的布留塞爾會議間數年間完全其成長，雖然現在的社會民主黨的黨綱，製成於布留塞爾會議，而現在都稱之爲第二次大會者，其意義亦在此。

二、俄羅斯社會民主勞働黨宣言

俄羅斯社會民主勞働黨中央委員會所製作發表的宣言如次：

『一八四八年的革命更起的暴風，已經於五十年前捲起於歐洲大陸。

『現代的勞働階級——已開始以偉大的造歷史的實力，出現在舞臺上了。資產階級曾利用此勞働階級的實勢力，一掃了許多陳套的封建制度。但資產階級忽然轉變，做效着其新的同盟者之奸惡的敵人，內叛了自己與勞働階級自由的大事業，而開始了反動。但現在已經不早了。一時歸於沉寂的勞働階級，經過十年或十五年後，再出現於舞臺，而爲其終局的解放而奮鬥的已成熟了的鬥士，需用加倍的努力，用生活的自覺力。

『現在的時代，俄羅斯好像從歷史的運動之幹線中離開了的。在俄羅斯內，表面上看不見階級爭鬥，但是其實却潛在着階級爭鬥，並且他正在益大的成長着。俄羅斯政府虐待農民，保護地主，搾取着勞働者，而肥滿資本家，止用着非常的熱心種着階級爭鬥的種子。但是資產階級的資本主義制度，若沒有無產階級與勞働階級是毫無可能的。

「俄羅斯的工場勞働者，農奴，與自由農民，常公明的或暗地的在與搾取他們的敵人在爭鬥着。附隨着資本主義之發達，此種爭鬥範圍更加擴大，更網羅了多數的勞働者。俄羅斯的無產階級中的階級意識之覺醒，與混沌的勞働階級之成長，適與國際的社會民主主義之終局的發達相符合。此國際的社會民主主義爲全世界的有自覺的勞働者之階級爭鬥之抱持者。屬於各團體的勞働者，在其活動上常是有意識的或無意識的行動於社會民主主義的精神之下。在俄羅斯與波蘭最近頻發的許多罷工運動，尤其一八九六年至一八九七年，在彼得堡市勃發的紡織工人的有名的罷工，可以明瞭的證明勞働運動與依據於勞働運動的社會民主主義之實力。

『罷工運動至一八九七年六月二日，終於政府不得不發布關於勞働時間的法律。此法律雖然有很多的缺點，但以勞働者的聯合的勞力對於政府之立法權及其他權能上所加的有力的壓迫之證據，是永久不能磨滅的。政府欲以讓步來鎭壓勞働者的運動，那完全是一個夢。無論在那個國家裏勞働者的要求，愈得到的多，愈擴大的範圍。大俄羅斯的無產階級之要求也是一樣。現在俄羅斯的無產階級已得了要求的時間了。今後俄羅斯無產階級的要求，也是一定會得到的。

『現在俄羅斯勞働階級，還有什麼不必要的事麼？俄羅斯勞働階級現在完全沒有在外國的同志所可以自由安全利用的種種權利。譬如參政權，言論出版之自由，結社集會之自由，一言以蔽之在西歐美國的勞働者之改善境遇，同時爲其終局的解放，反對個人所有主義，資本主義，擁護社會主義而爭鬥時，所用的一切武器與資力，俄羅斯的無產階級都沒有。就是欲得健全的呼吸需要清淨的空氣一樣，在俄羅斯的無產階級，有要求政治的自由之必要。此政治之自由爲俄羅斯無產階級之自由發達與部分改善的必要之條件。

『俄羅斯的無產階級，非用自己的力量去獲得政治的自由不可。

『由歐風的東漸，在政治關係上資產階級已漸變微弱，漸變卑鄙與愚鈍。從而更多的政治與文化上的使命，應落在無產階級的肩上。俄羅斯的勞働階級用其頑強的肩頭，要擔負起獲得政治的自由的事業。

『俄羅斯的無產階級，當脫棄專制的桎梏。用偉大的精力與資本主義與資產階級繼續戰鬥。

『俄羅斯的勞働運動與俄羅斯的社會民主主義之第一步，缺乏統一。即在某種意義上，偶然的不能成其統一的計畫。現在是團結俄羅斯的各社會民主團之各地方勢力與各團結於「俄羅斯社會民主勞働黨」的時機到來了。在此意義上各「勞働階級解放爭鬥同盟」「勞働新聞」的同人，「俄羅斯及波蘭的全體猶太人勞働者總同盟」等之代表，召集了今天的大會。大會時議定事項，如下所示。

『地方各團體，與結黨同時需意識此第一步工作之重要，與從第一步工作產生出來的責任。地方各團體要此第一步去鞏固使俄羅斯勞働運動移入於意識的階級爭鬥的新時代。運動與傾向都是社會主義的。俄羅斯社會民主黨繼承從來俄羅斯內之勞働運動事業與其傳統。俄羅斯社會民主黨在當前的諸問題中，完全以獲得政治的自由爲其主眼，而向着舊『民意黨』之有光輝的戰士可指示的目的前進。但社會民主黨所採用的方法手段自各有不同。手段方法之選擇，社會民主黨是依着使成爲組織的勞働羣衆之階級的運動之意識，而自己決定的。社會民主黨確信『勞働階級的解放，是勞働者自身的事業。』且一切行動需合致於國際社會民主黨的根本原則。

『俄羅斯社會民主黨萬歲！國際社會民主主義萬歲！』

三　成立大會之決議事項

俄羅斯社會民主勞働黨成立大會，決議了以下的事項：

一　各勞働階級解放爭鬥同盟勞働新聞社同人及在俄羅斯與波蘭全猶太人

同盟，統一於『俄羅斯社『民主勞働黨』的名稱之下。但『在俄羅斯及波蘭猶太人總同盟』則特別關於猶太人無產階級的問題，以獨立自治的團體入黨。

二　黨之執行機關爲中央委員會。該委員會由黨會議選舉，其行動報告於黨會議。

三　中央委員會之義務如左：

A　計畫黨之活動（供給支配勢力與資力，提出並實施黨之共通的要求。）指導黨會議所發的一般命令。

B　出版刊物，配布於地方委員會。

C　經營關於有全俄意義的事業（主辦勞働節大會，每有重要事項時發行臨時的文件，援助同盟罷工運動。）

四　中央委員會在特別重要的時期，得依以下的原則處理黨務。

A　有餘裕的問題，應仰黨會議的指示。

B　沒有餘裕的問題，全會一致行其獨立的決議。在下次定例大會或緊急大會上，說明其責任。

五　中央委員會有將委員新加入於委員會中的權利。

六　黨的費用由中央委員會管理，其來源如下：

A　黨成立當時各地方委員的臨時捐金。

B　各地方委員會之定期捐金。

C　特別黨費募集金。

七　地方委員會應將中央委員會的規定，以最適合於地方狀態的形式實行之。且在特別的時候，地方委員會有拒絕中央委員會之要求的權利。但其拒絕之理由，應報告於中央委員會。其他之點，地方委員會得依黨綱爲基礎，爲全然獨立之行動。

八　黨經過中央委員會，而與其他革命團體交際。但此種交際需以不破壞黨的綱領與意見爲原則。黨承認各民族之自定權。

九 黨之最高機關爲地方委員會代表會議同會議分爲定期會議與緊急會議。兩種由中央委員會之發議，或地方委員會委員數三分之二的要求得召集此代表會議。

十 在外『俄羅斯社會民主黨員同盟』爲黨之一部分，同時爲黨之在外代表。

十一 黨之發表機關定爲勞働新聞。（黨的詳細黨綱由地方委員會審議發表）

四 社會民主主義者之內訌

俄羅斯社會民主勞働黨第一回大會後，其中央委員會發表了前記的宣言，以全黨的事業，預備於一八九八年五月一日之勞働祭發行黨的檄文。

但大會後不久社會民主勞働黨員，忽大遭檢舉。大會散後向各地都市散去的代表委員，被跟了密偵。契埃夫憲兵諾維基（此人以逮捕民意黨員有名）的指揮之下的一隊憲兵，分散於各地幾乎一齊把社會民主勞働黨逮捕了。被捕者達五百名之多，大會的紀錄全被沒收。勞働新聞的印刷所也被沒收。

此次大拘捕，俄羅斯社會民主勞働黨員之全黨的組織，幾乎完全被破壞了。但地方委員會，拘捕後不久又起了。逮捕一百七十名的契埃夫地方委員會仍散布了五月一日的檄文，繼續着往前的活動。

如是地方團體之基本鞏固，無論如何拘捕，總不能制止其活動。但全黨組織之復活在第一回大會後五年間還完全不可能。加之第一回大會以前俄羅斯社會民主主義者中間之組織上之不統一，自大會後至九十年代之終還不能除去反激成分裂離析。例如一八九七年之秋至一九〇〇年之間在彼得堡市還是除了『爭鬥同盟』以外仍有以下的獨立社會民主團體存在。

『拉保卡·姆意斯利』（勞働者思想社）一派，自一八九七年存在。

『拉保其埃·茲那米雅』（勞働者旗幟社）一派自一八九七年以來存在。

『薩馬斯瓦保濟代尼亞·拉保齊·敖苦拉慈薩』（勞働階級之自發的解放）一派，

一八九七年以來存在，

『二十人團』一派一八九九年以來存在。

『社會主義者』一派一九〇〇年以來存在。

俄羅斯社會民主團體中間的不統一，是什麼原因？俄羅斯社會民主勞働黨的第一回大會，雖已製作了明細的黨綱，但此黨綱之原則條件，依一八九八年契埃夫地方委員會之宣言與社會民主黨的其他的出版物已可窺見。一般特別契埃夫地方委員會之宣言，曾正確的決定了社會民主黨戰略的一般性質。並指摘出來『社會民主主義所選擇的方法手段，』與『組織的勞働羣衆之階級運動』是一致的。實際羣衆之爭鬥與煽動，是社會民主黨的有力的方法。亦即社會民主黨黨略的性質。

但以什麼爲其煽動之對象的問題，在九十年代末的社會主義者間曾屢次加過解釋。但其許多解釋與一八九四年乃至一八九七年間社會民主主義者對此問題所下的解釋不同。

不同一方面關於煽動的對象社會民主主義者的意見各不一致；另一方面又加多數同志之被捕，使社會民主主義者之活動雖不致完全停止但有責任地位的同志之屢屢易人，致社會民主黨的活動沒有確實繼續的可能。

如是代九十年代之所謂『舊同志』而繼起的『新同志』的新傾向，關於煽動的當前目的的意見，與其舊同志大爲不同。舊同志以爲『以獲得政治的自由與帝制政府戰鬥，爲俄羅斯革命運動的當前目的。』反之新同志以爲『羣衆的勞働階級遠沒有至理解政治的煽動的程度。從而煽動有限制於羣衆所意識的經濟的利益之範圍內。』

此種新傾向稱爲經濟主義，主張經濟主義之傾向的最明瞭者爲勞働者思想報。此報拿勞働條件，勞働者之日常生活，勞働者與企業家之爭鬥等的記事載滿了全紙面。並極力迴避關於其他社會生活，政治問題的記事。甚至一八九九年大學生的總同盟罷課的重大事件，此報亦不注意。並且此種傾向幾乎支配了關於社會民主主義的出版物之全部。

五　經濟主義之成功

欲理解社會民主主義思想之經濟主義的傾向，不能不注意下述的事實。即第一，九十年代末期俄羅斯的社會民主主義者，都教育於被公認了的馬克斯主義的影響之下。第二，此馬克斯主義，因政府的檢閱不能把科學的社會主義的嚴正理論完全表現出來。

加之被公認的馬克斯主義，不但不能以社會民主主義的科學的立場徹底的說明，並由評論家的努力，漸漸化爲進步的資產階級的理想。從而未成熟的社會主義者們受了公認的馬克斯主義的影響，即既成熟的馬克斯主義者亦故意的介紹馬克斯主義的妥協的方面視勞働運動不過是自由主義的解放運動的附產物。

從來資產階級的自由思想，不只在俄羅斯，在任何國內常是限於勞働黨的狹小的目的，以爲勞働運動純粹爲的經濟爭議。有從勞働運動中除去其革命的性質與階級爭鬥的性質之傾向。

並且當時俄羅斯的外部的情事，亦將經濟主義的傾向更弄得穩固。九十年代末期俄羅斯的產業，亦呈着極好的狀態。因定貨之踊躍，使工場主對勞働者出以從來未有的讓步態度。因此混沌的勞働運動，自然失其反抗力。勞働者單爲改善其雇用條件，有各自向其企業戰鬥的傾向。

自然社會民主團體之爲勞働階級經濟爭鬥的指導很顯著的增長了勞働羣衆之階級的共同精神與階級的自覺。只看勞働者的能工運動，由社會民主團體的指導常帶着很好的組織的性質若沒有這樣的指導在當時俄羅斯的警察組織之下，此種性質是不可能的。但在勞働運動界的此種急速的顯著的成功，使社會民主黨員對於其最重要的當前之目的獲得政治自由之目的，不能把持着正當的態度。要之社會民主黨標榜着經濟主義在九十年代獲了很大的成功，這是很明顯的事。由九十年代開頭的宣傳，從勞働者中間得了不少的有相當自覺的社會民主主義者。九十年代中葉之社會民主主義之煽動爲勞働羣衆所歡迎。覺悟了他們中間的階級意識從小團體中間出現了大團體，立於勞働運動之前線。使經濟主義之基礎愈趨鞏固。

六　勞働解放團與經濟主義之論爭

傳播於許多社會民主主義團體間的經濟主義，由一部分人認其爲社會民主主義中的陳腐的微溫的傾向時，少數革命的社會主義者，遂斷然開始與此種傾向論爭。第一開始此種論爭者爲勞働解放團。

此團體爲在外團最初組織的俄羅斯革命團。以科學的社會主義爲其立脚點。一八八三年，前民衆主義者的『黑分黨』員布來哈諾夫，代伊齊薩斯利齊，亞克賽利羅德，伊格那多夫加入此團以來，以『現代社會主義文庫』的名義把馬克斯，恩格斯的代表著作譯爲俄文出版。

八十年代布來哈諾夫，亞克賽利羅德曾傾注其全力於俄羅斯民衆主義的批評。一八八四年更製作了俄羅斯社會民主黨綱領。一八九五年之初由勞働解放團之主唱，組織了『俄羅斯社會民主主義者同盟』。此同盟發行之印刷物之編輯，由勞働解放團擔任。但當一八九八年十一月開同盟的第一次會議時，勞働解放團拒絕了此編輯的責任。同時與加入同盟之大多數，如來利欠夫斯基，阿基冒夫，伊溫新，普羅考保維齊，克斯考夫等人決裂。因為關於俄羅斯的勞働運動，兩方意見衝突。在一九〇〇年四月開的同盟第二次會議，此兩者又完全分裂；勞働解放團與其同鳴者的代表（如考利曹夫，愛利奥爾特都克斯）決然退出議場。於同年五月組織了稱為『社會民主黨』的團體。

勞働解放團常固守着革命的社會主義的實際的方面，斷乎反對同盟的微温主義。因為俄羅斯社會民主主義同盟放棄了革命的當面問題，而變為擁護不徹底的日常經濟利益的經濟主義者了。一九〇一年勞働解放團為欲與同盟取一致的實際行動，但由微温的經濟主義者之反對，其統一運動遂歸於失敗。一九〇一年之終『勞働解放團』與火花報與薩利亞報的同人共組織了俄羅斯革命的社會民主黨在外聯盟。直接關係於火花報與薩利亞報之發行。關於綱領問題，實際問題，努力於準備召集俄羅斯社會民主勞働黨第二回大會。在此大會上聲明取消勞働解放團。

勞働解放團中，最先對經濟主義者加以徹底的批評者為布來哈諾夫。他在一八九九年發行了題為拉保齊埃太羅雜誌同人之嚮導（此雜誌為勞働解放團之老年組與少年組分裂後，少年組的經濟主義者所發行的雜誌。此雜誌主張着拉保齊雅•基伊斯利報以上的經濟主義的見解）放了攻擊經濟主義者之第一矢。即他在此小册子中強力的證明了經濟主義者之文筆的與實際的活動，已遠離了革命的社會民主主義的使命。並離開實際政策上的政治的使命的事，當然是使無產階級來做政治民主的資產階級之奴隸。此小册子把經濟主義者攻擊得體無完膚，惹起了不知經濟主義危險的立場的少年組的非常的反感。

在外社會民主主義者中，參加『勞働解放團』而組織『社會民主黨』者爲極少數。但在俄羅斯則僅少數的團體與狹隘的經濟主義相和善。在彼得堡市與『勞働思想社』一派繼乎同時起來的『勞働者之旗幟社』一派，自一八九八年開始發行帶了極濃厚的政治色采的報紙勞働者之旗幟。更於一九〇〇年組織了『社會主義者團』。此團體中又成立了『社會民主勞働文庫』發表種種宣言，做政治的革命煽動。在南方於一九〇〇年由某獨立團體發行了名南方勞働者的報紙。此報曾縱橫議論當時的政治問題，在勞働者中間，得了多數愛讀者。

但當時在俄羅斯國內活動的大多數『社會民主黨』員則信賴着經濟派的實際政策。認『勞働解放團』與在外同盟的爭論，只是個人間的意見衝突，無甚重大意義。但當時俄羅斯國內的政治的覺醒，很迅速的發達，不只在勞働者中間，並一般民主的資產階級亦很有政治的覺醒。已開始了的民主主義運動，更加了革命的色彩，有離開經濟主義者所指導的勞働羣衆之形勢。如一九〇〇年至一九〇一年間所起的大學生運動，勞働者們都各自不關係社會民主團體而參加大學生的示威運動。從此把『勞働者尚未達到理解政治的煽動的時期』的見解打破了。

七　戰線統一運動之障礙與灰色的勞働羣衆

羣衆主義與戰線統一主義到二十世紀由社會民主主義者一派更高唱起來。由民衆的部分之蹶起使全勞働階級有統一組織之必要之說，愈得大多數的承認。從而不只勞働階級，即一般民衆已祭稱打破君主專制制度而代以民主制度之必要，與全階級之統一組織之必要。

既如前述在社會民主主義者中間關於勞働運動的目的的意見衝突所發生的論爭爲戰線統一運動之第一障礙。其次勞働階級以外的各階級之各團體間，沒有爲與君主專制制度相戰鬥，如勞働階級之充分準備爲其第二障礙。從而比較有準備的只有勞働階級。勞働階級立於戰鬥的前線，給其他團體以不得不與專制制度戰鬥，與不得不參加此戰鬥之自覺。而勞働階級自己也沒有可以宣戰的充分準備，此爲戰線統一運動之第三障礙。

並且勞働階級之一部分（各勞働團體之幹部）已經到達於政治的自覺，但只是極少數，而數百萬之勞働羣衆，不說政治，即有經濟的與階級的自覺者也非常少。那是當然的，年年有數萬棄了犂鋤從農村到都會的勞働者，幾乎都是不識一丁的人。他們之所以對政治的，經濟的，階級的問題之不感興味，簡直是當然的事。

即勞働者中有經濟的階級的自覺者，對於勞働階級之組織統一問題與政治問題，仍然是一樣冷淡。那自然是因爲他們還沒有政治的自覺，但當時非常擴大的經濟戰爭的影響，使勞働者之團結的傾向非常強大起來。但猛烈的警察力之壓迫，則必然的妨害了此種傾向。從而加入勞働者之如經濟團體（能工金庫）秘密團體者亦只限於極少數勞働者組織政治團體的事，更是破天荒的夢想。加入了『社會民主黨』者，立刻被追放或投獄。如『莫斯科勞働同盟』『彼得堡爭鬥同盟』等團體最活動的時代，其會員亦僅數百名。其他數萬的勞働羣衆，都是毫無組織的烏合之衆，灰色的羣衆。

特別九十年代以前的純經濟運動的勞働運動，到二十世紀初頭以來，一方面因勞働者之自覺的進步，他方由警察之壓迫使他們漸漸帶了濃厚的政治色采。從來指導勞働者之職業的爭鬥的勞働團體，不得已起而指揮勞働者的政治的爭鬥。致連勞働者與企業家的經濟衝突，亦沒有時間來參與。這又是統一運動的一大障礙。

並且勞働者的政治運動，主要是示威運動。能理解勞働者之經濟狀態與政治組織之密切關係而有相當自覺的勞働者被引入於運動中，而對此種關係沒有苦痛的經驗的保守無自覺的勞働者，就不得召集於政治鬥爭中來。在勞働團體方面，不願意去深入於無自覺的勞働者的生活中注意工場的事，努力於經濟鬥爭的現象，爲勞働團體與勞働羣衆中間之接近的障礙。同時爲戰線統一運動與羣衆運動之大障礙。勞働團體與灰色的勞働羣衆間，這樣自然的打成了一道溝渠。

八 勞動者的示威運動

十九世紀之九十年代以來由列寧與布來哈諾夫之宣傳，把曾經混亂了的勞働運動之步調移轉於統一的傾向，到了二十世紀由官憲之壓迫與無自覺的勞働者之激增，並由種種社會思想之影響使勞働羣衆又灰色化了。戰線統一運動與羣衆離開，於是勞働運動再陷於混亂。但是勞働運動卻以與從來不同的形式自一九〇〇年竟盛起於俄羅斯國內之各地。

從來的勞働運動，其主要目的爲解決經濟問題。其方法多用同盟罷工與資本家場主對抗。但進了二十世紀隨着勞働者之政治的自覺的進步，在從來的罷工運動以外，又採用示威運動爲勞働運動之一方法。這自然也是倣效西歐諸先進國的。但卻不能不認此爲俄羅斯勞働運動之一大進步。

此種勞働者的示威運動多關聯於勞働祭，但並不是單以勞働祭爲動機，單於此日舉行。乘各種勞働團體在勞働者中間釀成的反抗氣燄，勞働者每遇到若干帶了輕蔑性質的大事件發生時，總不忘記了舉行示威運動。如警察對罷工者之處分，法庭對勞働者的裁判，在獄同志行絕食時勞働團體總舉行示威運動。有時因廣大範圍之勞働者之同情，使其示威運動得到非常之成功。

但當時的社會民主團體如前述尚沒有與勞働羣衆的充分接觸，所以有時社會民主團體的宣言不合勞働者的心理，以致其示威運動歸於失敗，或弄出無謂的犧牲者。唯示威運動之好合於罷工運動的時候總是成功的。例如一九〇一年彼得堡市的勞働祭日，勞働者與軍隊起了大衝突。此衝突曾起於彼得堡市中之兩處。一處在維爾保克地方，一處在西利釆利堡大街。當局對集合於街道上的罷工者，派遣了軍隊警察來彈壓勞働者在兩處小路上築起了防禦障物，一時與軍隊警察抵抗。後來被從小巷中逐出後，勞働者又聚立於自己的宿舍旁邊繼續抵抗。

在西利釆利堡大街方面有三千與布堡夫斯基的勞働者築起防禦障物，用石頭向軍隊投擲以相抵抗，軍隊遂對他們開槍射擊因此死了六名的勞働者，並重傷了八名。還有三十七名勞働者被付於裁判。其中二人被處以徒刑，二十名被送於囚人軍隊中，七名監禁，僅八名以無罪赦免。

這樣的勞働運動勃發於俄羅斯國內的到處。甚至盛行於高加索地方之齊普利斯與巴兹姆等地。特別如鐵路工人之罷工，自一八九八年起於高加索鐵路的沿線，一八九九年又相繼起於都昂河畔之羅斯多夫市，與西伯利亞之克拉斯諾雅斯克市。一九〇〇年於哈利考夫市一九〇一年於薩利多夫，湯保夫，齊福里斯等市，一九〇二年再起於克拉斯諾雅斯克市，一九〇三年起於彼得堡市之鐵路工場與保利索格來布斯市。

這樣的勞働運動在二十世紀的初頭，起於俄羅斯的全國各處。並波及於西伯利亞與中央亞細亞。並在東奈克炭產地也頻起坑夫的罷工運動。

九　火花報與查利亞雜誌之勢力

俄羅斯社會民主勞働黨爲打破馬克斯主義之異端者之經濟主義，喚起灰色的勞働羣衆之階級的經濟的，政治的自覺，指導勞働者的示威運動，促成戰線統一之完成，於一九〇〇年十一月在外國發行了黨的機關報火花。

此報之發行爲一九〇〇年之初列寧等俄羅斯社會民主勞働黨員從西伯利亞之追放歸來後所計劃的。最初因爲沒有黨的中央指導機關，無以使黨的理想統一，遂計劃把列寧，馬爾多夫，保都來索夫主幹下辦的拉保卡格宰達復活起來。但此計劃歸於失敗。列寧等由在外國的布來哈諾夫一派的勞働解放團之援助，又計劃發全黨的機關報，爲此目的，曾於一九〇〇年五月在布斯考夫市集合了列寧，馬爾多夫，保都來索夫，拉道沁考，斯都爾維，巴拉諾夫斯基，決定了創刊俄羅斯社會民主勞働黨的機關報。同年秋列寧與保都來索夫帶了此計劃書赴瑞士與勞働解放團之布來哈諾夫商量。得了一致的意見，於是於同年十二月發行了火花報的第一期。此第一期上載着題爲火花放焰的論文。最初的火花報的編輯，爲布來哈諸夫，列寧，亞克賽利羅德，薩斯利齊，馬爾多夫，保都來索夫等人。此報不是日刊，只在指導黨內重大問題之討論的必要時，隨時在茁恒或來布柴希，或倫敦，或日內瓦等處發行。

此新聞在俄羅斯社會民主勞働黨第二回大會上，公然被認爲全黨的機關報。自出版至五十一期由列寧主編，一九〇三年十一月一日列寧脫離了編輯部後，成了孟什維克之機關報，發行至一九〇五年之秋季。

在散在俄羅斯內外各地的俄羅斯社會民主勞働黨員，此報之發行成爲非常的勢力。每期用秘密的方法寄送於俄羅斯內地。至於在俄羅斯國內，竟造成了火花派。火花報的使命如前述，並且在其第一期的社論中更能窺見其詳細。

【以下一節原文被删去】

在這樣綱領之下，火花報向着其使命邁進，一方面與經濟主義者戰鬥，他方面對當時社會上，政治上的最重大的問題加以徹底的論評。在俄羅斯社會民主勞働黨之實際運動方面，社會民主主義報紙之發行，可以認爲其最初的實力試驗。

查利亞雜誌更對社會民主黨的綱領問題及實際政策，做了理論方面的工作。其議論爲對自由主義之資產階級及現於政治生活之舞臺上的小資產階級之革命黨的『社會革命黨』挑戰。社會革命黨雖然揭示着曖昧的社會主義的綱領，但其結果不過是修正了的民衆主義，只爲其政治的激進主義，在各社會階級社會團體間求其支柱，欲在社會主義之旗幟之下，乘無產階級之革命的氣運，這裏爲與此無政府主義的社會主義相戰鬥而擁護無產者之階級意識，保全勞働黨的政治的獨立。

此火花報與查利亞雜誌的一派人，建立了黨之組織與團結的計劃，而努力防止小黨分立。此計劃在火花報第四期以應當先着手什麼的標題之下發表。列寧的小册子將何爲中亦詳述此點。在該小册子中有以下的話：

『木工團體爲實現其政治的目的，先應自覺木工業之爲何物，而期由其中逃出。從而組織的活動，先需着於堅固的革命家團體之組織，我們可以由援助此等團體，期運動之完成，與社會民主的經濟的職業的目的之到達。將來之唯一政黨的楔子，非屬於全俄的中央團體不可。此團體應由爲共通的目的而統一的一切政治的反對分子來組織此團體爲職業的革命家的團體，應由全民衆的眞的政治之統率者來指導」

此全俄團體之中心爲火花報。該報把各派委員會各派團體，統一於提高實際生活之社會民主主義之共通的政治使命之下。使其有更密切的連絡，而開了黨的理想之統一的端緒。

列寧的小冊子將何爲發行於一九〇二年三月。即火花報出報後經過一年以上，其成功很顯著的時期。該報對經濟主義之論爭，有小冊子關於煽動，以與黨派分立主義之論爭有同樣重要的意義。但該報最初在社會民主主義團體，很不受歡迎，且引起了反感。在外國與該報同鳴者只有與該報幾乎同時創立的『俄羅斯社會民主主義革命家聯盟』。此聯盟不只與該報以物質的援助，且擔負密輸於俄羅斯內地的責任。

在俄羅斯，火花報在各都市有其代表者。此代表者維持着該地的社會民主團體與該報的連絡並寄送編輯材料於該報之編輯部。且努力於報紙的銷路之擴充。但經濟主義者之攻擊非常利害，許多社會民主主義者反對該報，以致該報之代表者運配布於社會民主主義團體間也感非常的困難。

但其後漸次在某都市與經濟主義者之地方委員之出現同時，產生了火花報的團體。此團體在俄羅斯內地之地下室持有印刷機。用之印刷宣言與其他火花報與查利亞雜誌的論文與小冊子。火花派與經濟主義者之爭論，在一九〇一年至一九〇二年間爲最激烈。但因勞働羣衆間，漸次起了政治的覺醒，從而經濟主義者遂漸失其立場。只有在外國的『俄羅斯社會民主黨同盟』其後始終守着經濟主義者之見解，但至一九〇三年之初，此同盟亦失去了其俄羅斯內地的勢力，其出版品亦停刊，不得不將其地位讓於『俄羅斯社會民主主義革命家聯盟』。而火花報之成功，遂由俄羅斯內地的各種形勢之進展，更帶了確實性。

十 大學生的示威運動與勞働者

到了二十世紀勞働運動從同盟罷工發達至示威運動。大學生之革命運動亦由農村宣傳轉而出現於街頭，與勞働者互相呼應而行示威運動。

大學生的示威運動其眞摯精神亦決不下於勞働者，從而對勞働者，特別對勞働者中間的先覺分子給了很大的感動。他們遂盛論起「大學生之要求是什麼？政府拿什麼理由追放大學生？」的問題。關於大學生之政治運動之書籍，很得勞働者的愛讀。示威運動中的大學生之被捕，投獄，追放等事，都很使勞働者感動。勞働者常把被追放的大學生送至車站，公然對之表示同情。

「大學生爲什麼不來求勞働者的援助？我們很歡喜做大學生的後援。」

當考斯特羅姆市大學生與警察發生衝突時，該地的勞働者這樣說。此外莫斯科，哈利考夫，加藏及其他諸市所起的大學生的示威運動，同樣與勞働者以感動。

在哈利考夫市一九〇一年之農奴解放第四十年紀念日，大學生曾有一次示威運動。此次示威運動，被哥薩克兵的蹂躪，幾乎全部被捕。此消息傳於市中時，許多勞働者立刻跑到該示威地方與警察及哥薩克兵反抗。勞働者們投擲着石塊繼續反抗。示威運動繼續至夜。半結果逮捕了二百名以上的學生與働勞者。

一九〇一年莫斯科市的大學生示威運動，更受了勞働者之積極的援助。二月二十四日集合於大學之周圍，從軍隊手中奪取被捕的同學的男女大學生中，混入了多數勞働者。哥薩克兵屢次襲擊學生，用鞭毒打學生，結果首謀的學生被捕，示威運動因而中止。並且此時最頑強的與軍隊抵抗者爲勞働者。他們預備把被捕而囚於調馬場中的大學生奪還。破壞了調馬場之門，後來被哥薩克兵擊退。其翌日勞働者之激昂達於極點。數萬勞働者，參加示威運動。哥薩克兵一時無法把他們解散。大學生們爲抵抗哥薩克兵之襲擊，用街上的休息椅子造成防禦柵，終日與哥薩克兵對抗。

俄國革命運動史第五卷

俄國革命運動史第五卷目錄

第五期 各階級之包圍攻擊時代

——一九〇一年至一九一七年——

俄國革命運動史 第五卷

第五期 各階級之包圍攻擊時代

——一九〇一年至一九一七年——

第一章 民主主義與無產階級獨裁主義

一 政府之高壓與自治派之活動

由俄羅斯社會民主勞働黨之結黨，具體的開始了的革命戰線統一運動，雖然俄羅斯內各革命團體與民衆團體都希望着一致的團結，但實際上仍然毫無効果。在各地頻發的勞働者與大學生的罷工運動與示威運動，沒有相互的統一連絡，總是被政府的毒手武斷的鎭壓，常弄出多數無用的犧牲。此戰線統一運動失敗之理由有下述的幾種：

一、統一運動之指導者的俄羅斯社會民主勞働黨的幹部（列寧布來哈諾夫等）遠居外國。

二、組織唯一強力的社會民主黨之要素，尚未具備。

三、政府的頑強的高壓政策，壓迫於基礎尚未穩固的社會民主黨，並對標本着比較穩和的主張的革命運動之自治會派與主張激烈的恐怖手段的第三分子派亦加以徹底的打擊。

在這種情勢之下，不只革命戰線之統一是不可能，並且入了二十世紀俄羅斯政府的反動政策，更露骨化了。其第一表現為對帝國自由經濟協會之封閉。因為此協會之周圍有自治會派與第三分子派之勢力，引起了社會之同情，成了對官僚之威脅，並且政府為剝奪成了自治會派的基礎的自定課稅權，於一九〇〇年六月十二日頒布了自治會課稅限制法。由此奪去了自由會派的根據。並於同年同月同日頒布了關於國民的食糧問題之新法律。由此法律禁示自治會參與意見於地方之食糧問題。並且政府連國民教育方面，也完全成了自治會派的基礎的自定課稅權，於一九〇〇年六月十二日，頒布了自治會課稅限制法。由此奪去了自由會派的根據。並於同年同月同日頒布了關於國民的食糧問題之新法直轄之下刊行了地方及都市經濟新報的定期雜誌。

這樣政府對自治會之壓迫還不停止。當時因郡自治會議曾將廢止死刑的請願案提出於州自治會議，政府遂命令以貴族爲議長的州自治會拒絕其提出討論。其後不久仍於一九〇〇年內務部禁止西北與西南各縣實施自治制度。

但這樣的政府之壓迫，不只對自治會派之基礎毫無影響，反因此使自治會派的人們更團結起來。他們順應實際生活之要求，爲達社會之目的，想出了新的方法，以覺醒了的社會人心爲基礎，決心與政府作戰。一九〇〇年以來，自治會派之反抗勢力，竟能蔑視政府之處置，公然各自繼續開其自治會議。此會議名爲『飛集』，即關於某項問題，有統一各自治會之意向時，自治會派之重要人物與第三分子中之與自治會派接近者，在短時間中飛集起來，所以得此名。

此『飛集』之中心地爲莫斯科，因爲莫斯科縣自治會爲其他自治會之指導者。但在其他都市亦常開此飛集會。

一九〇一年二月，在莫斯科市，開了地方農事振興會議。此會議之參加者爲地方自治會之代表與市自治會及市會代表，與第三分子之代表占多數。於是此會議開頭就帶有政治色采。吃驚了的縣知事想請示於內務大臣而解散此會議，但終於未達目的。加之此會議有都市的代表之參加，可以爲都市的資產階級也對政府表示反對的證據。

一九〇一年九月在布達瓦市，由布達瓦農事協會的提議，開了布達瓦柴尼考夫，哈利考夫，庫爾斯克，契埃夫諸縣之木工業者會議，此會議中亦有多數自治會派與第三分子之參加，因而帶了政治的色采。

特別第三分子簡直目無政府的命令，從一九〇〇年之終至一九〇一年之始，在彼得堡市開了自然科學家與醫生的第十回大會。在此大會上，亦有第三分子，明顯的表示反對當時的制度。此大會之參加者與彼得堡市的智識階級中間，有祕密組織反抗團體之談論。其結果組織了特別事務所。彼得堡之著名小說家與社會運動家七名被舉爲此特別事務所之常務委員。

繼此以壓迫的政治家著名的布貝多諾斯采夫而爲內務大臣的斯皮亞金，對這樣的社會的覺醒，仍襲用其前任的舊套手段。一味拒絕自治會之請願，禁止新聞之發行。有什麼動搖起來時，立刻用兵力與警察力去鎭壓看見有些疑點時立刻行家宅搜索，將革命家追放到一九〇二年四月二日內務大臣斯皮亞金，被社會革命黨員巴爾馬謝夫刺殺。他的壓迫政策由此告終。但繼其任的芬布來維，仍舊是不下於斯皮亞金的壓迫政治家。把所有的反政府運動都視爲陰謀。擬一掃反抗運動而恢復政府的威權。從而一九〇二年的後半期，有一方由內務大臣芬布來維，他方由財政大臣維代的二大獨裁官。於是此時在自治會運動與勞働運動史上發現了許多應當大書而特書的大事件。加之此強於權勢慾的二大獨裁官，互相反目，至於成了二者不能並存的關係。但至二者完全決裂以前，長期間行着並行的暴政。

二　社會革命黨之成立與其勢力

俄羅斯社會民主黨的戰線統一運動之嘗試雖歸於失敗，但由政府之壓迫愈趨激烈，各階級的大同團結則到處在進行着。二十世紀初頭之值得注意的此種合同運動，由社會革命主義者之各團體組織了一個統一的社會革命黨。

社會革命黨之組織爲政黨的形式，爲一九〇一年，由被稱爲革命的祖母的布來西考夫斯克雅女士與蓋爾肅尼，柴爾諸夫，阿爾格諸夫等努力的結果，並由『俄羅斯社會民主勞働黨』之組織的刺戟，而成立了此有力的組織。

如此組織成的新革命黨，其綱領與政策，在許多地方異於『社會民主黨』。

八十年代之初民意黨之破滅，既如上述，同時爲當時各革命勢力之破滅。由此破滅而繼起的八十年代至九十年代之窒息時代中，還殘存着民意黨員之祕密團體於各地，並有新組織的民意黨員的團體。在外國亦存在着舊民意黨員的移民組。拉夫維夫，西西考，漄維夫考伊，魯薩諾夫，巴諾維齊等人，爲移民組的主要人物。

此等民意黨員之各團體，都奉着革命的民衆主義的傳統思想。即對於個人之獨創力之信念，與用恐怖手段與其他革命方法與官憲戰鬥，根本的解決土地問題，在勞働農民中，行其社會主義的宣傳等項目爲其主要事業。

至九十年代之後半，民意黨員之各團體，自稱爲社會革命黨（且分裂前之土地與自由黨員亦自稱爲社會革命主義者。）他們的團體，散布於俄羅斯內之十六都市，與十六縣之下。但其勢力比之當時馬克斯主義者在智識階級與先覺勞働者間的勢力，就很微弱了。但他們反乎社會民主黨之政治爭鬥，始終採用恐怖手段對付官憲。並總守着對農民更甚於勞働者的社會主義之宣傳的見地。一八九六年從西伯利亞歸來的布來西考夫斯克雅女士，曾幾次巡遊全俄，在農民中間宣傳其主張，而努力於社會革命團之組織。

在這樣各個獨立的團體間，漸次有了幾個團體互相組織的傾向。由此漸漸開始組織大團體。如他們在一八九六年組織了『社會革命主義者同盟』。此同盟有薩拉都夫，莫斯科地方爲其根據地。其後漸次擴張其勢力於彼得堡，烏爾格沿岸地方，烏拉爾地方，南俄地方，一八九八年發表了題爲吾人之使命的綱領。特別主張恐怖手段之必要。一九〇一年發行了名爲革命之俄羅斯的報紙。

其時南俄地方之各團體已開始團結。一八九七年契埃夫布達瓦哈利考夫彼得堡湼羅奈齊各縣的團體之代表，第一次開會議於湼羅奈齊市執此會議之牛耳者爲蓋爾肅尼。稱此團結了的各團體爲社會革命黨。一九〇〇年十一月發表了社會民主黨宣言。此時該黨承認恐怖手段，主張土地歸農民團體作成了反馬克斯主義的綱領。

一八九八年在外國組織了『農村社會主義聯盟』，以發行宣傳社會革命黨之主張於農民間的宣傳書爲目的。盡力於此團體者爲湼羅夫斯基，西西考柴爾諾夫斯里約都夫，拉薩來夫等人。

一九〇一年在東斯克市印刷革命的俄羅斯報的印刷所被沒收。由此革命的俄羅斯報僅出至第二號而中止。由這次事件的刺激，社會革命主義者同盟與社會革命黨開始了聯絡關係。努力於此聯絡者爲布來西考夫斯克雅女士與蓋爾肅尼。於是同盟的印刷所之被沒收，與其中心人物之被捕，反促進了革命團體間之聯絡。聯絡成立後革命的俄羅斯報，在高玆與柴爾諸夫的主幹之下在外國發行。此報爲社會革命主義者同盟與社會革命黨，及農村社會主義聯盟合成的新『社會革命黨』的機關報。此外還有該黨的理論宣傳機關的俄羅斯革命新報，在薩爾諸夫的主幹之下，亦在外國發行。

社會革命黨員組織了統一的政黨後，就開始實行其政治的恐怖手段。以此爲革命家的鬱積之強力之出路。如一九〇一年二月十四日社會革命黨員加爾保伊齊狙擊了教育大臣保高來保夫。據他在法庭的陳述說，他以個人的責任，執行了此暗殺舉動。其後社會革命黨繼續於恐怖行動，一九〇二年四月二日該黨的戰鬥團團員巴爾馬消夫暗殺了內務大臣斯皮亞金。繼之於一九〇二年七月二十九日又執行了暗殺了曾用殘暴手段鎮壓了哈利考夫與布達瓦之農民叛亂之哈利考夫縣知事敖保來夫斯基。一九〇三年五月六日又暗殺了在斯拉利多拉特市槍殺勞働者的烏法亞縣知事保格達諾維齊。一九〇四年七月十五日內務大臣布來維又斃於查曹諾夫的炸彈之下。一九〇五年二月四日，加利亞埃夫暗殺了賽爾該亞歷克山多羅維齊大公。凡此恐怖的行動，都是由社會革命黨的戰鬥團執行的。

三　解放同盟與斯道爾維

鑑於政府之壓迫與俄羅斯社會民主勞働黨之結黨，一方由智識階級與第三分子組織了社會革命黨，他方由自治會派之反政府分子亦爲反抗政府對自治會之壓迫政策，希望組織一統一的團體。其中屬於右翼的一派見俄羅斯社會民主勞働黨在外國有其機關報火花與薩利亞雜誌，亦欲發行一種宣傳其主張的機關報。但在國內發行是不可能的，所以只有設法在外國發行。

正在發行此機關報之希望成熟時，於一九〇二年三月在彼得堡市開了全俄土木工業博覽會。此博覽會中集合了多數自治會派與第三分子。彼得堡市之智識階級，亦與之相唱和。在集於博覽會的同志間進行了發行機關報的決議。結果把此計劃移於莫斯科商議，集於莫斯科的十五六個自治會派與自由職業派的人們，再商此事。談論之結果組織了『解放同盟』。

原來此『解放同盟』之組織，與解放報之發行的計劃，已經於一九〇〇年二月間由斯道爾維開始準備。

彼得·斯道爾維為俄羅斯最初的社會民主主義者之一人。為一八九八年『俄羅斯社會民主黨』第一回大會的名義之下所發表的該黨之宣言之執筆者。並曾以俄羅斯社會主義者的代表資格參加一八九六年的國際社會主義者大會。與道綱·巴拉諾夫斯基布爾格考夫，貝爾嘉埃夫伊茲考埃夫等同為俄羅斯的有資望的馬克斯主義之代表者。他並且在諸爾·維斯羅渥濟茲尼等大雜誌上，大為攻擊民衆主義，而擁護馬克斯主義。其後不久他與『社會民主黨』斷絕關係，而組織『解放同盟』，『解放同盟』在西多渥哈特市發行『解放同盟』的機關雜誌解放，他自為該雜誌的主筆。其後以此同盟之中心人物，於一九〇五年組織了『立憲民主黨』，他為該黨的中央委員。其後他接受了高利釆夫在莫斯科發行的『立憲民主黨』之機關雜誌露斯加雅·慕斯黎（俄羅斯思想）以來，一直到現在還在蘇菲亞市繼續着其主張，說已變為帝制主義。

如是，斯道爾維之一生由社會民主主義變爲帝制主義，由左向右移轉，常以穩和與順應形勢自鳴得意。當時曾與自治會派提攜，計劃在外國發行機關報。其時正遇在外『俄羅斯社會民主黨』員間，亦有發行火花報的計劃，他曾希望兩報合並發行，急促到外國與社會民主黨交涉。其交涉雖未成功，但結了極良好的關係。如火花曾登載過斯道爾維的論文，即可見其一般。但斯道爾維當時爲與其同志共同在芬蘭半島組織『解放同盟』與發行新聞，曾又到克來米亞半島與柴和夫，高爾基，羅巴金等進行交涉。

當他回到彼得堡時，正在開前述的『土木工業博覽會』，同時開了土木工業者的會議。參加該會議的兩個自治會派，對於此新聞之發行很感興味。於是立刻到芬蘭，在避難於該地的有名的學者（小說家）的地方作成了發行報紙的綱領。該學者曾寫好了解釋此綱領的論文，預備在該報上發表。綱領與論文拿到莫斯科。其時又在莫斯科市開了自治會員與第三分子的會議。會議上約定，援助解放報，並將其綱領與論文及某自治會員寫的有名的自治會員與立憲主義者之書翰略加修改而承認。

但在此莫斯科會議上，還沒有組織好『解放同盟』。此組織後來於一九〇三年夏天纔完成。但解放報則已於一九〇二年六月十八日在西多瓦哈特，在斯道爾維的主幹之下發行了第一期。其社論中曾寫着『爲把我們的祖國，從各方面由警察之壓迫之下解放出來。爲俄羅斯人個人與俄羅斯社會之自由而奮鬥的偉大事業。』在其社論之次載着由俄羅斯立憲主義者與由自治會派之公開信之兩篇論文。由此兩篇論文可以證明解放報之中心勢力爲自治會派中之立憲主義者。綜合此等論調，可以歸着於以下的文句：『全社會要求着眞正的政治改革自治會派應此要求，對俄羅斯的社會生活開始積極的活動。以期把我們的祖國從現在的不可忍受的困難中救出。』

看見自治會派的這種挑戰的態度之政府，遂大爲狼狽。因爲政府視自治會的運動爲地下室的陰謀。但現在自治會派却以廣大範圍的社會背景，公然向政府挑戰。假使此時俄羅斯政府之內部有憂祖國之安危的人物，或者會利用尙未到達於革命傾向的自治會運動，移向較少苦痛與犧牲的生活之新形式。但在當時俄羅斯政府中，沒有這樣的人材，如內務大臣布來維等都是只念自己的利害，充滿了野心與貪慾的人物。他們認自治會派為不共戴天之仇敵，欲將其根本撲滅。

四　俄羅斯社會民主勞働黨第二回大會

如前所述，一八九八年之初俄羅斯社會民主勞働黨已經成立，當時的社會運動與一般革命運動漸漸帶了濃厚的羣衆主義與戰線統一的色彩。但後來民主主義者與革命家中間，猝然又起了分裂作用，而出現了稱為經濟主義者之一派。

而此分裂作用，更使俄羅斯社會民主黨之統一的氣運益趨顯著。到其開第二回大會時，此種趨勢更露骨的表現出來。

俄羅斯社會民主勞働黨第一回大會，曾發表了前述的宣言與決議案，以為其結黨的方法與運動的原則，而明示了統一的基礎。但此統一作用成了分裂作用之端緒，以致未能達於目的，且由他種理由使其最初的嘗試完全失敗。其主要理由因為還沒有具備了組織有力的『社會民主黨』之要素。即一方面俄羅斯社會民主主義的實際活動之形式尚未完成。纔開始了戰鬥的社會民主黨，還沒有研究其理論之見解與其實現的最善方法。且『社會民主黨』運動之基礎的勞働運動，表現爲大罷工運動，同時把『社會民主黨』之確定的使命與目的弄得曖昧了，常僅限於範圍狹小的職業的鬥爭。在另一方面政府的高壓政策，破壞了基礎尙未穩固的社會民主團體，而毀滅了其遺產與傳統，亦爲其主要的理由。

但雖然俄羅斯社會民主黨之組織的第一回嘗試歸於失敗，而對於組織無產階級政黨與統一戰線之希望與要求，則永沒有從全部社會民主主義者之念頭中離開。其時彼得堡的爭鬥同盟俄羅斯社會民主黨中央委員會，南部民主黨委員會及民主團體，火花團，崩特團，在外俄羅斯社會民主黨同盟等團體的代表集合協議的結果，以火花團與南部勞働團的代表，負責組織召集第二回俄羅斯社會民主黨大會之準備委員會。

此第二回大會於一九〇三年八月開於比利時的布魯塞。後因該國官憲之壓迫，又移開於倫敦。參加此大會而有投票權之黨員四十三名，代表着下列二十六個團體。

在外的社會民主團體為：一，勞働解放團二，火花團三，崩特團在外委員會四，崩特團中央委員會五，革命社會民主團聯盟六俄羅斯社會民主團在外同盟七南部勞働團八俄羅斯社會民主勞働黨彼得堡委員會九彼得堡勞働團十，俄羅斯社會民主黨莫斯科委員會，十一，同黨哈利考夫委員會十二，同黨契埃夫委員會十三敖代薩委員會十四，尼古拉埃夫委員會十五克利米亞委員會十六，道翁委員會十七高爾諾查握道斯克勞働團同盟十八，俄羅斯社會民主黨愛克太利諾斯拉夫委員會十九薩拉道夫委員會二十，齊夫利夫委員會二十一巴克委員會二十二巴茲姆委員會二十三烏法委員會二十四，社會民主團北部同盟二十五西伯利亞同盟二十六俄羅斯社會民主黨都拉委員會；此外還有單有協議權的十四名代表。參加代表中之主要人物為布來哈諾夫列寧克拉西考夫，格賽夫，岜曼利雅道夫蕭道曼烏利雅諾夫（列寧之弟）克魯布斯克雅女士（列寧之妻）賽姆利亞齊加，克奴尼恩茲亞爾道夫托羅斯基歷克賽利羅德薩斯利齊女士代伊邢保德來索夫等人。

開會後，第一先討論黨綱問題問題之焦點為國民代表機關與選舉之規定等事原說說明者保薩道夫斯基在其間陳述了下列的話：『這裏有贊成者與反對者提出的修正案，但兩者之爭點，關係於以下的重要問題，卽『我們將來的政策，是應當去服從其他一切民主主義之根本原則，承認該原則之絕對價値麼？或者使其他一切民主的原則來服從我們的主張？』的問題，我是斷然贊成後者的。因爲在其他一切民主的原則中沒有與我黨的主張不一致的。如個人權之不可侵犯一樣。我黨既以社會革命爲目的，那麼我們只有從如何能迅速達成我們的能力的見地卽我黨的主張的見地去適用民主的原則。假使有一種民主的要求於我黨不利時，我們可以不採用他。』布來哈諾夫的演說幾乎與保薩道夫斯基一樣。於是該黨的綱領草案，各重要地方，都照原案通過，

其次就是討論黨規，原案爲列寧與馬爾道夫兩人提出。當開始對兩案逐條討論時，最先於第一章中關於黨的組織一項目列寧案與馬爾道夫案就不能一致，於是一時變爲火花園中之有力者中間非常的爭論。據列寧案『俄羅斯社會民主黨，以承認黨的綱領，自願加入黨中的一個團體而負責支持黨者爲黨員。』卽列寧案是說俄羅斯各社會民主主義

者或各社會團體欲加入俄羅斯社會民主勞働黨時需先承認黨的綱領與黨共同活動，不只需極力支持黨且有直接加入黨的必要。馬爾道夫案則反之，主張只要對黨充分支持就夠了。

此意見之相異看去雖然好像枝葉問題，但事實上依列寧的見解是說唯一階級的唯一政黨，即擔負革命行動的唯一政黨之組織，應當以無產階級革命家之活動爲基礎，而不應以各階級各要素之同情爲基礎。因爲此無產階級的政黨之同情者在小資產階級中一定不少，即爲團體之鞏固，不妨先行分裂。

幷且在列寧方面的意見，關於黨的統一問題主張中央集權的統治的組織，要求地方機關絕對的服從黨的中央機關。反之在馬爾道夫方面主張統治機關原來應當是民主的。即主張與地方各民主團體以自治的自由。

此兩方面之意見差異，即兩方面的議論，最後決定由投票採決。於是列寧以二十三票對二十八票而落選，馬爾道夫案由二十二票對二十八票，一票棄權而被採用。

但關於其他問題的討論，贊成列寧的主張者，總是比贊成馬爾道夫的主張者多一二人。於是從大會中表現出以列寧爲首腦的多數派（布爾什維克，）與以馬爾道夫爲首腦的少數派（孟什維克）的兩派之分裂。布來哈諾夫，克拉西考夫，格賽夫，包曼，利亞道夫，烏里雅諾夫克魯布斯克雅女士，賽姆利亞齊克克奴尼央茲等人，屬於列寧的多數派，托羅斯基，亞歷克賽利羅德薩斯利齊女士，代伊那，保都來索夫等人屬於馬爾道夫的少數派。

五　布爾什維克與孟什維克

希望統一的團結的社會民主主義者們，在其第二回大會上，反完全分裂了。此分裂即使有益於鞏固其統一的基礎，但因爲問題是關係於人類的根本要求的，所以此種分裂不能認爲一時的現象，而是根本的，永久的差異。

如前述馬爾道夫一派的孟什維克的主張，爲民主主義，自治主義，反之列寧一派的布爾什維克之主張，是獨裁主義中央集權主義。民主主義與獨裁主義，自治主義與中央集權主義——此乃人類本能上的兩大要求。像化合與分解，演繹與歸納，綜合與分化，統一與分裂等現象之爲極自然的人類中間之相反傾向。由獨裁主義與中央集權主義，綜合主義與統一主義相比較，民主主義與自治主義實相當於分裂與分解作用。

此布爾什維克與孟什維克的意見之相異，因發生於人類的精神之二個根本要求，所以無論在什麼時代，無論在何團體中，我們都可以發見此兩種精神之對立。如第二國際與第三國際的對立，即其適例。孟什維克即屬於前者，而布爾什維克屬於後者。前者俄羅斯共產黨之內訌，亦爲此二者之對立的表現。即加邁奈夫與齊諾維埃夫一派主張獨裁主義，而托羅斯基則主張民主主義。

從而布爾什維克與孟什維克之差異，并不是起於一般所說的起於性格的差異，實起因於人類根本的傾向——即綜合作用與分解作用。爲更明白的說明此二者之根本差異，茲特將俄羅斯社會民主勞働黨第二回大會上馬爾道夫與列寧的演說（關於兩者之提議案之演說）從大會議事錄中抄譯如下：

馬爾道夫——「我曾於原案第一章中，說明過對於黨員有黨籍的各團體，有監督的必要。但反對者說此種監督是不可能的。但我的意見正相反。若委員會賦與某幾個人以某種權限，使其可以監視委員會之行動，這種監督很可以辦到。反之列寧案中所提示的目的，正是實行不可能的。依列寧說黨內不應當有黨所屬以外的團體之存在，我以爲正應當有黨所屬以外的團體之存在。因爲實際生活在漸次的製造團體，我們沒有使之來加入職業革命家團體的餘暇。

『我以爲假使各種獨立團體，贊成社會民主主義的見解，同意其政綱，而加入我黨時，此爲我黨之大勝利。在職業革命家的團體與羣衆間，有若干團體之存在正是很方便的事。我們勞働黨，不應當爲職業革命家之團體所限制。』

列寧——『我第一對亞歷克賽利羅德之好意的提言，將略加引伸。我很歡喜贊成亞歷克賽利羅德之說。因爲我也不以此意見之不一致爲可以決黨之死活的大問題。我們不會因綱領中有一點之不完備而滅亡。

『但現在的問題是要從此二提案中採決其一。那麼我也不能放棄我的堅決的信仰。即不能改易我以為馬爾道夫案將給黨以不少的不利的信念。

『托羅斯基沒有理解布來哈諾夫的根本思想。從而托氏還沒有接觸着問題之眞義。他雖陳述了對於智識階級與勞働者階級的見地羣衆運動等的意見，但還沒有接觸到我的提案是縮小黨員的概念或擴充黨員的概念的問題。若他接觸到此問題時，當然我的提案是縮小黨員之概念的，而馬爾道夫案是擴大的。卽借用馬爾道夫自己的用語，卽注意於富於彈力之紳縮自在。

『誠然，此富於彈力的紳縮自在，卽是使我黨在現在的時期，無疑的為遲疑逡巡的微溫主義的分子們開放門戶。為攻破此簡單明瞭的結論，當先立下沒有這樣的分子的證據。但托羅斯基毫末說出證據。當然這證據是不可能的。因為此種分子決不在少數，甚至勞働階級中也有的事實誰也知道。嚴守黨規黨律，在統一復興中之我黨，非收容極多數的動搖分子不可的現在，更是當前之急務。

『托羅斯基把我的拙著將何為的根本思想，完全解釋錯誤了。因為他曾說我黨決不是陰謀團體。但他忘記了我曾舉示過陰謀團體之從最狹小的範圍至比較擴大的自由團體間之各種團體。他曾說我黨應當爲前衛軍，爲從勞働階級所成的羣衆之指導者而勞働階級雖然幾乎活動於我黨各團體之指導下，但不必全體入黨，且不可全體入黨。托羅斯基因爲根本上在錯誤，所以到達於這樣的結論。

『托羅斯基在這裏說，若多數的勞働者相次被捕，聲明所有的勞働者並不屬於我黨，此時我黨將成一國。其實正是反對。他儼若想使所有有經驗的革命家有相似於歡喜的悲戚。若因罷工或示威運動而被捕的數百或數千的勞働者聲明是我黨團體的團員，這無寧是表示我黨之有力，與實行着我們的使命。即多少範圍狹小的指導者被束縛後，可以儘量的吸引廣引範之表示。

『贊成馬爾道夫案者的根本錯誤，不只在除去我黨生活之一個根本罪惡，幷在淨化此罪惡之點。此罪惡即在對政治之不滿的空氣中活動完全被隱蔽了的情事之下，活動的大部分集中於狹隘的秘密結社，與個人的會見的情事之下，區別活動家與空談家不只非常困難，并且簡直不可能。不只我們智識階級；即勞働階級亦苦於此種罪惡。但馬爾道夫案則正欲把此罪惡化爲黨規。我以爲築有十個老實的勞働者不是黨員，也比使一個空談家有做黨員的可能好一些。」

『反對者說，我們不與黨員以任何權利，黨員自然不得惡用其權利。但這種反駁也是不成立的。因爲第一對黨員沒有明白的賦以某種權利同時就是對黨員的權利沒有什麼明白的限制。第二我們不能忘記了在權利問題以外，所有的黨員對於黨有其責在，同時黨對於所有的黨員也有責任的重大的地方。從而在現在的政治活動的情形之下，如現在的政治的團結這樣薄弱的時期，並不是對非團員的人與以黨員權爲危險有害，無寧是非團員的人責任需由黨代其負擔的事是危險有害。

『我們的使命，是要與黨的中央委員會以實際上的監督權。我們的使命是保持黨的鞏固，與黨的純潔。我們需努力使黨員之價值增高。由以上的理由，我反對馬爾道夫的提案。』

六　俄羅斯社會民主勞働黨綱領

俄羅斯社會民主勞働黨第二回大會大所採決了的該黨之綱領，亦稱爲布來哈諸夫綱領。此綱領是脫胎於德意志社會民主黨的愛爾費爾德綱領分爲最小限度綱領與最大限度綱領。綱領在俄羅斯此爲社會民主黨的最初的綱領。

此綱領大體是主張民主權之獲得。關於社會問題的勞働保護，詳細的考察過制度勞働法的必要方法，關於土地問題主張土地民有。土地民有，即俄羅斯所有的土地歸於國有，國家將土地給耕作者使用。綱領中的主要項目，列述如左：

一　政治上的主張

〔a〕國民專制權，即國家之最高主權歸於立法會議，立法會議由國民代表組織，爲一院制。

〔b〕用一般平等之直接選舉法，選出立法會議員與地方自治機關議員，二十歲以上的男女有選舉權，秘密選舉，各選舉人有被選於各代表機關之權議會爲二年制度，議員爲有俸給制度。

〔c〕廣泛的地方自治。地方自治行於有特殊的立法事情與特殊住民的地方。

〔d〕個人與住所之不可侵犯。

〔e〕良心，言論，出版，集會能工，結會之絕對自由。

〔f〕移住與職業之自由。

〔g〕階級全廢，不問性宗教民族之差別，與所有的人民以平等權。

〔h〕與人民以用民族語受教育之權利，爲教育的設施，必要的學校，由國家費用，或自治機關費用設立，人民可於會議時使用其民族語。卽民族語可以同國語一樣使用於一切地方社會及國家機關。

〔i〕與國內各民族以自定權。

〔j〕與人民以陪席裁判上可用普通手續裁判官吏之權。

〔k〕由國民選舉裁判官。

〔l〕常備軍變爲國民軍。

〔m〕教會與國家分離，學校與教會分離。

〔n〕對未滿十六歲的少年男女施以無學費的義務的普通教育與職業教育。貧窮者的子女用國費供給其食物衣服，學校用品。

並且俄羅斯社會民主勞働黨爲國家經濟之民主化的根本條件，廢止所有的國稅，要求設定對於收入與資產之累進稅。爲使勞働階級之體力與精神之向上，與發揮勞働者對於解放運動的能力，有以下的主張。

二　關於勞働問題的主張

〔a〕爲一切雇傭勞働者，限制一晝夜的勞働時間於八小時。

〔b〕在國民經濟的所有範圍中，爲男女雇傭勞働者，用法律規定一星期四十二小時以上的休息時間。

〔c〕規定時間以外的勞働完全禁止。

〔d〕在國民經濟的所有範圍內禁止夜工（午後九時至午前六時。）但關於技術上的勞働，由勞働團體認爲絕對必要時，不在此限。

〔e〕禁止學齡（兒童十六歲以下）的勞働。未成年者之勞働限制於六小時，

〔f〕有害女子健康的勞働，禁止使用女子。對於產婦禁止其四星期以上至六星期間的勞働，在此時期中，仍發照常的工資。

〔g〕在使用女子勞働者的一切工場與製造所當附設託兒所。對授乳中之女子，在每三小時以內應予以三十分點以上的授乳時間。

〔h〕發工資時禁止用物品替代現金。由勞働者之雇傭契約，每星期用現金發工資一次。

〔i〕不論有什麽理由爲什麽目的，決不准從工資中扣除錢數。

〔j〕在國民經濟的所有的方面，充分設置工場監督。對於用雇傭勞働者的

所有的企業（官管工業亦在內，）普設工場監督（家庭使用人亦屬於監督之範圍。）對使用女子勞働者的工場，設女子監督。由勞働者所選舉，受國家的薪俸的工場代ヲ，監督工場法之實施，物價之規定，材料選擇，與勞働結果等。

〔k〕由地方自治機關，與勞働者所選舉的代表共同監督勞働者之住所之衞生狀況，住所借貸條件，與住所內之設備等事。監督企業家不得干涉雇傭勞働者之個人的，公民的生活。

〔m〕在使用雇傭勞働者的所有的企業中，設定有組織的，規則的衞生監督制度。對病中的勞働者，施以無費的治療。

〔n〕對違反勞働保護法之企業家，設定用刑罰處罰的規定。

〔o〕在國民經濟的所有範圍內，都由勞働者與企業家雙方平等的選出代表，組織職工裁判所。

〔p〕由地方自治機關，設置本地勞働者與外來勞働者之介紹事務所（勞働交易所，）其辦事處由勞働團體組織。

更爲掃除對農民的直接的過重的桎梏，卽農奴制度之遺風，爲使地方村落的階級爭鬥得自由發展，俄羅斯社會民主勞働黨有以下的要求。

三　關於土地問題之主張

〔a〕現在課於農民及納稅階級的買收稅與其他一切的課稅，完全廢止。

〔b〕廢止一切妨害農民監理其土地的法律。

〔c〕並買收稅與其他從農民徵收的稅全還付農民。爲此目的沒收修道院，教會，貴族，官廳，皇族的財產，對曾利用買收金的貴族地主之土地，課以特別稅。這樣集起來的金額，用以爲地方文化事業與慈善事業的特別基本金。

〔d〕設立農民委員會，把農奴解放時從農民奪去的土地，歸還於地方團體。

〔e〕與裁判所以取締非法的高價地稅，而將其減低的權利。農奴制度之遺風的交易一概歸於無効。

七　斯巴道夫主義與官設勞働團體

統一傾向之結果，反使自治會派與社會革命黨分裂，另一方面社會民主勞働黨亦分裂爲布爾什維克與孟什維克二派。各派不惟不能相互提攜，且不斷的互相對抗。但在俄羅斯內地各派之宣傳，仍不因此衰落。智識階級，大學生，與勞働者的革命運動，仍舊未因政府之種種壓迫而消滅。並且一般勞働運動，又離開從前的經濟鬥爭，漸帶濃厚的政治鬥爭的色彩。恐慌了的俄羅斯政府，對此更加以非常的高壓手段。對於參加罷工與示威運動的勞働者，加以逮捕裁判，追放，投獄，徒刑，笞刑，槍殺等殘暴手段。

但這些壓迫，仍舊沒有鎮撫下勞働階級之不滿。政治犯罪，日愈增加。勞働者的示威運動，日愈擴大。據當時俄羅斯司法部的報告一九〇〇年政治犯罪事件爲三八四件，關連於此等事而被捕者爲一五八〇名。一九〇三年，犯罪事件達一九九八件，被捕者達五五九〇名。此統計並不十分正確，因由私談解決了的事件（罷工事件，）尚未加入此數字之內。

當時俄國政府之對內政策之指導者爲內務部與警察廳。此等指導者也覺悟了用壓迫手段鎮壓勞働運動之不可能。於是警察廳內起了自己去指導勞働運動，將其誘導於政府所希望的傾向之議論。最初提出此意見案者爲莫斯科保安部長斯巴道夫。在警察的許可之下宣傳社會主義於勞働階級的計畫稱爲斯巴道夫主義。此計畫竟得了內務部的承認，實行於俄羅斯之各地。

斯巴道夫主義的內容若略加以詳細的解釋，就是說勞働運動是不可避免的事實，無論用任何壓迫手段是不能撲滅的。但假使由警察廳直接去指導勞働爭議，把勞働者的注意從政治爭鬥問題離開，而使之向於抵觸帝制的基礎較少的經濟爭鬥方面，決不是很困難的事。自然經濟爭鬥，也應當儘力避免。即用警察廳的威信，曉諭企業家，使他們滿足勞働者的合理的要求，取締其足以激昂勞働者的橫暴行爲。

對實施此種計畫之一種方便，就是勞働者中間組織團體的傾向之強大。勞働者們都希望着組織團體以擁護自己的利益。但組織團體向來是被法律禁止的。如前述的勞働者之秘密團體並不能滿足其要求。加之勞働者之秘密團體，多只是指導勞働者於政治爭鬥，而很少注意到勞働者的經濟爭鬥。從而勞働者之不滿日益增加。勞働者們遂感覺因爲沒有適當的團體組織，所以其要求之大部分都無從滿足。

於是警察廳乘了此種氣運，開始組織以著名人物爲指導的勞働團體。擔任指導此等團體的警察人員，由勞働者中間選拔出來。勸導其與保安部發生密切的關係。在當時的毫不知道這種微妙的政治遊戲之勞働羣衆間，發生此官立勞働團體，並不是很稀奇的事。從而由此等團體開始了積極的活動，干與經濟爭鬥，努力於獲得勞働者之滿足，於是尚未達於階級的自覺的勞働者，遂爭着加入此等團體。

此種團體組織之嘗試，在西北邊境地方，即『崩特團』所指導的猶太人勞働運動之閔斯克市開始於一九〇一年之夏季。當時由警察廳的援助組織了稱爲『獨立猶太人勞働黨』的團體。此團體之目的，爲發展經濟團體，普及科學的職業智識於勞働階級，教育勞働階級以團體生活。

在閔斯克市加入此團體者多爲商店員，而猶太人的無產階級之自覺分子，則以猜疑的眼光凝視着此團體，預備暴露其內幕。『獨立猶太人勞働黨』，其後存在了二年，在猶太人無產階級中間，尙未有深的根蒂時，於一九〇三年終於中止其活動。雖有憲兵之援助亦未能實現其目的之一部分。

在彼得堡市該警察許可之下的社會主義宣傳，亦歸於失敗。彼得堡市的斯巴道夫派，受多數自覺的勞働者之反對，終於剝下其對於勞働者之同情的假面。

斯巴道夫團體之最成功者爲莫斯科與奧代薩。其餘在尼古拉埃夫，愛利查維格拉特，配爾米及其他都市所組織的該種團體亦有相當之成績。

彼得堡的斯巴道夫團稱爲『俄羅斯工場勞働協會』，以司祭格崩爲會長。格崩之輔佐者爲努力於創設此團體之勞働者。此等勞働者被認爲眞正爲勞働階級努力的人，只是爲欲實現其目的，手段上利用格崩神父。

『俄羅斯工場勞働者協會』之成立大會，公然舉行於一九〇四年四月十一日。因對政府毫無危懼之念，由到會者全體的同意，給內務大臣打了『衷心燃燒着對皇室與祖國之忠誠之虔忘的勞働者們，將其誠意敬獻於陛下』的電報。到會的勞働者們，以非常的熱狂，三唱『上帝護我主』的國歌，三呼萬歲而散。

大會後該協會即開始其活動。於市內各區設置了協會的支部。在支部內，勞働者們互相交換解脫生活窮困的方法之意見，開設圖書館，組織家族的跳舞會或音樂會，但儘力避免關於政治問題的談話。協會之指導者，努力防止民主的智識階級與革命的勞働者之入會。

協會的指導者以格崩司祭爲中心計畫該團體的活動。所有的計畫經過各支部的討論，更得支部總會之贊成時，然後移於實行。

後來據參加過一月的格崩事件的一位有力者說『在協會內多討論的是民衆救濟問題與利害問題，雖然也常有關於教育問題及其他若干帶有政治色彩的問題；但這種討論非常多。若有一時忘情而爭論政治問題者，協會在兩天以內，一定將此人逮捕，而鎖閉於要塞內。』

在開頭此協會無甚顯著的發展。但至一九〇四年之後半，在俄羅斯各地漸有了活氣。格崩協會也有了精神。各支部都很發展，並設立了新支部。到一九〇五年十二月，支部之總數達十一處，會員數至八千八。且各支部活動的性質也有了變遷，卽漸漸開始討論普通問題與對於一般問題之新聞論說之批評。

八　日俄戰爭與布來維之誤算

此以毒攻毒的方法，卽用政府許可的社會主義者去牽制反政府的社會主義者的斯巴道夫主義，收了相當的效果後，俄羅斯的警察官僚主義，遂又露骨的逞其威風。此時差不多可以說是俄羅斯的警察官僚主義達於絕頂的時代。

像此時期之可以明白預想到舊俄羅斯之破滅與新俄羅斯之勃興的時代，在俄羅斯歷史上也再不能找見。卽由超階級的智識階級第三分子，與自治會派所代表的新俄羅斯，於一九〇四年之始，卽於彼得堡市聲明反抗警察的所有的壓迫，毅然決然與舊俄羅斯宣戰，斷然與舊生活脫離。

此聲明在第三回技術教育普及大會與第九回比羅考夫大會上發表。一九〇四年開了此兩個大會參加者爲自治會派第三分子，與超階級的智識階級，他們決議了破壞舊俄羅斯的種種議案。此等決議案，爲詳細的明示解放同盟綱領中的要求事項，自一九〇四年後半期至一九〇五年間，在所有的晚餐會與演說會上，都大聲的宣傳着此等主張。

自然此兩大會之性質，還沒有完全是革命的，但無疑的在豫言着革命。例如在一九〇四年之終在三處開的，有四百人至七百人之參加者的技術教育普及大會的會場上，叫出轟動全場的『打倒專制』『政治自由萬歲』的喊聲。

此時俄羅斯政府，曾極力發揮其破壞力。內務大臣布來維對反抗分子開始了總攻擊。首先打破了道約爾縣的自治會。於一九〇四年一月八日，又以勅令發表了與內務大臣與道約爾縣知事以處分道約爾縣自治會的全權。但同時發表了爲改正關於農民的法律，當在各縣開會議的敕令。

這樣政府對於國民表示着恩威並用的態度。同年一月二十六日俄羅斯皇帝發表了對日本宣戰的敕詔此爲政府最後之威權之表示。但由此絕望的手段，使專制制度根本動搖。政府之瓦解，已爲一般所感覺。因爲對日本宣戰的俄羅斯政府對其本國軍隊之內情毫無知識，

當時俄羅斯的軍隊已極度動搖，即舊軍隊制度已破壞。在軍隊內只有兵卒，武器，彈藥，軍艦，幾乎完全不能供實際戰爭之用。爲軍費而消費的數十萬國帑，即國民之膏血，都是用途不明不知消滅於何處去了。同時該戰爭之原因爲俄羅斯帝國對極東的無謀的野心，亦爲一般國民所知覺。

被破壞被虐待而起來的國內一般的不平，使國民全體都反對宣戰。這樣起來的日俄戰爭，自開始俄羅斯國民已無戰意與勝算。只有官僚，特別如內務大臣布來維之徒，相信着毫無根據的勝利。他只從數字判斷勝敗。對國民之文化精神與國內的情事毫未注意。關於此事留下一段趣話。對日俄戰爭開頭就抱着悲觀說的警察總監維普生，有一次勸告布來維戰爭之無勝算，布來維當時對之大喝道：『你懂得五十萬對一億五千萬誰多的簡單算

術歷」當時俄國官僚的頭腦，是這樣簡單。

自然自治會派，並不是全部是非戰論者。其中有主戰論者，也有非戰論與主戰論之中間派。政府首先發動自治會派中之主戰論者，使其人爲的鼓舞國民之愛國心，行『反對戰爭者即賣國奴』的宣傳。並且實際上對於反戰爭者，即以國賊待遇，不容赦的加以處罰。但除了貴族與官僚以外，贊成戰爭者極少，大多數仍以革命的氣焰反對其政府。

但布來維仍然蒙昧無知，毫末觀察此種事態。當一個法國的通信記者向布來維說『主張立憲主義與社會主義之純粹俄羅斯人亦反對現制度』時，布來維曾放大言說：『是的，但是沒有計算他們的必要。他們在國民中間連一點信任也沒有，國民在嘲笑他們。因爲他們在蔑視國民之利益而行動着。加之國民不懂得他們所說的道理。他們只醉心於外來思想，與俄羅斯國民斷絕了精神的關係。本來革命是由多數者執行的，但多數者是我們方面的人。自然我們所應做的事還很多，但你所預想的革命是沒有必要。』當專制君主制度已臨於最大危機的時期，俄羅斯的當道者尚以此種淺見對付國民，仍舊發揮其唯一的國民統治法之警察官僚主義。

因此布來維於一九〇四年七月十五日被烏法市一個商人的兒子，莫斯科大學生名薩卓諾夫的一青年所暗殺。

九　格崩事件

一九〇四年開始了的日俄戰爭，促進了勞働運動之進展與俄羅斯產業之危機，此產業之危機最激烈者爲西部諸縣。在一九〇四年之夏，只在羅濟市就有六萬人之失業者，在其他西部諸市失業勞働者之數，達於全勞働者之百分之五十。

勞働階級視此產業之危機爲戰爭之產物，於是更加動搖起來。當時之內務大臣布來維被社會革命黨員暗殺後，政府遂一變其懷柔政策，開始了無容赦的絕滅自由主義團體的命脈的積極政策。其結果在勞働羣衆間，更切實的感覺着爲申訴其苦痛，有採行一種行動之必要。此行動於一九〇五年一月九日在彼得堡市中，由該市的無產階級實行了。此即所謂有名的格崩事件。

如上述高爾基格崩爲一僧人（司祭，）他當開始斯巴道夫主義時，被用爲政府的保護者，一九〇三年被舉爲斯巴道夫團長，即俄羅斯勞働協會會長。

此事件的原起，係當一九〇四年十二月下旬，協會的會員四個勞働者，因爲是協會會員的緣故，被工場開除。協會會決議極力反對普齊羅夫工場方面的處置，又在彼得堡市的工場地帶瓦西里埃夫島，開了十一支部代表的全體會議，決定了要求條件。協會方面的委員以格崩司祭爲委員長去訪問普齊羅夫工場經理，提出要求條件。因此條件全部未得承認，遂於一九〇五年一月三日在普齊羅夫工場開始了全體罷工。此罷工忽然了彼得堡市的全體無產階級以很大的刺戟。全工場總同盟罷工的氣運膨脹於全市，各工場相繼參加罷工。勞働團體又訪問未罷工的工場，勸其參加罷工。這樣到一月七日彼得堡市參加罷工之勞働者之總數達十四萬人。

勞働之激昂日愈惡化，工場地帶之空氣非常緊張。各協會的支部聚着數萬的勞働者，連日開討論會，各黨派之代表激烈的講演，公然的攻擊資本家。但資本家方面仍舊沒有讓步的意向。政府亦表示着擁護資本家的態度。於是勞働者方面都一口同聲主張直接上訴於皇帝以貫徹勞働者所主張的正義。

格崩司祭於一月四日所開的某會議場上，亦以此主張向羣衆鼓吹。勞働者全體贊成此主張，格崩司祭自己也是確信此行動之必定成功，或以此行動爲可以打破勞働者對於皇帝之讓步的愚癡的信究竟屬於何者現在無從決定。總之一時決定了向皇帝直訴製了直訴狀，在此直訴狀內除了勞働者的經濟之要求以外，更加以要求解除人民之窮困無知與無相當權利的適當的方法等項目。並附加以要求召集憲法會議的項目。

此奏文會在各支部的會議上宣讀過，由參加該會議的所有的勞働者署名。到了一月九日的星期日所有的勞働者以十字架爲前導，向各宮前的廣場前進。預備在該處把人民的苦狀直接訴於皇帝。

大多數勞働者，都衷心確信着此行動之成功。他們說：

「我們何不走到我們父親那裏，去陳訴惡漢虐待我們的苦狀？父親臨照着我們，我們來到你這裏來了。請援救你的子弟們。我們知道你很願意爲我們而犧牲你的生命，我們知道你是爲我們而生活着。但是你不知道我們在被人鞭打，被人虐待，我們在受餓，我們像家畜一樣的愚蠢，我們幾乎都不識一丁。……我們何以這樣陳訴於我們的父親？』

因事情已達了這樣的地步。格崩司祭遂不得不左傾。格崩司祭已預感到政府的地位口，開始動搖勞働者的能工將化爲一種巨大的民衆運動，而引起革命的爆發。於是他開始與反抗團體革命團體接近。由這些團體的影響，他在其奏文中加了幾條政治的要求。

格崩司祭自一月七日起每在勞働者的集會中演說，已屢次露出以下的意思：『或者我們的上奏不能被容諾也未可知。若不能容諾時，那時我們中間可以沒有皇帝。』

『贊成！我們都以死自誓，我們誓約全體蹶起。神父！我們敬祝你的功績之成就請指導我們！』每一個人都隨着格崩司祭，表示着邁進至最後的勇氣，而全體贊成格崩司祭的意思。勞働運動一時呈現着異常的氣焰。數十萬民衆都注視着格崩司祭的態度。忽然賦與格崩司祭以獨裁官的威權。格崩司祭的一句無意思的話，在民衆眼裏也變成了法律，不可更動的眞理。勞働羣衆的此種異常的狂熱，更一方面由革命黨員之刺戟，另一方面由格崩司祭的宗教的興奮之刺戟，他們已經不是單純的罷工運動，也不是政治運動，而是樹立正義之旗幟直迫於皇軍的十字軍。

一月九日，隊伍從十一個支部出發，到午後二時集合於冬宮前的廣場自早晨起全市的民衆向各支部移動。民衆之大多數雖爲勞働者，但其中也有混入的大學生，懷抱急進思想的智識階級，社會黨的代表。

『是日，正如羣衆的神情一樣，呈着斑白的天氣，天空從灰色的雲中間可以看見太陽，冷酷的光線照於人們的臉上。單色的懷疑的陰影，現而復隱。』這是高爾基對該日天氣的描寫。

到了正午，一堆大羣衆已從各協會支部向冬宮流動。格崩司祭立於人類最多數的一隊的前面，卽從那爾瓦門出發的勞働者的前面。穿着借服，其禿頭爲寒風所吹，手裏捧着十字架與聖幡。單此一隊羣衆據說已有二十萬人。此大羣衆以婦人爲前隊，捧着皇帝的像，從彼得堡市的四面向冬宮移動。此次運動，可以說是俄羅斯空前的大示威運動。高爾基描寫當時的光景說：『羣衆如暴風的最初之吹動鼓起的大洋之黑浪，人們的灰色面孔，酷似爲水泡所混濁的波頭。』

此時羣衆的心理狀態，高爾基又簡單明瞭的描寫說，『他們（羣衆）互相談着他們的上次（皇帝），互相確信着他們的上次是善良親切富於理解，什麽事情都知道的。但他們沒有描寫出他們的上次的言詞與色彩。他們幷沒有一次更深的想過他們的上次如何的人物。因爲他們以爲上次不是在那裏活着的實際人物。他們很想去了解上次是爲什麽而存在，有多大的威力。在不知實際存在之想像中，畫出一種偉大的幻像。他們的希望很大，他們要求此偉大的上次爲他們的後援者。』

在羣衆方面，以爲將勞働者之窮苦的現狀，訴於國民的慈父的皇帝，一定可以得皇帝之聽許。他們懷着此種信念靜肅的前進。在官憲方面對此意外的事件，幾乎茫然自失，一直到事件發生之最後，還不明事件之眞象。從而對該事件應取何種方法，更無所決定。最初政府對於罷工表示寬大的態度。連警察到罷工已混沌的擴大的時期，也沒有來干涉。到一月七日彼得堡市全體勞働者，如鼎沸的騷動起來的時候，他們纔始研究對付的方策。到形勢漸漸帶了革命的色彩時，政府纔憂懼格崩司祭是否豹變爲危險的革命家。但其時沒有一個人能對此下以明白的判斷。當局只決定了在萬一之際採用武力鎭壓的方法。彼得堡全市，暗暗布了戒嚴令，配布軍隊於市之各處。把開槍的權限，一任於各隊隊長的臨機應變。警察方面依然持着消極的態度。不只毫末妨勞働者之示威隊伍之進行，甚至下級警官都對勞働者表示同情。從而勞働者一至到最後的一瞬，絕沒有想到此平和的徒手的隊伍會被射擊。

實際上沒有一個人看見此靜肅的隊伍，想着他們會被射擊的。當時的一個極端反動派會這樣說：

『我是熱心的正教信徒。是對專制君主的忠誠的守護者。我愛祖國的歷史。愛專制君主與對專制君主忠誠的國民合一的我國舊來的傳說。就這樣的我都做夢也沒有想到當時的羣衆合被軍隊射擊。」

但此做夢也想不到的射擊，竟在宗教的熱狂裏，竟而那些輝耀着的眼睛與燃燒着的顏面從彼得堡全市的各隅靜肅的流出的勞働者身上開始射擊。有名的文豪考羅林考曾寫當時的光景說：

『從彼得堡市之各端向中央流動的一大羣衆，不難想像爲人類之海。在他們中間屢屢看見婦人與小兒。還有執着聖像與聖幡者。但不知自何處開始，忽然此大羣衆到處受到礮火的攻擊了。同胞的血染紅了街道上之鋪石。』

其中射擊最猛烈者爲那爾瓦門一帶。但立於此隊伍之先頭的格崩神父，在走到冬宮的廣場以前尚未負傷。在瓦西里島方面，勞働羣衆被軍隊阻止不能向冬宮進行，另一方面因聽着軍隊開了槍的風言，弄倒了電柱，造成防禦柵，搶了兵工場，占領了一處印刷所。趕速着印刷傳單，但爲趕來的軍隊所阻止。有一處的防禦柵上，豎起了赤旗，一位講演者開始從防禦柵向軍隊講演。但由軍隊的第一次開放的排槍，把赤旗從旗手的社會民主黨員手中打落。大聲講演着的演說家負了重傷。

這樣俄羅斯專制政府自己親手把民衆的天眞瀾漫的信念與黑暗的遺傳的先入觀念攻破了。在此歷史的紀念日究竟出了幾個犧牲者，現在無從知道。但總之不在數百名以下。屍體於秘密中掩埋了。

十　勞働羣衆之覺醒與其復讎運動

一月九日的格崩事件，除了官僚外對所有的階級已暗示着俄羅斯將不能避免革命。內務大臣布來維對法國通信員所說的俄羅斯沒有革命之必要，但自格崩事件後，政府對於一般社會運動勞働運動以至革命運動所取的高壓態度，已經明白預告着早晚必將有革命爆發。有很多人視格崩事件爲俄羅斯革命之開始。

實際格崩事件爲與盲目信賴皇帝的勞働羣衆之最後的失望。在此事件以前大部分勞働者，尙視皇帝爲神聖，爲國民之父。確信皇帝鍾愛俄羅斯的國民。皇帝之政府之虐待人民，爲皇帝周圍的官僚之所爲。而不是皇帝自己的意志。皇帝周圍的大官們一方面在欺罔國民，一方面在欺罔皇帝。所以皇帝若知道了國民之痛苦，一定會施行仁政。

這樣蒙昧的信念，爲農奴解放前後農民對於皇帝所抱的態度。此態度看去是很不合理的態度，但在無智的農民與勞働者不知其爲不合理。但此不合理的信念，最後由其信念陷於失望時，他們纔明白其不合理。即一面視皇帝爲神聖，一面又信皇帝爲大臣們所欺，即反於伴隨於神聖的觀念之全知全能的觀念。皇帝若被大臣所欺，已經爲否定皇帝爲神聖之前提，

已經有了這樣的前提，遇到適當的機會，其當然的結果的排除皇帝之聲的發於無智的勞働者與農民之間，實自然而必然之勢。而格崩事件在全體勞働階級，實對於無意識的前提而下以意識的結論之適當的機會。皇帝不只對於國內的實情一點也不知道，並且對國民也沒有慈愛。皇帝已經不是我們的父親，而是我們的敵人。此爲勞働者所到達的結論。從來社會主義者所教導的事，現在由格崩事件，實際在勞働者眼前證明了。勞働者至此時

以來，幾乎全部相信社會主義而謳歌革命。於是格崩事件以後俄羅斯的勞働運動，忽然擴大於全國，以同盟能工的形式化爲純粹的革命運動。

尤其俄羅斯社會民主勞働黨之多數派與少數派之首領們，經過俄羅斯境內之各團體，而指揮着勞働運動，社會革命黨與立憲民主黨以農民爲基礎指導着自治會運動與學生運動。互相以一舉而推倒帝制的氣焰開始與專制官僚作戰。

特別俄羅斯的勞働階級，在一月九日所嘗的苦痛之經驗，如前所述對他們有很大的指示。彼得堡無產階級所提出的要求，現在成了用勞働者自己的血染成的旗幟。使他們一致的團結起來，致他們以將來的途徑。彼得堡的無產階級，同時全俄羅斯的無産階級，由此次的苦痛經驗，使眞正強大的勞働階級，絕不在其利益上讓步。自覺了勞働者的解放是勞働者自己的事業。

全俄羅斯的民衆對於此次促起勞働者的自覺的格崩事件，立刻反應起來。學生，辯護士，自治會議員市會議員，技師，甚至工場主都各人從他們自己的立場，對此空前的，毫無辯解之餘地的政府之殘暴的壓迫行為，表示反抗。

其中俄羅斯的勞働階級之反抗最猛烈，最眞實，而帶着復讎的性質。在一月與二月的兩個月中間，全俄羅斯之各處，充滿了勞働者的反抗空氣。他們全部為彼得堡市的勞働者復讎而起，為勞働者的正當要求而開始其革命的活動。

關連於格崩事件起而復讎的勞働者之罷工與反政府運動，現在不暇詳述。即波蘭，蘭多雅，高加索等邊僻地方，亦相繼於彼得堡莫斯科工場罷工，鐵路罷工，農民暴動，軍隊叛亂，戰鬥艦包大孟基號的水兵之叛亂相繼而起。莫斯科縣總知事賽爾該亞歷山多羅維齊大公，被恐怖主義者加里雅埃夫所暗殺。

俄羅斯全體勞働者，因此自覺，一齊起而舉行示威運動，繼續罷工，國內之秩序陷於不可收拾的混亂狀態。看見此狀態的社會民主勞働黨員，知道實行革命的時期將至，着着進行其革命的準備。

第二章　議會主義與政治鬥爭

一　召集議會之決定

俄羅斯政府爲撲滅一步進一步的向帝制的陣營中迫來的人民革命軍，所用的斯巴道夫團的餌食所養成的猛犬由一月九日的事件，現出向其施餌者之政府狂吠的狀態，於是俄羅斯政府遂處於腹背受敵的形勢。

漸漸感覺着形勢重大的尼古拉二世，知道已經不是袖手旁觀，任其政府當局者的施爲的時期。於二月十八日突然對國民頒布了『召集各階級之健全分子』之敕令。命元老院研究代議制度。當時的內務大臣布魯意金也明白不得不實施代議制度。但此敕令照例爲俄羅斯代代的皇帝與政府，到國民之感情激動的時代，慣用的常套手段之堰止政策，或緩和政策。決不是當時的皇帝與政府及官僚的有誠意的政策。對此事實最早的看破了的自治派的革命家們，用了促其皇帝與政府早日決定其實行之必要，組織了要求召集憲法會議之各種團體。又布爾什維克與孟什維克等民主主義者因爲議會沒有很多的希望，用罷工與示威運動等政治鬥爭的方法來對付政府的讓步的狀態，或堰止政策從而一九〇五年的俄羅斯社會，表現着各種政黨之蜂起林立，與從來未曾有之大罷工。

這樣一方面從組織政黨的政治運動，附隨着另一方面不斷的勞働者之復讐的蹶起。一九〇五年的春天在俄羅斯各地的村落中又勃發了大規模的土地運動。此運動因其參加者中間無充分的連絡，未曾與貴族地主們以較大的脅威。但看見此種傾向的政府，遂不得不決定由皇帝的敕令的召集國會的約束。到八月六日終於發表了召集議會的布告。

據此布告，其所召集的會議，不是立法機關，還只是政府的諮問機關，且其議員之選舉權還只限於其特殊階級。於是社會主義者們並不願爲此種不徹底的鎮撫政策所欺瞞，仍舊決定貫徹其初志，而趨向於政治爭鬥。其結果即爲十月之總同盟罷工，自鐵道工人起各工場的勞働者連智識階級亦參加其運動，形勢漸漸惡化。

其時有名的維代伯爵就了總理大臣之任。欲收拾混沌已極的社會狀態，他爲證明政府沒有改變召集議會的決心於十月十七日發表了以下的宣言。

一　在不干涉個人，，自由言論集會結社的原則之下，與國民以自由之不可動搖的基礎。

二　爲不使預定了的國民議員之選舉的中止，在開會前的短期間內有現在沒有選舉權的國民之各階級，儘量的參與於國會中。且將普通選舉權之擴張，一任於新設的立法機關。

三　爲使任何法律不得國會之贊同卽不能發生効力，使人民之選舉能完全的監視官憲之行動，規定一確實的章程。

政府發表了此宣言，約定了其對國民的義務。並約束了個人之自由與選舉權之擴張。又此宣言由十二月十一日所頒布的法律見諸實施。從前沒有選舉權之各社會團體，職業勞働者團體主張民生主義的一般市民，也都獲得了參加選舉的權利。並且決定了所召集的議會，完全爲立法機關。

二 布爾什維克對於設立議會的態度

皇帝與政府之突然表示讓步的態度，立刻決定了召集議會如上述一面是一種緩和政策，一面是一種對外政策。即俄羅斯政府欲將國會之成立利用於經濟方面，即因日俄戰爭之失敗與國內的革命運動而失墜的信用恢復起來，爲救濟在西歐不斷的下落的俄國金價而開設國會，一面表示與國民和睦的形勢。從而政府感着一宣言開設國會後，對外國的面子上，有掃滅國內的革命運動之必要。於是一方面高倡着緩和政策一方面對革命運動不得採取壓迫手段。

對於政府的此種態度表示不滿，決不相信政府之誠意，仍繼續用政治爭鬥的方法，期實現革命的社會黨，尤其俄羅斯社會民主勞働黨中之布爾什維克，忙於解決爲與政府決鬥的種種緊急問題。如統一戰線問題，預備武力問題組織臨時政府問題。

其第一要解決的問題，即統一戰線問題，即與孟什維克合同或一致的問題。

但布爾什維克與孟什維克關於前述對黨之組織的意見，到底不能有一致的意見。因為此等問題需要全黨之一致的解決，並且希望黨非成為革命運動全體的指導者不可。

布爾什維克派以為『此次來的革命，是無產階級的革命。在此次革命運動中勞働階級，當為全民衆之唯一的指導者。不然資產階級將在此革命中，與將歸滅亡的專制制度相提攜，出以由共同的努力，鎮壓無產階級革命的態度。』他們又以為『關於此等問題欲與孟什維克的在外指導者們提攜，是不可能的事。用火花報，實際指導着孟什維克的馬爾齊諾夫，達昂，馬爾道夫，亞歷克賽利羅德等恐怕還不能洞察此次的時局。斯道爾維，密留馬夫，列普新斯基等人，大概將與孟什維克取同樣的態度。在孟什維克的微溫主義者們，無產階級革命，無產階級政黨之奪取政權等事，他們大概想都不願意想。』

但此為自黨團結之不圓滿，努力於召集全體會議之布爾什維克，決定了欲與政府之壓迫相對抗，非說服孟什維克指導下的勞働者，使其成為自黨的支持者不可。

其時布爾什維克的幹部，於一九〇五年三月十二日組織了結黨會議，以此委員會的名義，提議召集俄羅斯社會民主勞働黨之第三回大會，以通告寄送於俄羅斯各地之布爾什維克與孟什維克之各地方委員會。

但孟什維克自然不希望參加此大會。勸布爾什維克之代表委員擬赴會議地點倫敦者，停於國境附近，與他們一同先到日內瓦。但四月四日，仍舊有持有決議權的布爾什維克四十六名，與只有協議權的委員數名，到了倫敦。俄羅斯社會民主勞働黨合布爾什維克與孟什維克，代表地方委員會之決議權有七十一，有四十六名的代表委員之布爾什維克，已占了過半數。

孟什維克與布爾什維克分離，開其大會於日內瓦。

此第三回大會的議題，自然是實際問題。而其第一問題即為武力蹶起的問題。此問題發端於一月九日的事件。參加大會者都認為革命已經開始。而孟什維克則主張『這還不是革命，革命為混沌的發生的現象，決不是依政黨與政黨首領們的意志可以起來的。』此武力蹶起問題之說明者為那查爾斯基與保格達諾夫，曾努力反駁此種主張。結局由滿場一致，決議了以下的項目。

【原書此處被削除了三十六行】

其次決定了對於農民運動的態度。第三回大會遂閉幕。即俄羅斯社會民主勞働黨（布爾什維克）之第三回大會，決定了對於開設國會的布爾什維克的態度。

三　政黨之叢生

招集議會的約定，雖已着着實現，但社會仍不因之安定。因爲一般人以爲政府若能僅以宣言達到堰止政策之目的，或者不履行其約定也未可知。並且即使其已經履行，或者還會任意的解散議會。此種懷疑社會黨，依然在各地方繼續其革命運動。持着對議員之選舉亦將行怠工的強硬態度。

自然當時也有從來表同情於革命運動之某一部分勢力中，特別在自治會派中，亦有安心於政府之讓步的約定，而從革命運動退出者也不少。但此類人多半是產業家。此外大多數貴族地主，與被土地問題驚倒了的農民之大部分，也忽然變其態度，而與政府密切的提攜。

其結果社會運動乃至革命運動之步調，愈變紊亂。與十一月十七日發表的宣言同時，此紊亂更露骨的表現出來。即議會主義派與政治鬥爭派間起了明瞭的分裂。

議會主義派中之自由派，與自治會派之立憲主義者們於一九〇五年十月十二日，在莫斯科開了立憲民主黨（略稱加代特）之成立大會。此解放同盟之第三回會議所製成的政綱爲基礎，作成了該黨的綱領。創立該黨的主要人物爲由斯道爾維領首的利敎夫公爵，貝多龔克維齊公爵，部爾貝奎敎授，馬奴意羅夫敎授，普羅考維齊密留考夫敎授。

此政黨如其名稱，主張依據憲法的共和制度。從而其綱領也是要求由國民代表者組織上下兩院。主張國民之權利平等，政治之自由，普通，平等，直接，密的選舉，地方自治，文化（國民的）之自定，與其他。只是在該黨的綱領中沒有由其他的民主黨，社會黨所主張的撤廢常備軍，把常備軍變爲國民武裝的民兵制度。在社會問題方面，立憲民主黨之綱領，很少民主的精神。還沒有精密的計劃。只不過提倡除了國有地貴族領有地官廳所有地修道院所有地外，其他個人的所有地，當按正當的價格（當時市價）買與農民。關於勞働問題，提出了擴張勞働者之立法的各種方法主張八小時工作制。

總之立憲民主黨之綱領大體卽主張自由民主黨或有產階級所主張的最大限度的要求，與中流資產階級卽擁護反抗社會主義之資產階級之中流的利益並主張維持現代資本主義之存在。

此政黨以爲宣言了政治的自由與召集立法會議，已達到其革命之根本目的，以爲其他的希望可以在議會內討論的幼稚的樂觀態度，專心奔走於議員選舉運動並非難對選舉怠工的一派他們自己確信，並向他黨宣傳着議會決不會解散，奮制度決不會再恢復。

立於完全反對的立場的社會黨在一九〇五年中組織了布爾什維克孟什維克及社會革命黨外，尙有國民社會黨農民勞働黨等各政黨。國民社會黨是從同年十二月由社會革命黨中分裂出來的。其主要的指導者爲霞考秦，派西浩諾夫，及恩奈斯基等人。農民勞働黨是有名的克林斯基所組織的。但此二社會黨並沒有打出鮮明的爲社會主義爭鬥的團體。所以在俄羅斯政黨內幾乎未得一般人所承認。

一九〇六年二月中旬，由純粹的帝制派組織了十月十七日同盟。此黨是爲對付社會黨與立憲民主黨，專門做政府的御用機關而組織的，由此黨於同年四月二十七日創立了第一回國會。此黨後來改稱爲十月黨。十月十七日同盟的最初的名稱，是起於一九〇五年十月十七日總理大臣維代伯爵發表了上述對付國民的希望之宣言而起的。

從而此十月黨專以徹底實現十月七日之宣言之主旨爲其目的。大部分網羅了些貴族地主與商工業者階級，漸次的完成其政綱，一時形成了俄羅斯有力的保守勢力。當國會開會中嘗以政府黨的地位與社會黨及立憲民主黨力鬥，並從而牽制他們。

據當成立大會時大體決定了的該黨的黨綱，該黨的主張是有上下兩院的君主立憲制度，但並沒有明示出來政府當對國民代表機關負如何程度之責任之點，即該黨以君主制度爲『神聖的旗幟』，於是俄羅斯的國民在瀕於危機之時，自然集合於此旗幟之下。君主制度是超越無數之個人的及地方的利害問題，超越於各階級各民族各政黨政派之偏頗的目的，同時有緩和政爭與民族戰及社會主義爭鬥的使命。爲緩和獲得民族權利的主張的十月黨，亦主張選舉權之相當的平等與直接。擬由此使有產階級與支配階級之選舉，獲得可能範圍中之最大勢力。

依十月黨的綱領，在俄羅斯內居住的任何民族，都沒有自治權（除了芬蘭）。對農民救以緩和佃戶制度與改造農民土地銀行，以國有地與貴族所有地為基本地獎勵向西伯利亞移民，分配由畦道區分的土地，及其他改革，其極端的手段，當國家在重要的時期主張把個人所有地之一小部分依法律所規定的正當賠償條件，賠償之。要之十月黨的綱領定不是十分完成的，對勞働問題尚未接觸到。

十月黨之主要領袖為顧齊考夫，羅精考，和敖夫等人。

四　勞働代表者蘇維埃

聽了政府之召集議會，約束見政府的讓步態度的反抗分子，更確信了革命之將至。布爾什維克對議會決取不即不離的態度。社會革命黨決定對之怠工。孟什維克與新發生的立憲民主黨，相信在議會中可以達到革命之目的。對抗於政府之激劇的壓迫此時各派一齊開始了活動。反乎政府召集議之預料，勞働者之罷工與示威運動，在俄羅斯的各地方不斷的，較以前更甚的勃發着。俄羅斯社會起了大動搖，幾乎可想到即刻會起了革命。

但此勞働運動結果，還與從前一樣，仍舊是部分的，其間也沒有什麼連絡與統一。只是使社會騷動，而每次仍舊由官憲之壓迫而消滅下去。此種支離分散爲俄羅斯勞働運動之最大缺陷。在外國的俄羅斯社會民主黨之幹部們，由布爾什維克之『福貝利約德』孟什維克由火花報，雖然若干間接的煽動着勞働運動，但不能直接的指導勞働運動。雖然在俄羅斯內布爾什維克與孟什維克的地方委員會與其他革命團體，與勞働團體，但仍舊是少數，所以只是一種陰謀團體，不能從表面上對勞働運動，做有力的指導。至官憲所特許而組織的斯巴多夫團，於一月九日曾由言論移於實行，但不久即被破壞。

但要求有廣大的連絡與統一，得負指導俄羅斯全體的勞働運動之責任的強有力的團體之出現的，勞働羣衆之聲，隨着勞働運動之生長而強大起來，在一九〇五年之中葉，最膽怯的勞働者也知了有組織團體之必要。有的着手組織職業組合，從勞働者中間選出指市，薩拉道夫市。

當同年十月莫斯科市的印刷工起了罷工時，印刷工更進一步計劃組織其他都市的勞働者，組織了正當的代表機關，賦與以一致的權限。在彼得堡市也完成了勞働階級之有統一的革命團體之新型式。即社會民主黨員在開總同盟罷工以前，勸告勞働者先由一般選舉從各工場選出代表，以此組織勞働者革命委員會。由此種勸告得了勞働者的同意，於十月十六日立即於彼得堡市組織了勞働代表協議會。在此協會成立時，有四十一工場的代表參加，其翌日已經有九十工場的代表，於是議會遂完成其組織，公然在彼得堡市立於勞働運動之前線。

在協議會之第一回會議時，製成了對彼得堡市的勞働者宣言。此宣言是表示協助勞働者之罷工，並勸告其選出代表於協議會。其代表率是從五百勞働者中選出代表一名，至未滿五百名的工場，則共同選出其代表。並勸告職工組合亦選出代表到協議會，其代表率也是從勞働者五百名中選出代表一名。不久在此協議會中，集合了六百人的勞働代表按其代表率計算，協議應代表着三十萬勞働者。

協議會代表之組織如下，全工場代表者之集會稱爲勞働代表協議會（卽蘇維埃）勞働代表者在其選出的地方組織勞働代表地方會，各工場之代表，在其工場內組織勞働代表工場組合，爲實行協議會所有的決議事項，選舉出執行委員會，執行委員會係由地方會的代表，職工組合的代表，各勞働黨的代表中選出。

至協議會與政黨的關係，因爲協議會係由社會民主勞働黨（二派）所創始，所以曾受此政黨之指導。後來社會革命黨可與此協議會發生了關係。社會民主勞働黨之二派，當時在組織上雖是分離的，但共同組織了聯合協議會，此聯合協議會，在關於勞働代表協議會的事情之範圍內，製作了共同的實際政策。協議會自身則與政黨完全中立。協議會在當時雖會提出加以政黨意義的問題，但沒有採決。

地方協議會與職工組合——十六個職工組合，向協議會選出代表，職工組合中，從最初加入協議會者爲印刷工同盟，商店員同盟，鐘表工同盟，鐵路工人同盟，郵電局員組合及其他團體於後來亦加入。如鐵路工人當總同盟罷工時，盡了很大的任務。協議會的政綱由負其指導責任的社會民主勞働黨而決定。其政綱之根本標語，是破壞帝制，召集憲法會議，樹立民主共和政體，實現八小時工作制。協議會之實行方法，卽用革命手段實現其政綱，以總同盟罷工爲實行其方法之第一階程。

其最初的會長，爲福爾斯特利約夫·諾薩利。他是屬於孟什維克派的人物。當他被捕後，托羅斯基卽被選爲會長。（當時托氏名雅諾夫斯基。）托羅斯基對俄羅斯革命運動之第一步的活動卽開始於此時。

五 托羅斯基

與列寧並稱爲建設勞農俄羅斯的雙璧，率領着慓悍的赤衞軍與各方包圍起來各國聯合軍相搏戰，卒汙聯合各國放棄了對勞農俄羅斯的干涉政策的托羅斯基，在列寧支配下的俄羅斯，確是一個重大的人物。

在外國，多以列寧與托羅斯基並稱爲布爾什維克的代表者，但實際托羅斯基如上述，並不是布爾什維克，而是孟什維克。在俄羅斯社會民主勞働之第二回大會時，曾與列寧有過一次盛大的論戰，結果與列寧決裂。

策夫達維多維齊•托羅斯基生於一八七九年，本名爲布襲西秦，爲猶太系的俄羅斯人。他以受過不可想像的虐待的猶太人，憎惡帝制，很早就帶了革命的傾向。當他在十七歲的青年時代，已經投身於革命，發揮其革命家的才能。一八九八年之初，曾因參加尼古拉埃夫市的勞働團體的暴動而被捕。在獄中過了二年半的四人生活，其後被追放於西伯利亞。他曾從西伯利亞經過日本，而逃於歐洲，參加於列寧一派的火花報之編輯部。托羅斯基之雄渾的文筆，卽養成於此時。

當一九〇三年俄羅斯社會民主勞働黨分裂時，他參加在孟什維克的一派，至一九〇五年在彼得堡，被選爲該市第一勞働代表蘇維埃的副會長。會長福爾斯特利約夫被捕後，他卽被選爲會長。當因莫斯科的勞働代表蘇維埃所主動的總同盟罷工爲動機政府欲將各地蘇維埃的領袖一網打盡時，他二次被捕，以移民永久追放於西伯利亞。但他當被護送往西伯利亞的途中，用計逃走，再遁於歐洲。

二次到歐洲過着放浪生活時，他開始組織了黨外團，在維也納，發行了正義報，當世界大戰開始時，他以國際主義者的立場，成了『新美爾瓦爾特派』，但尙未成該派中之左派。

他因宣傳反對戰爭，於法國被追放至西班牙，又渡洋至美國。當一九一七年三月俄羅斯革命起來時，他於五月回到彼得格拉。當一九一七年七月開的俄羅斯社會民主勞働黨第六回大會時，他又變爲布爾什維克，關連於七月事件，被克林斯基政府所捕，但當彼得格拉勞働者兵士代表蘇維埃移於布爾什維克之手時，他遂被釋放，同時被舉爲該蘇維埃的會長，專心在準備十月革命。此時以來，他遂與齊諾維埃夫加邁奈夫等人同爲重要的人物，而爲列寧的右腕。

由一九一七年的十月革命，俄羅斯變成了列寧的天下，托羅斯基亦被舉爲布爾什維克的中央委員會的委員同時為人民委員協議會的委員為建設勞農俄羅斯，應付所有的困難。例如當勞働政府突然對世界宣言與德意志單獨媾和，一邊需與德意志和善，一邊需應付聯合各國時，他曾擔任了外交人民委員與布來斯特和其他諸要人揮其外交手腕。當一九一八年白軍的殘黨在各處蜂起，同時有聯合各國之出兵干涉時，他以陸軍人民委員指揮赤衛軍向各方作戰。終於剿滅了白軍的殘黨。當由日本把聯合各國最後出兵干涉放棄後，他以陸軍人民委員，與俄羅斯共產黨的幹部，與革命軍軍事會議長，一邊在政界文壇上發表其思想，一邊已經不是列寧的助手而開始向列寧爭衡其勢力。

反乎列寧的所有陰謀氣質，托羅斯基的氣質是很堂皇的。由此在他二人中間發生堅固的抵觸。由此更使俄羅斯共產黨部的列寧的部下，起了排斥托羅斯基的運動，此種裂痕到一九二三年更變顯著了。一九二四年列寧死後恐懼托爾斯基的勢力之齊諾維埃夫，加邁奈夫，斯丹林等列寧派的首領們，遂開始了排斥托羅斯基之烽火。托羅斯基亦用題為十月革命之教訓的著作與列寧派應戰。由此種共產黨之內訌，一時有些人觀察俄羅斯會再入於紊亂狀態。但終於在建設新俄羅斯的大題目之下，中止了為小事的論爭，托羅斯基於一九二五年一月辭了軍事人民委員與革命軍事蘇維埃會長兩要務，只剩下俄羅斯共產黨幹部的閒職而入於沈默。

但此沈默能繼續到何時，仍成問題，受了孟什維克的思想影響的托羅斯基對列寧之無產階級獨裁主義，固守其民主主義的主張，簡直是當然的事。遲早在勞農俄羅斯內總難避免列寧派與托羅斯基派的爭鬥。要之即第二國際與第三國際的爭鬥，布爾什維克與孟什維克之爭鬥。所以兩者是永久不會發見其一致的。

六　莫斯科市的革命暴動

一九〇五年十一月在彼得堡發動的勞働者之罷工，為政府所壓迫，勞働代表蘇維埃的會長福爾斯特利約夫被捕，於是托羅斯基遂被選為繼任會長。他做了會長後，即刻開始了積極的行動。準備實行蘇維埃的目的總同盟能工。

其時以海軍大尉西米特為首領的克龍斯托特的一團水兵有不穩的行動，被政府所逮捕，托羅斯基遂利用此事件，要求立刻釋放被捕的水兵。並宣言若不容諾其要求時，將在十二月七日的正午全俄羅斯開始總罷工。

對此宣言莫斯科的勞働者比疲勞於十一月罷工的彼得堡的勞働更感着興味。他們這一次並不是單純的罷工，而是革命運動的發端。會開過多次的蘇維埃會議，鄭重的決定了實行蹶起的方法。

【此處原文五行被削除】

唯智識階級的青年與勞働相提攜。到了十二月的近邊，勞働者們遂突進於鬥爭行動。

十二月的初旬，召集了全俄鐵路會議。【此處原文一行被削除】其間彼得堡的勞働代表蘇維埃被解散，各處起了『托羅斯基與其他幹部亦被捕』的流言，此種流言給了莫斯科的勞働者以很大的刺戟。形勢因之更為惡化。

到十二月五日布爾什維克的莫斯科委員會，在費特來爾學校內召集了全市會議。此會議上只解決了一點關於組織的問題。但突然有個勞働者提出即時蹶起的問題。委員會說從來尚未討論過此問題，現在無法決定，結局決定了調查各區與各工場的意嚮。各區各自組織了團體，充分討論之結果，勞働者們都希望着革命的蹶起。

結果以投票決定贊成與反對，贊成方面的舉手者占最大多數，問題遂由此解決。

有些叫着『我們將用這腕力與團結力占必勝。』此後經過三天，莫斯科全體呈着瘋瘋似的靜寂狀態。資產階級趕快貯藏下食糧蠟燭與飲料水。一般人民都用浴盆，水漕，水桶盛滿了水。而無產階級則都交手而凝視着勞働代表蘇維埃與全俄鐵路職工大會都贊成全市聯合會議的決議。俄羅斯的全體像死了一樣，停止了生機。全俄呈着『山雨欲來風滿樓』的現象。

各區開始開了動搖，漸次開始了罷工。到處開着演說會而行熱烈的宣傳，羣衆爲聽演說，充滿了街巷。

正在亞克瓦利姆開演說會時，演說家的聲音，反響於沉寂的羣衆周圍的牆壁上。其時突然有一隊哥薩克兵與一隊警察奔來了。檢查出入於會場者之身體，一發見有持武器者即加以毆打。勞働者的戰鬥隊遂離開了此地。

於是對費爾道來爾之住屋（會場）開始射擊，他們已經不能忍耐，而先來襲擊各區的勞働者從電話知道了軍隊與警察的此種暴行，遂由罷工變爲叛亂。戰鬥隊在街上驅逐了警察。

警察們都吃了驚，趕快改爲文官的服裝。炸彈擲進了警備司令部的窗中。道巴索夫逃於克來木利宮殿內。鐵路職工占領了各車站。居民在黃昏以前在不見警察的路上，拿了取下的門，柴木，作成防禦柵。打倒了電柱，開了小門到處作成徑路。

在早晨以前莫斯科全市空虛，交通被遮斷。街上發現了無數的防禦柵，等待着哥薩克兵之來襲。但立於防禦柵旁邊的勞働者太少，加之沒有武器。在全市的勞働者手中只有三四千支手槍。

道巴索夫因驚惶失措毫無對付的方法，警察與數百哥薩克兵以非常的緊張固守着道衛爾斯雅附近，莫斯科市附近的中心區域。從斯特拉斯特奴意街左近開始聽着機關槍的聲音，形勢尚未決定，雙方都未取積極行動，互相等待着戰機。

其時彼得堡市亦開始了罷工，但因勞働者之團結力太薄弱，因疲於爲爭八時間工作制的十一月罷工，不能負援助莫斯科的責任。而同時有兇暴的謝米諾夫軍來攻，開放了大礮與機關槍，勞働者的戰鬥隊所占守的房屋立時爲礮火所破壞。相繼起了火災，勞働者遂不得已而開始退却，其後遺留下多數的屍體。於是這一次的革命暴動，這樣被鎮壓下去。

此次罷工騷動之結果，自托爾斯基起彼得堡莫斯科兩市的勞働代表蘇維埃的主要人物，幾乎全數被捕，被永久追放於西伯利亞，並稱此機會徹底的掃滅了各地的蘇維埃。

七　第一回選舉與議會之中心勢力

蒙社會上下之包圍攻擊，陷於四面楚歌的俄羅斯政府，儘力對於反抗分子，用猛烈的射擊來應戰。對於立憲民主黨之創立與勞働代表蘇維埃，曾用盡其壓迫手段。十月十七日之夜維代伯爵受了內務大臣的任命時，發表了上述開設國會的宣言。但其對於革命運動的極端的壓迫手段尚未中止。例如巴爾齊克沿岸諸州與中央諸縣及南部諸縣的下層農民與勞働者起了暴動等，仍舊用極殘酷的手段鎮壓下去，對其主謀者加以嚴罰。一方面於一九〇六年的初頭，政府並且干涉選舉，期掃淸怠工派的勢力，在莫斯科與其他大都市實行壓迫手段。並決定議會開設期於一九〇六年四月二十七日，限制議員之數爲百五十名。

國會的選舉行於此種暗淡的情事之下，但政府與官憲之干涉與壓迫，仍舊毫未發生効果，選舉之結果，仍舊是反對派的社會黨得了勝利。其中社會革命黨，沒有參加此選舉，布爾什維克持着不卽不離的態度，當選爲議員的社會黨員不有公然代表自己的黨派。唯孟什維克與社會民主黨參加選舉，但其候補者的人數過少，從而選舉議員之社會黨，只限於民主革命黨與社會民主黨。其餘反對黨議員之大多數，由立憲民主黨中選出。茲以數字說明此次選舉之結果如下：

立憲民主黨（反對派）	百八十人
自治穩和派（中立派）	百二十人
農民勞働黨（反對黨）	九十四人

波蘭派（反對派之極右派）	三十人
社會民主黨（反對派）	十七人
十月黨（政府黨）	十三人
民主革命黨（接近於立憲民主黨者）	六人
社會革命黨（完全未參加選舉）	

如上表所示的數字第一回國會議員之大多數，是屬於反對黨的。但他們並不猛烈的舉起反對的氣焰，只期以平和的立法的活動去改改俄羅斯的社會生活的抱負，進了議會。在他們的預想以爲縱對政府與反對派中間有什麼爭執，已經開始讓步的政府絕不會有解散議會的勇氣。在其爭執未釀成大事以前，一定可以解決。特別固持此信念者爲在議會中之最大多數黨，最有鞏固的團結，網羅了多數智識階級的立憲民主黨。

以反對黨而在立憲民主黨之次最有勢力者爲農民勞働黨，此黨在地方尚未有充分的團結。但反映着不入議會之左黨與急進主義者之意嚮。

八　第一回議會與其解散

俄羅斯的第一回議會，於一九〇六年四月二十七日開於彼得堡市之陶利茲宮殿內。幾乎費了半世紀的時間，由許多革命家之血所獲得的國民議政場，至此纔實際的開設。俄羅斯國民對此議會之歡喜與期待，仍舊是很大的。

但如前述，第一次議員選舉之結果，由政府之反對派占了絕對多數。卽使立憲民主黨如何希望在平和中進行議事，但開會前仍舊預料着議會之形勢將要惡化。

最初的國會議長由議會之中心勢力立憲民主黨之龍釆夫被選。開議之劈頭，由議員先提出了關於宗教，政治，土地問題所處罰的犯罪者之大赦。但此提議由政府之反對未能議決。立憲民主黨雖曾努力用平和的方法為國家主權之中心，但政府件件反對議員的提案，從開頭卽表示着挑戰的態度。並且期待着秋間決意解散議會，愚弄提出在于利埃夫大學校內設洗濯所與溫室的無甚重要的議案的議員，使反對派採取不接觸重大問題的方法。對此愚弄的態度熱望着改革的議員們主張仍討論密切於俄羅斯的社會生活的緊急問題而主張實行改革由此議員內遂開始現出混亂的徵兆。

看見了此種形勢的政府，爲抑制反對派的活動，於五月十三日從總理大臣高賴木金的口中聲明說，「議會所主張的希望中，其一部分超越了議會的權能範圍。其中之另一部分是政府所不能同意的。特別在議會所提出的基礎上，在解放個人所有地的原則上，解決土地改革問題的事，政府是絕對不能同意的。」

由此聲明，自然引起了政府的非常之惡感。其結果議會議決了對首相的不信任案，要求變換一有信任於國民代表者的新首相。政府拒絕了此要求，仍舊毫不更動。因此其後議會對政府，極端反目。政府頑固的反對議會所提出的各種改革案。議會則攻擊地方官憲對人民之不法的壓迫，使害，捕縛，死刑等事。要求全廢死刑。這自然不能得政府之容許。如六月一日貝魯斯特克發生了虐殺猶太人事件時，議會特派了調査委員詳細調査的結果，知道了地方官憲與軍隊與此事件有直接關係。會根據調查對政府提出質問，但政府對地方官憲並未觸一指，反之且給了該地軍隊以猶太人虐殺事件爲模範的行動之贊詞。

這樣議會對於政府毫無力量，不只不能成爲國家主權之中心，反成了國民的怨府。特別對於五月十五日討議的土地問題，政府雖然開始行其對農民的懷柔政策，從來知道了此政策之失敗，看見農民總在叫着官有地，貴族領有地，官廳管有地，教會所有地，修道院所有地，個人所有地之應由農民使用的叫聲，立刻變更其態度至六月二十日對此種土地改革案，聲明了絕對無實現的可能。對於議會強制的抑止其討論土地問題。議會之立法機關的活動，完全陷於絕望。

其間在六月二十六日民主革命派的議員克濟閔克拉瓦埃夫與立憲民主黨的議員木哈諾夫，提議對一般國民報告關於土地問題的經過，並發表在未得到有望的解決以前，請國民還是平靜的等待問題之解決的慰撫書。立憲民主黨的彼道爾凱維齊於七月六日亦會將此慰撫書略加修改，更加強了鎮撫的辭句，而主張向國民發表。但從各方面起了對此慰撫書的反對者。在右派是不承認此慰撫書有發表的必要，說那是議會的權能以外的事。波蘭派以爲議會多數派所提議的土地問題之議決，未干涉及波蘭諸縣的問題。農民勞慟黨與社會民主黨主張議會若沒有國民的援助，其本身的力量絕不能夠解決土地問題，所以沒有慰撫國民的必要。結果決定用投票採決右派與社會民主黨五十三名反對原案，勞慟黨與波蘭派之百一十名表示棄權。只有屬於立憲民主黨的百二十四名議員贊成發表該慰撫書。結果此提議算是通過了。但又因恐怕發表後，促成了政府很久想實行的解散議會的舉動，所以終於沒有發表。

其間政府內的人們曾計劃如何把立憲民主黨員加入閣員中，但議會內之反政府傾向，非常顯著，加之貴族地主對議員的反感也是日趨激烈。政府方面於是棄了一時的姑息彌縫政策，決意解散議會。同時首相高糲木金辭職，以斯特利賓代之，占了首相兼內務大臣的要職。新首相爲絕滅反政府的傾向，在彼得堡市封鎖了所有的社會黨之機關報與印刷所，盡力的逮捕了危險人物。並且在市內配布了多數的軍隊。並在七月七日電命地方官憲嚴重守備所有的官設事業，鐵道，電報，銀行，監獄，武器與爆發物的倉庫，並逮捕革命運動之指導者，與煽動鐵路職工與軍隊者，或持有武器或爆發物者。七月八日拏解散國會的命令，請皇帝署名。即於是夜把特瓦利茲宮殿封閉了，議員們到了第二天即七月九日的早起纔知道了議會被解散了。

九　第二回議會之再被解散

議會果然被解散了。在當時並無承認之必要，只是對議會運動與革命運動的緩和的堰止政策而召集了議會的俄羅斯政府，現在又應其必需隨意的解散了議會，簡直可以說是當然而毫無奇怪的事。

突然遭了解散的議員們，由立憲民主黨之提議，會合於維保爾格之貝利維爾特旅館，協議善後辦法。在這裏作成了維保爾格宣言。此宣言有一百八十名的議員署名。署名的議員多爲立憲民主黨員，農民勞働黨員及社會民主黨員。

宣言中說：『議會之解散，起因於政府與議會間關於土地問題的意見不一致。政府不得國民代表者的同意，不應當徵收租稅，此後國民在未召集他們的代表者之前，不必應徵兵與納稅的責任。』此宣言印刷了許多配布於各地。農民接到此宣言，也有實際拒絕納稅者，但他們都受了政府的嚴重的處罰。

本來在俄羅斯人民的生活狀態反對徵兵與納稅非常不便。所以反對納稅的宣傳不只沒有傳播於民間，即署名於宣言上的議員自己也沒有感着實行宣言的義務。結果議會解散後民衆離開其指導者，而陷於非常不徹底的態度。雖然在斯維亞堡，策瓦爾克龍斯托特及其他地方曾有若干軍隊的反政府之蹶起，但因缺乏相互的連絡，由政府之殘虐的壓迫鎮壓下去。又社會革命黨在莫斯科與彼得堡所引起的職工罷工，連都會勞働者的同情也沒有引起，仍歸於自然的消滅。

這樣在第一回議會招集了七十二日之後，繼續了七個半月的無議會時代。其間政府發表了種種法令，制御社會黨的活動。用所有的手段干涉議員之選舉。但結局重新選舉出來的議員，比從前更由反對黨占了多數。社會黨知道了縱參加選舉，也不會強化了民衆間的有害於解放運動的立憲制度之迷夢，於是決定這次不迴避選舉。但社會黨與其他左黨的重要的指導者，却沒有一個被選者。因為他們沒有公然在逐鹿界活動的可能。然而議會中仍舊由農民勞働黨，社會民主黨與社會革命黨占了多數。第一回議會解散後新組織的國民社會黨亦在第二國會中得了十二名的當選議員。立憲民主黨則不如第一回議會之多數當選。一方面由於政府的懷柔政策，一方面也因爲該黨的代表者是維保爾格宣言的起草而被捕的緣故。民主改革派只有克濟閔．加拉維埃夫一人當選。平和復興派有二人當選。接近立憲民主黨的木斯金派較左派出了多數的議員。波蘭派由政府的援助也得了多數議員。保持着從前的態度與十月黨同爲第二議會之極右派。

要之第二回議會也是由與立憲民主黨共鳴的諸黨派共同占了中心勢力。但因爲右派與左派不能互相提攜的緣故，所以不能占議會之絕對多數。第二回議會開於一九〇七年二月二十日。議長爲立憲民主黨之高洛溫，副議長爲農民勞働黨之貝來秦，與無所屬的左派之保玆南斯基。

第二回議會中政府又提出許多前次提出過的議案，與敷衍議會解散後政府所頒布的法律的議案，及改造國家之某一部分的議案，對議會表示着挑戰的態度。立憲民主黨爲異政府的高壓態度，表示着保護議會的態度。努力避免與政府的衝突。由此立憲民主黨承認了政府所提出的豫算與軍隊數的原案。並恐懼一九〇六年十一月九日的法令中政府所提出的土地問題案。並隨着議會之進行立憲民主黨愈明顯的趨於擁護議會的態度。異於其在前議會中的精神，這次表示着與右派提攜的傾向。左黨方面雖然繼續反對政府，但因爲其背後沒有民衆的後援，與立憲民主黨一樣深懼議會之解散。卽與政府發生了衝突，也沒有繼續進行的勇氣。其中維布爾什維克提出土地國有案，表示着反政府的傾向。

布爾什維克開頭利用其爲左黨議員的資格，在議員間努力宣傳其社會主義。政府與貴族階級雖然明看見此種情形，但因爲他們是議員也無法可施。到六月一日，首相斯特利賓對議員要求卽刻開除社會民主黨員，命令對其中的十六名用對國家與皇帝有陰謀的理由，照刑法一百零二條將其逮捕。其間議會組織了特別委員會調查其事實，調查之結果判明了事實之無根。但此時政府對議會加以最後的打擊，於六月三日解散了第二回議會，同時發表了於一九〇七年十一月一日招集第三回議會。

十 第三回議會變爲政府之傀儡

俄羅斯政府雖然一邊招集着議會，但革命運動並未因而停止。自第一回議會之招集到第二回議會之解散，在各地方所起的農民叛亂擴張於一百四十郡，二十七縣。社會黨則利用着議員的資格，在議會內宣傳社會主義。其結果與第二回議會之解散同時逮捕了社會民主黨員采頼太利等五十五名。

政府也看見社會黨之頑強的反抗，雖數次解散議會，也不能減殺議會中的反對黨的勢力。這次決議使保守黨占勝利。隨意的變更了議員之選舉法。

據此變更了的新選舉法，對社會黨之勢力範圍的邊境地方，卽中亞細亞，亞克木林斯州，賽米巴拉清斯克州，東古斯州，烏拉爾州，雅可克州的人民不予以選舉權，並非常限制全亞細亞俄羅斯與高加索，波蘭等地方的被選議員數。瓦爾謝瓦，羅濟，莫斯科，彼得堡，契埃夫，里克，敖代薩等地方之議員數亦加以限制。此外更定了種種的限制，用法律于涉選舉。一九〇七年秋天，照預定選定了議員。其結果政府居然得了從順的議會，左黨與社會黨，仍舊不參加選舉。社會民主黨與國民社會黨農民勞働黨雖曾參加選舉，但僅社會民主黨與農民勞働黨得了少數的議員立憲民主黨也不如從前之得以多數占議會之中心勢力，只十月黨以政府的御用黨，與其他右派一躍而成了議會之絕對多數黨。

開頭立憲民主黨，會擬與十月黨提攜，而作成議會之中心勢力，用緩和的態度進行一切，但十月黨則專心保護地主與大資產階級的利益，自然只與極右派提攜而不承諾立憲民主黨的緩和態度。於是立憲民主黨，遂不得不隱忍若干矛盾而仍舊與左黨提攜，繼續其反政府的態度。

第三回議會的議長，由十月黨的浩米雅考夫當選。其他的幹部都由十月黨與其他極右黨占領。從而第三回議會之活動，由此可以想像。議會遂始終成了政府的傀儡，加強警察的壓迫政策，承認壓迫農民的土地法，只計地主的利益，在邊境地方盡力宣傳軍閥的國家主義。

十一 帝政之最後的惡夢時代

一九〇七年六月三日第二回議會被解散後，首相斯士爾賓一方面隨意的變更選舉法，使第三回議會中社會黨不能活動，另一方面用他手下的憲兵與警察預備盡力剿滅社會黨。於是一時上了議政壇上的社會黨，又不得不再回到他們的地下室。

像疾病之最忌內攻，革命思潮也是關在地下室中時，一定會發生危險。布爾什維克知道了利用議會與革命無益，於是再努力於訓練勞働運動的事業。孟什維克想在第三回與第四回議會中奪取優勝的地位，態度變得非常穩健，社會革命黨也絕望於議會與其背後的農民，發狂似的發揮其恐怖手段。自一九〇六年到一九〇八年的二年中間社會革命的恐怖手段如狙擊道彿敖道巴索夫，暗殺了鎮壓十二黨革命的謝米洛夫軍大佐，暗殺了陸軍檢事長，狙擊了莫斯科市長林保特，在道維利市暗殺了伊格那朵夫伯爵，狙擊了閔斯克縣知事，在賽瓦斯多保利暗殺了提督與林奈康普將軍，暗殺了彼得堡市長勞尼茲，狙擊首相斯士爾賓與尼古拉大公等不勝枚舉的暗殺事件。

於是官憲與社會革命黨更互相敵視而繼續着復讐的鬥爭，致官憲忘記了國家社會革命黨忘記了民衆只做着復讐的戰爭在他們互相流血的中間，社會民主黨乘機煽動勞働者，勞働者中間常表現着不穩的形勢。到一九一四年歐洲大戰開始至一九一七年間，俄羅斯繼續着恍如惡夢的社會狀態。

其間有一件最足表現官憲之兇暴與民衆的順從的例，就是萊那金鑛地的虐殺工人事件。

萊那金鑛坑自鐵路沿線深入至二千俄里，在自萊那河流隔五百俄里以上的山谷中。屬萊那金坑合股公司的經營。此合股公司是由英美法的有力的資本家，與俄羅斯之有力的高官，實業家學者們合資組織成功的。

此萊那金坑對於勞働者的待遇，簡直襲用如從前的農奴制度。勞働者的妻女都得受公司的自由支配。並且漸次減少工資，增加罰金，漲上食料品的價錢，不用現金只用工錢票發工資，勞働者之宿舍與坑內之設備都非常惡劣。勞働者不能忍受此種虐待，於是在一九一二年二月二十日向公司提出十三條的要求，希望改善其境遇。

在此金坑地軍隊很少。公司方面開頭還預備對工人讓步但其後得伊爾苦斯克的檢事憲兵隊來援，忽又變爲強硬的態度，盡力的捕縛不大穩和的勞働者。四月二日勞働者們爲談判關於捕縛問題的事，大舉團集於那代精斯基鑛坑的檢事的地方。正在通過山谷間的狹路時，公司方面也與技師道利清斯基來到此地。雙方遂開始了談判。此談判中也沒有什麼理由，或什麼警告，突然憲兵隊向勞働者開始了砲擊。

勞働者們因爲手裏沒有武器，所以即刻伏於地上，憲兵對他們射擊，出了百五十名的死者與二百五十名負傷者。第二天遺族的妻子去收屍的時候，還看見負傷者在那裏呻吟。其後纔勉強把負傷者用貨車運到隔二十三俄里的一個醫院，在病床上毫無照顧的放了一晝夜，致負傷者之大多數畢竟是那樣死了。在四月九日埋葬了百人以上的死者。

萊那事件之傳於彼得堡是四月七日的事。當時布爾什維克與孟什維克週報明星，揭了許多爲勞働者抗議的文章。

但其結果除了使官憲壓迫言論以外什麼也沒有。擔任指導勞働者的各社會黨與勞働者斷絕了關係，依然歸於不切實的活動。例如布爾什維克與孟什維克互相爭鬥，布爾什維克在『召還派』出現時，亦固持不把同黨的議員召還的議論。俄羅斯內地的民主主義被稱爲『調停派』顯然宣傳其民主主義，與官憲調和，只希望沒有事。社會革命黨則仍以恐怖手段單獨行動。自治派之立憲民主黨，已經失了革命的色彩，對議會的大事只管與十月黨提攜。卽議會之多數黨的十月黨亦年年變更其態度，議長也是愈更愈是右傾人物。第三回議會的議長十月黨之左派的浩米雅考夫，於一九一〇年換爲十月黨中央派的顧啟考夫，十一月又換了十月黨右派的勞精考。

這樣議會不斷的右傾，唯成了政府的御用機關。社會黨對議會完全絕望，政府方面也漸漸輕蔑議會，視爲贅疣。議會變成了貴族大地主，大資本家的代表者之集會所，成了俄羅斯政治上之一種裝飾品，卽斯土爾賓的黑暗的反動政策占了勝利的時代，同時是俄羅斯帝制的惡夢時代。

十二 對德宣戰與勞働者

薩拉埃堡的兇變一傳於各地時，俄羅斯帝國的惡夢，遂由此驚破了。或者也可以說是惡夢更做深了。以前的俄羅斯之惡夢還只是內部，但自薩拉埃堡兇變後，加上了外部的惡夢。

俄羅斯政府只是忙於對內問題，專心壓迫國內的革命運動。俄羅斯帝國一面與其他的斯拉夫民族時時感到受德澳土耳其的壓迫，另一方面與英法兩國做着東方政策的夢。更感着有把國內的反抗分子的興味從對內問題移於對外問題的必要。俄羅斯在薩拉埃堡事件後，陷於下述的惡夢時代也是因此理由。

俄羅斯帝國的最後之惡夢，愈做愈深，於是俄羅斯亦被捲入於英法之對德政策中。俄德兩國的國交破裂於一九一四年七月十九日。德意志發表了對俄宣戰。俄羅斯方面亦於二十日以詔書宣布應戰。更於同月二十六日，國會議長勞精考在議會陳述『俄羅斯是不得已而被引於戰爭的漩渦中。』首相高賴木金也說：『俄羅斯的平和愛好之精神也有限度。若此時俄羅斯不對德應戰，不能保持一等國的名譽。』也說了對德開戰之不得已的情形，要求議會的贊同。對此議會中的各派，卽波蘭派，拉道維亞派，利多瓦派，猶太派，德國移民派，韃靼派，采來密斯派等，開頭右邊由十月黨左邊由社會黨的各派都不得已而承認了對德開戰，在議會的名義之下，決議了『俄羅斯全體國民當由愛國心結合起來相信正義的行動，應皇帝之召集決然爲保護祖國之名譽而蹶起。』所有的言論機關都燃着愛國心，工場勞働者，智識階級與大學生等數十萬的羣衆於宣戰後數日間連做示威運動，集合於冬宮前，宣誓說『願爲皇帝爲國家效死。』此種光景與前次對日本開戰時完全不同，如首相高賴木金在議會說的一樣，俄羅斯國民的一致團結心與愛國之熱烈，是一八一二年（卽那破崙侵入時）以後，從來沒有的事。

俄羅斯與日本開戰時，因爲俄羅斯人普通蔑視日本，所以國民沒有那樣緊張。至對德宣戰則正如高賴木金在議會所說的樣子，需要非常之緊張與重大的犧牲，連俄羅斯的勞働者對德意志也是很鄭重而燒燃着愛國心。

因爲俄羅斯的勞働者，確實憎恨德國。勞働者被教育說其所敵視的資本主義與帝國主義是異名同體的東西。帝國主義由軍閥主義而發達，而帝國主義與軍閥主義的化身，就是德意志，即其皇帝凱薩。從而打倒德意志，即是資本主義之滅亡。俄羅斯的勞働者在對德宣戰時能與資產階提攜，即由於此種信念。

社會黨中，唯布爾什維克反對戰爭。當時住在外國的列寧發行社會民主黨與共產主義者的小册子，勸告各國的無產階級勿自相屠殺，用其勇氣開始階級鬥爭，向虐待他們的人奮鬥，但在俄羅斯內列寧的宣傳並不普遍。開戰派的社會主義者，即立憲民主黨，社會革命黨，與孟什維克的宣傳很有力量，所以在俄羅斯內即屬於布爾什維克的勞働者，亦為羣衆心理所鼓動，主張開戰論。俄羅斯確是舉國一致的決意對德宣戰。

十三　開戰前俄羅斯的狀態

畢斯麥曾勸戒德意志人說『德意志決不可與俄羅斯開戰，若與俄羅斯開戰，勢必兩敗俱傷。德意志人可以利用俄羅斯的原料品，俄羅斯人可以利用德意志的工業，相互扶助可以鞏固兩國的基礎。』此確是明言。

但德意志人却忘記了畢斯麥的勸戒，與俄羅斯宣戰，俄羅斯亦過信英國的勢力而投入戰爭的漩渦中。俄羅斯之一邊對德意志應戰，一邊却沒有充分的準備，也是意中的事。

俄羅斯國民發揮其異常的愛國心，上下一致的奮願與德國開戰。但此愛國心並不是有健全的意識的，沒有充分的內容，只是纔脫離了農奴制度的奴隸精神之反映。加之此愛國心是維持官憲與教會等舊制度的，只是極表面的東西，在國民中間沒有根蔕。所謂有意識的愛國者，只是把愛國心信用於自己的個人利益的功利主義者。無意識的愛國者只是附和雷同。一般國民的程度還很低，即在中央各縣不識字的人民還占百分之七十五。加之飲酒的嗜好很利害，死亡率也很高。在農村傳染病非常利害，在都市勞働者之嗟怨充滿於工場。由以上的事實，可以知道俄羅斯的國民間，不會有自發的愛國心。俄羅斯的國民不過是被慣力推動的羣衆。

至於俄羅斯在開戰前的財政經濟狀況，也是可以寒心的頹廢狀態。雖然俄羅斯帝國占有全世界五分之一，有一億五千萬的國民，集合有數十個民族，並有無限的自然之寶庫。

所以俄羅斯的經濟狀況，假使任自然之推移，亦可以有自然的惰力的結果。開戰前俄羅斯的經濟狀況，表面上還非常整頓。日俄戰爭所費的三十億盧布，已經用國債填補起來。準備金達於十六億盧布。發行的紙幣有十五億盧布，國內流通的金幣，達六億五千萬盧布，國債爲二千四百盧布。故俄幣在國內外的信用非常好，遠過於外國貨幣。開戰前數年間繼續豐收，糧食的貯藏非常豐富，石炭，重油，泥炭，柴等燃料亦貯藏的很多。火車輪船等交通機關，也敏活的活動着。還有新鐵道，新道路之開設，與開鑿大運河的計劃，都已着着實現着。

這是在俄羅斯當然的事，誰也沒有來運用其財政，自然的可以達到這樣的成績。所以俄羅斯歷代的政府從沒有計畫開拓其本國的大寶庫，去安定或向上國民的生活，只滯留於舊態，只腐心於防止社會運動。加之當時俄國的爲政者，只是少數的官僚，他們關鎖在偏狹的國家觀念中，從不知理解新時代。絕沒有回顧到二十世紀之社會主義的經濟學。同時對將來也毫未想到。其唯一的對內政策，就是仍舊是形式的援助內國產業。但此種援助，却反防害了國家的富源。結果在經濟界也行其民族的階級的制限，把五十萬的農民，置於無教育的境地而不顧，農業也不發達。政府恐怖國民之智識與經濟力之豐富，只想鞏固中央主權，而徹底的絕滅反政府的要素。政府各機關之精力全集中於此。警察廳，警保局，憲兵隊以莫大的費用從事壓迫反政府的要素。但由此却增加了革命家恐怖主義者與煽動家。巨大的國家的車輪只是由惰力旋輪着俄羅斯帝國的巨船，沒有識路之指導者。

十四 俄軍之連敗與俄都之大恐慌

對德開戰的同時所表現的國民之愛國心，從表面上看去似乎非常熾盛，但其實却並不是官僚所想的那種帝國主義的愛國心。『爲皇帝祖國，與信仰』的偉大決心，結果只是一種神話。爲戰爭動員了一千萬國民，其中百分之三十三，拿出種種理由迴避從軍而廻避者之大多數爲工場勞働者技術家技師鐵路上的職工，工場主大工場地帶的勞働者之四分之三，留在工場。其理由自然是勞働若到軍隊中將有製造軍需等之不便。以此可見其開戰當時的愛國心，並不能單純的視爲天眞爛漫的愛國心。

另一方面俄羅斯的財政狀態，看見無論如何鞏固但只是自然的現象而不是從數理上成立的當時俄羅斯的官僚沒有注意於此點，與日俄戰爭開始當時一樣，以莫大的誤算將其確信的基礎放在一種幻影上，而與德國開戰。

此種誤算與幻影不只賦與於國民的愛國心與國家的財政狀況。恐怖的幻影並射到國家中心之皇室與國家的主要人物身上。假藉用祈禱醫好了皇太子亞歷克賽的病的怪僧拉斯普清，得了皇后的深信，極端的紊亂了皇室的莊嚴。出身於德意志之浩恆曹林家的皇后亞歷克山多拉的親德的傾向，由拉斯普清的煽動，慫動了皇帝尼古拉二世，並及於當時的當局者。這樣皇后溺於淫蕩生活，國家的當道者則只縱於私利私慾，不顧國家大事。所以縱然國家的財政狀態如何鞏固，國民如何一致團結，如何有熱誠的愛國心，也不會有有利的戰爭。俄羅斯帝國自其核心至表皮，都已腐壞，正如過熟的果子，一被觸動，即將落下而破爛。

俄羅斯的軍隊，最初的對澳戰爭，還占優勢，但占領了呂普林驅逐了墺匈軍的俄軍，因陸軍大臣斯浩姆利諾夫之失策缺乏槍械彈藥等武器的供給，德意志軍曾嘲笑俄軍用石頭棒棍作戰，但仍由俄軍之善戰在冒羅代齊寧斯基之大會戰後，尙能由西南軍參謀長亞歷克賽夫的戰略，支持其頹勢。但無論如何勇敢的俄軍用石頭與棒棍無論如何也不能應現代的戰爭，終其全戰線上開始了俄軍的連戰連敗。全戰線上的俄軍開始總退却。皇帝尼古拉二世代總司令尼古拉尼古拉維齊大公而自任總司令，以亞歷克賽夫將軍爲參謀長，而臨於戰線。但此時在後方，即彼得堡，已由皇后亞歷克山多拉與依皇后的寵愛而保持其地位的內閣諸大臣之親德派，已開始主張與德意志單獨媾和。

戰線上常受着後方的牽制，原來很有見解的尼古拉二世亦不得不順從其皇后智謀縱橫的亞歷克賽夫將軍，也不能不服從陸軍大臣的命令。於是在大本營不惟不能與德軍積極的作戰，加之俄羅斯方面所有的秘密戰略，全部洩露於德軍，俄軍遂只得繼續退却，羅齊市亦爲德軍所占領。不久俄都彼得堡，即將入於德軍之長距離射擊的範圍中。德國的飛機，已經可以自由的飛翔於彼得格拉的空中，彼得格拉的市民已大起恐慌。

十五「給我麵麭」

俄都彼得格拉，受了德國的脅威，日夜不安，其原因在俄軍之作戰計畫之洩漏，此洩漏機密於敵國者，在彼得格拉的住民傳言說是皇后亞歷克山多拉。此種傳說果爲事實與否，或者是怪僧拉斯普淸煽動了皇后的親德心，而欲由此要其恩寵，或者革命家們故意揑造的這樣的謠言；欲乘此機會推倒俄羅斯的帝制。究竟那一種確實，很難判斷。但俄羅斯皇族，憤於宮中之紊亂，於一九一六年十二月將拉斯普淸殺死，爲不使皇后知道，將其屍體投於奈瓦河的冰下，則爲可靠的事實。

並且從來即反對革命運動的人，當祖國垂危的時候，爲救其祖國一定會想到要求其皇帝退位。從來以爲危害祖國者爲社會主義者，但實在他們因德意志之侵略，熱心的主張擁護祖國，曾賭其生命而立於戰線。眞正危害祖國者爲安全於國家之中心，好像負着國家的重大責任之皇后與其周圍的奸臣，一般人漸漸這樣想着。

還有一個重大的事實就是聯盟國的英法兩國對於俄國表示友善，在英法兩國對於俄羅斯的戰意是很大的問題。因爲若俄國與德國單獨媾和，德國之全部陸軍立刻要從西部殺到。所以英法很希望俄羅斯好好作戰。

有戰意的愛國家是從來政府所壓迫的革命家們與追隨着他們的民衆。皇帝，皇后，政府，官僚，都是只顧私利，而無愛國心。所以爲使俄羅斯能有力的與德意志作戰，非去掉皇帝與官僚，使俄羅斯交還革命家的手中不可。英法之不慮後事，只想脫離現在的苦痛，其實也不爲無理。

如法國已援助俄羅斯的社會黨，暗地遣送本國的社會主義者到俄國鼓動革命。社會黨之革命政府成立時，法國首先承認，並約定給以援助。此事是否確實不得而知，但看俄國革命後的事實，可知其不是誤傳。

總之俄羅斯帝國對內外之信用，完全失墜。此外還有一大問題，卽食糧問題。彼得堡外部受德軍之襲擊，內部受饑饉的脅威。當時在彼得堡市周圍二十俄里的地方，還相當有食糧，但一點也沒有供給彼得堡城內。市民只是殺着犬，混了少量的馬鈴薯以充饑。

有人說此事由於利慾薰心的資本家之投機所致，有人說是以皇室爲中心之親德派的政略，欲使市民間起來要求媾和，總之其中一定有黑幕在。於是在這裏由投機家與親德派叫出『救祖國』的呼聲，由民衆間起了『給我麪麭』的喊聲。此兩種要求相合，變爲推倒帝制的要求，若不推倒帝制，絕不能從德意志的侵略中救出祖國，不能從饑餓中救出自己。以前『皇帝』而起來的國民，此次僅三年後已叫出『打倒皇帝』。以前叫着聖者而歡迎基督的耶路薩冷市民，在三天後，卽叫出『把基督定在十字架上』。同樣是人類的矛盾。

十六　從暴動至革命

俄羅斯之對德戰綫開始退却時，俄羅斯政府之單獨媾和熱漸次高起來。一邊社會主義者之革命熱也隨着日益膨脹。有的由於愛國心，有的由於階級意識，或馬克斯的無產階級之國際的團結，由種種動機，所有的社會主義，都相信這次是不可放過的革命之機會。

到了一九一七年二月，社會革命黨與社會民主黨的黨員，散布過激的傳單於各工場，勸告勞働者開始示威運動，與官憲反抗俄羅斯的唯一大兵工廠的保齊羅夫工場的勞働者，立刻由此勸告而開始動搖。官憲於三月七日封閉了該工場，但此時各工場都表現着危險的現象。開始同盟罷工，一般市民叫出『給我麪麭』的喊聲。

三月八日，萬國女子祭日維保爾克工場地帶紡織工場之女工開始罷工。與男工一致的舉行了一大示威運動。翌日，到處麪麭店的門前聚滿了勞働者與市民，不斷的叫着『給我麪麭。』此等羣衆像有約會的樣子，來集於奈夫斯基大街，合成一大隊伍，開始示威運動。礮兵工廠的職工亦加入示威。警察嚴重的戒嚴，在各處分布了非常線。到處與羣衆衝突。

是日首相以應急手段召集各大臣，上下各議院之正副議長，彼得堡縣議會議長與市長，討論食糧問題。結果決定一任市參議會的處置。

到十日罷工與示威運動還是繼續不止。並且很有擴大的傾向。軍隊與憲兵及警察，爲制止示威運動與民衆起了小衝突。彼得堡軍區司令官見事態之不佳，告示禁止民衆在市內集合，並警告在夜中爲維持秩序不得已時，或當訴諸武力。但此警告不止未能鎮壓人心，反增加了動搖人心洶洶，形勢日趨惡化。遂由示威運動，變爲暴動。

議會亦共鳴於民衆的要求，即當時非常右傾的立憲民主黨之首領米留考夫，也在議會攻擊首相高利秦，與內務大臣普羅特保夫等官僚罵他們主張對德媾和的國賊。

政府於是日發表了解散議會的命令，但議會已經與革命的民衆提攜，鑑於時局之重大而不服從政府之命令。并由十二名議員組織了臨時委員會。以議長勞沁考爲委員長。即民衆已不認皇帝的現政府，而組織了民選的新政府。

一夜之中軍隊離叛，把憲兵與警察驅散，於是政府遂大爲驚愕。首相高利秦，知事之難爲，與其閣員一同對下院通告辭職，但在未許可之前其多數已被革命軍捕縛。上院議長也被捕。於是舊政府遂完全消滅。議會遂於十三日夜通告組織了全俄臨時執行委員會，臨時執行委員會任命陸軍大佐國會議員因蓋利格爾德爲彼得格拉要塞司令。

十四日臨時執行委員會，對住在彼得格拉的將校，命其負責維持都會的秩序，更以下院議長的名義對黑海，及巴爾齊克海的艦隊司令，與各方面的軍司令官及大本營的參謀等電令說『因前內閣之顛覆，政權已歸於議會，新政權者，當盡力維持各都市的秩序。對敵國的戰爭，一時也不可停止。陸海軍將士，當為防禦祖國，努力繼續與敵人作戰。』

由彼得格拉市參議會之努力，組織成了民兵，次第鎮壓下去各處的暴動。麪麭之供給與分配，也已整理的差不多。市民在胸前掛了紅布，闊步於市中。

十五日臨時執行委員會，網羅了各政黨之首領，組織了臨時政府，其閣員名單與黨派系統如次。

首相兼內務大臣　利敖夫公爵（自由進步黨）

外交大臣　密留考夫（立憲民主黨）

陸海軍大臣　高齊考夫（十月黨）

交通大臣　奈克拉索夫（立憲民主黨）

商工大臣　考諾瓦羅夫（自由進步黨）

敎育大臣　馬尼羅夫（立憲民主黨）

財政大臣　太來西淸考（自由進步黨）
敎務大臣　利敖夫（十月黨）
農務大臣　新格利約夫（立憲民主黨）
司法大臣　凱林斯基（農民勞働黨）

臨時政府成立後，同時發表了下列的政綱。

一　由緊急國民之良心的指示，以紀念基礎於權利與自由的新政權之確實的勝利的名義，實行對一切政治犯與宗敎犯的大赦。

二　言論，出版，集會，結社之自由。

三　撤廢一切階級的，宗敎的，民族的區別與限制。

四　以普通，平等，直接，無記名投票法，召集憲法會議，以制定國體與新憲法，幷卽速準備此憲法會議之召集。

五　舊警察完全撤廢，其責任歸於屬於地方自治團的民兵。

六　地方自治團的選舉，用普通選舉法。

七　保留參加革命的軍隊之武裝，駐防地移於彼得格拉市外。

八　軍紀務期嚴重，同時附與兵卒以公民權。

十七　羅曼諾夫朝之倒壞

彼得格拉的民衆暴動，變爲革命時，皇后亞歷克山多拉在查爾斯奎賽羅宮殿。皇帝尼古拉二世在冒奇來夫大本營。皇帝完全不知道彼得格拉的起事，只接到皇后的緊急電報，請其卽回查爾斯奎賽羅。皇宮三月十四日拂曉之時，他到了維賽拉車站。其時宮廷列車長維考夫將軍，叫醒了皇帝報告了彼得格拉起了革命，許多青年軍隊已開始暴動，襲擊議會，強迫議會與革命軍提攜。現在已被議長勞精考與農働議員齊埃賽與克林斯基等說伏。現在彼得格拉已被革命軍占領，若派遣四團官兵去，當可立時鎮壓下去。

此時鐵路隊長查貝里少將來到車內，按實情報告說：『那些事情都是虛妄。他在欺騙陛下。現在來的電報是說陛下乘坐的宮廷列車在維賽拉車站被扣留，不能送至查爾斯奎賽羅宮殿。命令直接回彼得格拉，并且彼得格拉的六萬軍隊都已服從了臨時政府。議會在要求陛下退位。議長勞稍考通告組織新政府。鐵路沿線都已歸於新政府的勢力之下，所以從此地一步也不能前進。』

聽了此種驚報的皇帝陷於驚愕與自失，只說：『爲什麼不把這些事實早點告我說，現在已無法想，我可以從此地回到利瓦加離宮去罷。』

於是宮廷列車從維賽拉車站退出，十五日到了多諾站，接到了查爾斯奎賽羅的軍隊，與莫斯科的軍隊，都已投降了革命軍。接了此電報的皇帝，哭着說，『只要我的妻子能在百姓手中無事，我情願隱退於利瓦加離宮，平和的渡此一生。後事當讓於篤愛國民的皇帝密哈爾。我現在署名退位，令到戰線與軍隊告別後，即行隱退。此後任他們所爲，我一概不管。』

宮廷列軍開到普斯考夫市，十五日午後十時，肅利金與古齊考夫由臨時政府的委託到列車內訪問皇帝，古齊考夫先詳述了國內的現狀，并勸告爲解決此重大事態，只有讓位於皇太子由皇弟密哈爾大公攝政，別無他法。

皇帝卽刻同意於讓位，在二封大紙的打字印刷的退位書上署了名。把一封交與古齊考夫，當交付退位書時，皇帝曾與其訪問者握手而別。時在十五日午後十一時四十八分。

署名於退位書後，尼古拉二世得了勸告委員的諒解，到大本營，從參謀長亞歷克賽夫將軍，聽了戰況的報告，到二十一日與隨員四十七名同被監視，從冒基來夫出發，於二十二日午前十一時二十五分在查爾斯奎賽羅宮前，與前皇后亞歷克山多拉與其皇子皇女一同被監禁。

地方受了讓位的密哈爾亞歷克山多維齊大公，發表了在未判明將來國民開的憲法會議希望大公卽位時，決意辭退卽位。於是自此俄羅斯的主權，遂完全歸於臨時政府之手，至此三百年間君臨俄羅斯而與俄羅斯國民作對的羅曼諾夫朝，遂於此時毫無困難的從國民之頭上除去。眞是很平易的革命像枯木之倒一樣。腐朽已達極點的羅曼諾夫朝之崩潰，確是悲惟已極的事。長年受了該王朝之恩遇的許多貴族，官僚，簡直沒有一人爲救其恩主而起者。

——全書完——

敬啟

『民國專題史』叢書，乃民國時期出版的著名學者、專家在某一專題領域的學術成果。所收圖書絕大部分著作權已進入公有領域，但仍有極少圖書著作權還在保護期內，需按相關要求支付著作權人或繼承人報酬。因未能全部聯系到相關著作權人，請見到此説明者及時與河南人民出版社聯系。

聯系人 楊光
聯系電話 0371-65788063
2016年3月28日